Allan G. Hunter

Die 6 Archetypen der Liebe

W0189951

Allan G. Hunter

Die 6 Archetypen der Liebe

Vom Unschuldigen zum Magier

Aus dem Englischen von Andreas Zantop

|||||||||||||||||||||||||||||||||||||||||| SILBERSCHNUR VERLAG

Copyright© 2008 by Allan G. Hunter
Titel der Originalausgabe: *The Six Archetypes of Love. From Innocent to Magician*
First published by Findhorn Press, Scotland

Copyright© 2010 der deutschen Ausgabe: Verlag »Die Silberschnur« GmbH

ISBN: 978-3-89845-385-1

1. Auflage 2013

Übersetzung: Andreas Zantop
Gestaltung: XPresentation, Güllesheim; unter Verwendung eines Motivs von www.fotolia.com
Abbildungen RIDER-WAITE® Tarot-Karten: Mit freundlicher Genehmigung des Königsfurt-
Urania Verlag, Krummwisch, Copyright© US Games Systems, USA, und AG Müller, Neuhau-
sen/Schweiz, www.koenigsfurt-urania.com

Druck: Finidr, s.r.o. Cesky Tesin

Verlag »Die Silberschnur« GmbH · Steinstr. 1 · 56593 Güllesheim
www.silberschnur.de · E-Mail: info@silberschnur.de

INHALT

Kapitel 1

Gauguins großartiges Gemälde

———— ◌ ◌ ————

Sind wir hier, um »etwas zu erreichen«?

Oder sind wir hier, um zu lernen?

Eines der bewegendsten Kunstwerke, das ich je gesehen habe, ist das enorme, dreiteilige Gemälde, das Gauguin auf Tahiti gemalt hat[1] und auf das er die Worte schrieb: "Woher kommen wir? Was sind wir? Wohin gehen wir?" Diese Fragen sind mittlerweile als offizieller Titel des Gemäldes übernommen worden. Die im Gemälde dargestellten Figuren scheinen nicht im Besonderen über diese Fragen nachzusinnen, während sie ihren verschiedenen Tätigkeiten nachgehen.

Vielleicht ist aber auch genau das der Punkt. Wir leben, wir arbeiten, wir beten (oder auch nicht), wir sitzen, wir träumen, genau wie die im Gemälde dargestellten Figuren, und diese Fragen stellen sich uns weiterhin. Sie sollen uns allerdings nicht in Panik versetzen oder verzweifelt nach Antworten suchen lassen. Keine der Figuren, die Gauguin gemalt hat, erscheint verzweifelt oder hoffnungslos.

Es ist jedoch sinnvoll, sich diese Fragen zu stellen. Natürlich können Fragen wie diese lediglich Konstrukte sein, die wir

Menschen für uns selbst anfertigen. Vielleicht gibt es keine wichtigen Fragen zu stellen, geschweige denn zu beantworten. Wir haben keinen konkreten Anlass zu sagen, dass es für uns wichtig ist, uns überhaupt mit solchen Ideen zu befassen. Und doch haben wir irgendwie das Gefühl, dass es sich dabei um wichtige Fragen handelt – selbst in einem Naturparadies wie Tahiti. Wir scheinen immer wieder auf die Idee zurückzukommen, dass wir ein bestimmtes Lebensziel, eine bestimmte Aufgabe haben. Wenn dies zutrifft, müssen wir versuchen, über unser Leben und unser Lebensziel nachzudenken und eine Antwort zu finden, mit der wir etwas anfangen können. Es scheint, als ob wir unserem Leben eine bestimmte Bedeutung verleihen müssen. Vielleicht klingt dies in Ihren Ohren wie ein nutzloser Zeitvertreib; deshalb möchte ich nur kurz am Rande darauf hinweisen, dass diejenigen Menschen, die sich *keines* bestimmten Lebensziels bewusst sind, die große Mehrheit der chronisch Depressiven, der Suchtkranken, der Inhaftierten und der Selbstmordgefährdeten bilden.

Gauguin war von diesen Fragen emotional stark bewegt, und er wusste, dass er mit diesem außergewöhnlichen dreiteiligen, fast vier Meter breiten Gemälde, das er als seinen "Traum" bezeichnete, etwas sehr Ungewöhnliches geschaffen hatte. Er glaubte, dass dieses Gemälde sein größtes Werk war – "ein philosophisches Werk (...), vergleichbar mit den Evangelien", wie er selbst schrieb.[2] Etwas später im selben Jahr versuchte er, Selbstmord zu begehen – nicht aus Verzweiflung, sondern weil er überzeugt war, sein Lebenswerk abgeschlossen zu haben.

Es mag viele Gründe geben, warum wir hier auf der Erde sind: um erfolgreich zu sein, um glücklich zu sein, um tugendhaft und rechtschaffen zu sein – oder um ein wundervolles Gemälde zu erschaffen. Wir könnten die Liste beliebig fortsetzen.

Manche Antworten scheinen nützlicher zu sein als andere. Ich persönlich finde es schwer zu glauben, dass der Mensch nur auf dieser Erde ist, um Banknoten aus Papier für sein persönliches Vergnügen anzuhäufen oder um Kontrolle über Menschen mittels grausamer und unterdrückerischer Regierungen auszuüben – oder um die Medien zur Manipulation nichtsahnender Bürger zu benutzen und sie in Not und Elend zu stürzen. Die meisten Menschen würden wohl darin übereinstimmen, dass solche Absichten für eine berufliche Laufbahn, geschweige denn eine ganze Lebensspanne, keine nützlichen Ziele darstellen, und doch scheinen solche Ambitionen nichts von ihrer "Popularität" verloren zu haben.

Wenn wir auf der Erde sind, um Fragen zu stellen, wenn wir hier sind, um die Erfahrung zu machen, was es heißt, ein Mensch zu sein, dann müssen wir uns fragen, was wir im Rahmen dieser Erfahrung eigentlich lernen sollen.

Eine mögliche Antwort findet sich vielleicht, wenn wir uns ein Neugeborenes und seine Mutter anschauen. Ob in einem Krankenhaus in Mumbai mit fehlenden finanziellen Mitteln oder als Madonna mit Kind im Vatikan – ein Umstand wird uns bewusst: die ungeheure und unergründliche Kraft der menschlichen Liebe. Die Mutter mag sich vielleicht darüber im Klaren sein, dass ihr Kind in eine grausame, erbarmungslose Welt hineingeboren wird, doch sie blickt nicht nur auf die in der Zukunft vor ihr liegenden Probleme und Sorgen. Egal, wie schwierig die Situation der Mutter ist: Sie wird ihr Kind lieben – selbst wenn sie gezwungen ist, es später zur Adoption freizugeben. Diese von Anfang an bestehende, liebevolle Verbundenheit lässt sich überall beobachten. Das Kind sehnt sich nach Liebe – und sei es nur, um überhaupt zu überleben. Doch das Verlangen nach liebevollen Beziehungen zu anderen bleibt unser ganzes Leben lang sehr stark. Könnte es sein, dass die ersten Lektionen, die wir als Kleinkinder lernen – in Bezug auf Bindung, Akzeptanz und Liebe –, tatsächlich auch genau die Lektionen sind, die wir für den Rest unseres Lebens am meisten weiter erkunden sollten?

Wie wichtig ist also die Liebe in diesem frühen Stadium unseres Lebens? Aus der Psychologie und der Medizin wissen wir, dass Kinder, die sich nicht geliebt fühlen, sich nicht richtig entwickeln. Sie neigen zu Untergewicht, mangelndem Selbstbewusstsein, fehlender Zuversicht und Problemen, sich in der Gesellschaft zurechtzufinden. Auch ihre Intelligenz kann unter fehlender Liebe leiden. Dies alles lässt sich statistisch nachweisen, doch es gibt da noch etwas, das berücksichtigt werden muss. Wenn wir als Kleinkind eine starke Liebesbindung und Fürsorge erfahren, entwickeln wir ausreichend Zuversicht und Selbstvertrauen, die uns noch unbekannte Welt zu erkunden. Tatsächlich ist es sogar so, dass die Liebe uns gestattet, unseren Mut zu entwickeln. Und so schauen wir uns um und lernen zunächst einmal im sicheren Kreis der Familie, wie die Dinge funktionieren, dann im größeren Umfeld unserer Gemeinschaft und schließlich in der Welt mit ihren scheinbar endlosen Verwirrungen und Unwägbarkeiten. Je mehr wir heranwachsen, desto breiter ist die Palette an Möglichkeiten, die uns erwartet.

In der Familie lernen wir, diejenigen zu lieben, die mitunter ganz anders "gestrickt" sind als wir, als auch, diejenigen zu lieben, die genauso sind wie wir. In der Schule lernen wir, dass wir jedem Respekt – eine andere Form der Liebe – entgegenbringen müssen, selbst wenn diese Menschen manchmal unsere Rivalen oder gar Feinde sind. Und diese Herausforderungen hören nicht im Klassenraum auf. Nach Abschluss der Schule finden wir uns in einer verwirrenden Welt wieder, in der jeder Mensch zumindest versuchen muss, irgendwie zurechtzukommen, und in der wir nach einem liebenden Partner Ausschau halten, mit dem wir unser Leben gemeinsam gestalten können. Wir sind auf der Suche nach Freunden und Geliebten, wobei wir uns aber gleichzeitig bewusst sind, dass manche Menschen dort draußen uns wehtun wollen. Vielleicht sind wir auch auf der Suche nach geistiger Erleuchtung oder einer engeren Verbundenheit mit Gott, wobei uns auch hier sehr bald klar wird: Einige Vorstellungen von Gott, also bestimmte Auffassungen des Gottesbegriffs, führen uns nicht zu Liebe, Erleuchtung und Befreiung, sondern zu Zerstörung, Hass und Zorn. Wie werden wir uns entscheiden? Und wie werden wir mit den Menschen umgehen, deren Glaubensüberzeugungen wir als abstoßend empfinden?

Es scheint, als ob unsere wundervolle Welt uns eine große, in ständiger Entwicklung befindliche Gelegenheit bieten könnte herauszufinden, wie wir einander lieben können – selbst unter widrigsten Umständen. Wenn wir uns nicht gegenseitig lieben, akzeptieren und die Unterschiede zwischen uns respektieren, können wir sicher sein, dass es nie zu nachhaltigem Frieden kommen wird. Und im Grunde genommen läuft es darauf hinaus, dass wir lernen müssen, zunächst uns selbst zu akzeptieren und zu lieben. So sind wir nun alle eingeladen, diese "Forschungsreise" anzutreten und mehr über die Liebe herausfinden.

Auf dieser Reise werden uns einige interessante Dinge begegnen. So werden wir zum Beispiel erkennen, dass es sechs verschiedene Stufen oder Phasen der Liebe gibt – die im Buchtitel bereits erwähnten sechs Archetypen –, und wir werden ebenso erkennen, dass diese Archetypen in unserer Literatur, unserer Kunst, unseren Sagen und Legenden und sogar in den Karten des Tarots zu finden sind. Während wir von Stufe zu Stufe weitergehen, wird uns auch bewusst werden, dass wir die Einblicke und Erkenntnisse der vorherigen Stufe, des vorangegangenen Archetyps, beibehalten, und wir werden Techniken erlernen, mit denen wir diese Energien aktivieren können, wann immer wir einen Nutzen und Vorteile aus ihnen ziehen möchten.

Kapitel 2

Die Reise zur Liebe

――――――――――――――― ⟋⟍ ⟋⟍ ―――――――――――――――

Warum funktioniert es mit der Liebe
bei so vielen Menschen nicht?

Geschichtliche Hintergründe

Die Liebe ist eines der am häufigsten missverstandenen Konzepte in unserer Kultur – in jeder Kultur. Schalten Sie das Radio ein, und was hören Sie? Liebeslieder. Der Sänger Sting mag vielleicht über "Sacred Love", die heilige Liebe[1], singen, und Steve Winwood[2] äußert in einem seiner Songs die Bitte: "Bring Me A Higher Love" – doch haben wir überhaupt eine Vorstellung davon, was diese Konzepte wirklich bedeuten? Wenn wir den Fernseher einschalten, ist die Wahrscheinlichkeit relativ groß, dass uns in einer bestimmten Fernsehserie Protagonisten begegnen, die nicht imstande sind, eine tiefgehende und sinnstiftende Beziehung aufzubauen. *Sex and the City* war ein großer Quotenerfolg – nicht zuletzt deshalb, weil es um Menschen ging, die unglücklich waren, weil sie sich nach erfüllter Liebe sehnten, und stattdessen oberflächliche Sexabenteuer eingingen.[3] Selbst der so häufig verwendete Ausdruck "verliebt sein" deutet an, dass wir mehr oder weniger rat- und hilflos sind, wenn die Liebe in unser Leben tritt.

Die häufig erwähnte Tatsache, dass nahezu die Hälfte aller Ehen in den USA früher oder später geschieden wird, weist klar darauf hin, dass die Vorstellungen vieler Menschen, was Liebe eigentlich ist, offensichtlich irrig sind. Die US-amerikanische Scheidungsstatistik legt ein beredtes Zeugnis ab von der Enttäuschung, aber auch von der Hoffnung und dem Optimismus, mit dem viele von uns sich in das riskante Abenteuer "Ehe" stürzen, um es in fast jedem zweiten Fall wieder aufzugeben. Wir würden zum Beispiel keine berufliche Laufbahn einschlagen, bei der die Chance, innerhalb der nächsten Jahre wieder den Arbeitsplatz zu verlieren, bei 50 Prozent läge, und wir würden auch nicht freiwillig unseren Dienst in einer Armee antreten, in der die Hälfte der Soldaten früher oder später Verwundungen erleidet. Und doch scheint es mehr denn je "in" zu sein, den Bund der Ehe zu schließen. Und was ist mit den unzähligen anderen Menschen, die zusammenleben?

Natürlich gibt es alle möglichen Formen der Liebe, und die sexuelle Liebe zwischen zwei Menschen ist nur ein Teil dieses weitreichenden Themas. Doch die sexuelle Liebe scheint überdurchschnittlich häufig der "Knackpunkt" zu sein, an dem die Mehrzahl von Beziehungen spektakulär scheitert. Wenn wir dies als Teil eines größeren Bildes betrachten, beginnen wir zu verstehen, was mit "Liebe" in allen ihren verschiedenen Formen eigentlich gemeint sein könnte – und was sie den Beteiligten abverlangt. Die Sehnsucht nach Liebe findet sich zweifellos überall. Woran es offensichtlich mangelt, ist die Fähigkeit, die Liebe und ihre Manifestationen hinreichend zu verstehen, damit sie "funktioniert". Und genau aus diesem Grund habe ich dieses Buch geschrieben.

Nach der Scheidung von meiner ersten Frau bin ich nun wieder glücklich verheiratet; ich bringe also, so könnte man sagen, einige "praktische Erfahrung" zum Thema mit, die ich hier einfließen lassen kann. Diese Erfahrung habe ich gewissermaßen auf die harte Art gesammelt; ich hatte in meiner ersten Beziehung viele Fehler gemacht und versucht, aus ihnen so viel wie möglich zu lernen. Oft war ich sogar versucht, meine in diesem Buch beschriebene Suche ganz aufzugeben. Doch immer wieder fiel mir auf, dass selbst die Menschen, die jegliche Hoffnung auf eine harmonische Beziehung aufgegeben hatten, sich immer noch nach irgendeiner Form von Bindung sehnten. Fast jeder von uns sehnt sich nach Liebe. Wir strömen in Scharen in die Kinos, um uns der neuesten Liebesromanze aus Hollywood hinzugeben. Wir sehnen uns nach "Happy Ends" in den Fernsehfilmen, die wir sehen, und Romanen, die wir lesen. Es stellt sich also die Frage: Warum gelingt es uns so oft nicht, unseren Wunsch nach Liebe und harmonischer Bindung zu verwirklichen, obwohl wir uns doch genau dies so sehnlichst wünschen?

Ich glaube, der Grund ist, dass wir aus den Augen verloren haben, was Liebe überhaupt ist und nach welchen Gesetzmäßigkeiten sie funktioniert. Und das ist meiner Meinung nach schon vor vielen Jahrzehnten geschehen. Mit meinem Buch möchte ich dem Leser deutlich machen, dass es noch andere Mittel und Wege gibt zu verstehen, was Liebe eigentlich ist. Der Schlüssel dazu ist, sich bewusst zu machen, dass es verschiedene *Stufen* oder *Phasen* der Liebe gibt. Wenn wir aufwachsen, sind wir sozusagen aufgefordert, sechs Stufen beziehungsweise Phasen der Liebe zu durchleben – archetypische Stufen persönlicher und spiritueller Entwicklung. Wenn wir diese verschiedenen Stufen nacheinander durchleben, verändert und vertieft sich unser Verständnis davon, was Liebe sein kann, und wir können sie mit völlig neuen Augen betrachten. Doch wenn wir auf diese Weise einen Blick auf unser Leben werfen, verlangt uns dies einiges mehr ab als sonst. Dies ist einer der Gründe, weshalb manche Menschen keine Ahnung davon zu haben scheinen, was Liebe ist. Sie stecken sozusagen auf einer bestimmten, nicht sehr weit fortgeschrittenen

Stufe oder Phase fest, und es scheint, als ob sie nahezu heillos in ihren Verwirrungen verstrickt sind. Die meisten Menschen kennen diese sechs Stufen oder Phasen noch nicht einmal; wie kann es also für sie irgendwelche Hoffnung geben, die Verwirrungen aufzulösen und Klarheit zu gewinnen?

Wenn wir uns die erfolgreichsten Fernsehserien mit den höchsten Einschaltquoten vornehmen und uns anschauen, was sie uns über das Thema "Liebe" zu sagen haben, dann müssen wir feststellen, dass die in ihnen vermittelten Botschaften recht widersprüchlich und verworren sind. Denken Sie an Fernsehserien wie *Sex and the City* oder *Desperate Housewives*; beide sind durchsetzt mit jeder Menge Sex sowie der Sehnsucht nach Liebe und der Lust auf sonnengebräunte Körper, doch es würde uns schwerfallen, das berechnende, hinterhältige und durchtriebene Verhalten der Protagonisten als "liebevoll" zu bezeichnen. So sind zum Beispiel die Charaktere in *Desperate Housewives*[4] gewiss attraktiv, und vielleicht haben wir Spaß daran zu beobachten, in welche Situationen sie sich verstricken, doch sie sind letztendlich, was sie sind – "desperate", verzweifelt und hoffnungslos. Es hat den Anschein, als ob sie der Liebe hinterherjagen und doch keinen richtigen Begriff von dem haben, wonach sie suchen. Bevor wir diese schräg-verrückte, aber unterhaltsame Fernsehserie jedoch in irgendeiner Weise abtun, sollten wir einen Grund für ihren Erfolg nicht unerwähnt lassen. Was diese Serie für den Zuschauer nämlich so interessant macht, ist die Art und Weise, wie sie erzählt wird. In der ersten Staffel sind aus dem Off die Stimmen zweier Figuren zu hören, die verstorben sind (Mary Alice Young und zu einem späteren Zeitpunkt auch Rex van de Kamp), die einen Blick auf das Leben ihrer Nachbarn aus einer etwas anderen, weiteren Perspektive werfen als die lebendigen Darsteller. Dieser Trick der erzählerischen Darstellung scheint uns als Zuschauer aufzufordern, die hektisch-verzweifelten Aktionen der Protagonisten mit einer gewissen Kühle und Distanz zu beobachten, während wir Zeugen der Irrungen und Wirrungen sind, in die die Charaktere immer wieder hineinzugeraten scheinen. Die Serie scheint zu "wissen", dass es mehr gibt als die sichtbare Realität, mehr, als die meisten Figuren in der Serie begreifen können. Abgesehen von einigen allgemeinen Bemerkungen zu den Situationen, denen wir zusehen, sagt uns die verstorbene Mary Alice Young allerdings nicht, worin dieses "Mehr" an Wissen besteht.

Wenn wir verstehen wollen, wie wir als Kultur in Bezug auf die Liebe so sehr in Verwirrung geraten konnten, ist es vielleicht sinnvoll, in der Zeit zurückschauen, um herauszufinden, wie die Liebe im Wandel der Zeiten dargestellt und zum Ausdruck gebracht wurde.

Der geschichtliche Hintergrund

Ein Aspekt des Problems ist das Wort "Liebe" selbst. Für gewöhnlich ist es ein vages, mehrdeutiges Konzept, das routinemäßig als zusammenfassende Umschreibung für bestimmte Gefühle dient. Wir lieben unsere Freunde, unsere Eltern (nun ja, meistens), unsere Kinder, unseren Ehepartner, unsere Arbeit, unseren örtlichen Fußballverein, Schokoladentorte ... Die alten Griechen hatten zumindest mehr als ein Wort für die Liebe; sie unterschieden zwischen der Liebe zu Freunden, der Liebe zum Heim, sexuellem Verlangen und erotischer Liebe. Die alten Griechen waren hervorragend darin, Dinge in Kategorien zu unterteilen.

Sie führten auch einen Lebensstil, der uns heute wohl etwas verstören würde. So wurde zu jener Zeit zum Beispiel allgemein akzeptiert, dass ältere Männer homosexuelle Beziehungen zu minderjährigen Jungen unterhielten (wobei es dem Mann überlassen blieb, wie weit er dabei ging), ihren Spaß mit einer Prostituierten oder Mätresse hatten (wobei der Mann nicht notwendigerweise jedes Mal mit ihr sexuell verkehrte) und bei all diesen Aktivitäten auch ihre Ehefrau noch respektvoll behandelten, die ihnen Kinder gebären sollte, die – so wurde es von ihm erwartet – er erziehen und unterrichten sollte, auch in Bezug auf das Thema "Liebe". Beziehungen dieser Art wurden damals als völlig normal angesehen und schienen mehr oder weniger alle sexuellen Varianten abzudecken, die Männern zu jener Zeit offenstanden. Für uns wäre dies heutzutage vollkommen inakzeptabel, und von den alten Griechen würden wir vielleicht sagen, dass sie auf Sex fixiert gewesen sind. Doch mit diesem vorschnellen Urteil entginge uns ihre tiefgründige Weisheit auf anderen Gebieten, auch wenn ihr Lebensstil nicht unbedingt unseren heutigen Vorstellungen von Anstand und Sittlichkeit entspricht.

Einige Jahrhunderte später unterschieden die Römer ähnlich wie die Griechen zwischen erotischer Liebe und reinem sexuellen Verlangen, doch die damals von ihnen aufgeführten Bühnenstücke – vor allem ihre Komödien – schienen es für gewöhnlich vorzuziehen, den Verliebten zu verspotten. Ein verliebter Mann galt aufgrund seines emotionalen Überschwangs nicht mehr als vernunftgeleitet und war deshalb nicht mehr wirklich ein Mann. Das von den Römern erfundene Konzept der Tugend war für sie gleichbedeutend mit Männlichkeit und drehte sich ausschließlich um nüchterne Disziplin und pragmatisches Vorwärtskommen im Leben. Es hatte nicht allzu viel zu tun mit zärtlichem Verständnis für einen Sexualpartner.

Sexuelle Begierde war den Römern allerdings gewiss nicht unbekannt. Der Dichter Ovid (43 v. Chr. bis 17 n. Chr.) reagierte auf die Begeisterung der Römer für verschiedene sexuelle Themen mit der Nacherzählung ursprünglich griechischer Mythen,[5] die in den darauffolgenden Jahrhunderten großen Anklang fanden.

In all diesen Geschichten und Mythen, vor allem in den *Meta-morphosen* von Ovid, gibt es einen gemeinsamen Nenner: Verliebte Menschen waren aufgrund ihrer Gelüste und der anderer um sie herum keine vernünftigen, "vollwertigen" Menschen mehr. Man sah im Sexualtrieb also etwas potenziell Zerstörerisches, der ansonsten vernunftgeleitete Menschen in etwas verwandelte, das sich nicht mehr sehr stark vom Tier unterschied. Daphne, die Bergnymphe der griechischen Mythologie, verwandelt sich in einen Lorbeerbaum, um der Verfolgung durch Apollon zu entgehen; die Nymphe Syrinx wird auf ihr Bitten hin in Schilfrohr verwandelt, um Pan zu entkommen, und Philomela, eine weitere Figur der griechischen Mythologie, verwandelt sich nach ihrer Vergewaltigung in eine Nachtigall. Die sexuelle Lust verwandelte selbst Götter in Tiere. Jupiter, die oberste Gottheit der Römer, verwandelt sich in einen Stier, um Europa zu entführen, und in einen Schwan, um sich Leda zu nähern. Die skandalösen Eskapaden der olympischen Götter, ihr wahlloser Geschlechtsverkehr miteinander, ihre Betrügereien – all dies kann uns heute wohl kaum als beispielhaftes Verhaltensmodell dienen. Die anarchische Natur des sexuellen Verlangens wurde, wie wir sehen, in diesen Mythen detailliert geschildert, doch was ist mit der *Liebe*?

Auf den ersten Blick könnte man es uns nachsehen, wenn wir glaubten, die Griechen, Römer und andere Kulturen des Altertums hätten sich in einem Zustand heilloser Verwirrung befunden. Doch dann hätten wir das, worum es hier eigentlich geht, nicht begriffen. Die Griechen hatten ein Interesse daran, die Liebe in all ihren Formen darzustellen, was den Schluss nahelegt, dass es für sie ein Thema ständiger Faszination mit herausragender Bedeutung war – und dass sie ein differenziertes Bewusstsein der Materie entwickelt hatten. Die erwähnten Legenden der Götter und Göttinnen können als Beispiel dafür angesehen werden, wie unvernünftig und unreif sich Menschen verhalten, wenn sie glauben, verliebt zu sein – auch wenn die Beispiele in den Mythen wohl extremer Natur sind. Sollten wir daran irgendwelche Zweifel hegen, brauchen wir uns nur das bekannte Beispiel von Narziss anzuschauen.

In der griechischen Mythologie ist Narziss[6] ein schöner junger Mann von sechzehn Jahren, der alle Verehrer und Verehrerinnen zurückweist – auch die Nymphe Echo, die sich in ihn verliebt und ihn zu verführen versucht. Echo, die im Auftrag von Jupiter seine Gattin Juno mit dem Erzählen von Geschichten unterhielt, damit er Zeit für seine amourösen Abenteuer hatte, wurde von Juno, als sie dahinterkam, zur Strafe der Sprache beraubt und konnte lediglich die letzten an sie gerichteten Wörter wiederholen. Echo, in der Rolle des Kindes, das beschwichtigend auf die Eltern im Eifersuchtsstreit einwirken will, weiß bereits um Dinge wie Sex, Betrug und Hintergehen, und sie wurde Zeuge, wie Junos Liebe zu Jupiter nicht wirklich erwidert wurde. Interessanterweise fixiert Echo ihre Aufmerksamkeit auf die Person, die sie mit Verachtung straft, was wir nach ihren früheren Erfahrungen auch erwarten würden. Einer der anderen von Narziss zurückgewiesenen Verehrer betet darum, dass Narziss sich in sich selbst verliebt, sodass er weiß, wie es sich anfühlt, hoffnungslos verliebt zu sein. Als Narziss an einem See sitzt und sein eigenes Spiegelbild im Wasser sieht, verliebt er sich so sehr darin, dass er nichts mehr zu essen und zu trinken zu sich nimmt und schließlich stirbt.

Wunderbar, könnten wir sagen, denn es erklärt das Zustandekommen von Echos und auch, warum Narzissen gern in der Nähe von Gewässern wachsen, wo ihre Blüten mitunter auch über der Wasseroberfläche hängen – als ob sie wie Narziss ihr eigenes Spiegelbild im Wasser bewundern würden. Doch offensichtlich ist das noch nicht die ganze Botschaft der Legende. Denken Sie an die jungen Männer und Frauen im Teenager-Alter, die vollkommen auf ihr Aussehen fixiert sind und stundenlang vorm Spiegel stehen, um einem Schönheitsideal nachzueifern, das sie aus irgendeinem Film oder einer Zeitschrift kennen. Niemand kann sie davon überzeugen, dass sie im Grunde ihre Zeit verschwenden – ebenso wie Echo es nicht schaffte, Narziss in die Realität zurückzulocken und ihn die warmherzige Liebe eines echten Menschen spüren zu lassen.

Denken Sie daran, wie viele junge Menschen sich zum Hungern genötigt fühlen, um einem gewissen Bild zu entsprechen, oder wiederum zum anderen Extrem neigen und Spezialpräparate zum Aufbau von Muskelmasse zu sich nehmen. Sie sind in eine Projektion ihres eigenen Selbstbildes verliebt, und sie neigen auch dazu, sich mit Freunden zu umgeben, die sich so kleiden und aussehen wie sie selbst. In dieser Phase ihres Lebens sind sie vielleicht nicht zu echten Bindungen an andere Menschen imstande, da sich alles um sie selbst dreht. Diejenigen, die ihnen Liebe entgegenbringen, werden wie Echo in der griechischen Mythologie in ihre egozentrischen Selbstverstrickungen mit hineingezwungen und müssen immer mit ihnen übereinstimmen. Sehen wir nicht genau dies nur allzu oft bei Teenagern, die sich einer bestimmten Clique angeschlossen haben? Echo ist eine mythische Reflexion dieses introvertiert-sprachlosen Teenagers, der alles daransetzt, seinem Idol nachzueifern, aber auch einen gewissen Hass spürt, weil er sich von denen zurückgewiesen fühlt, deren Akzeptanz er für sich ersehnt. So waren die alten Griechen imstande, auf elegante Weise in einem kurzen Mythos eine komplette Lebenssituation zusammenzufassen, die jeder junge Mensch in einer bestimmten Form erlebt und die seiner Psyche möglicherweise Leid zufügen könnte. Narzisstische Personen sind auch heute noch ein reales Problem, denn es scheint, als ob sie nichts anderes wahrnehmen könnten als ihre eigene Welt. Alles in ihrem Leben dreht sich um "mich, mich, mich" – manchmal sogar für den Rest ihres Lebens. Denken Sie an das Schicksal, das Narziss im griechischen Mythos ereilt hat, wenn

Sie es mit jemandem zu tun haben, der narzisstisch veranlagt zu sein scheint. Denken Sie auch an das Schicksal von Echo – welches Sie vielleicht auch auf sich nehmen müssen, wenn sie sich mit einem Narzissten auseinanderzusetzen haben. Eine weitere Version des Charakters von Echo findet man bei den sogenannten Stalkern und anderen auf bestimmte Personen oder Dinge fixierten Menschen, die bei der Anziehung zu ihrem Objekt der Liebe – wie Echo – zu Extremen wie Nachstellen oder Verfolgung neigen. Narziss hält, wie wir uns erinnern, ein Selbstgespräch mit seinem Spiegelbild, und das Schicksal von Echo ist, seine letzten Worte zu wiederholen, die – so glaubt Narziss – von seinem Spiegelbild gesprochen werden, wodurch er sich noch mehr in seine Wahnvorstellung verstrickt. Ohne es zu beabsichtigen, verschlimmert Echo damit seine Qualen. Sie kann ihn nicht einfach verlassen, wie es wohl jede vernünftige Person tun würde.

Wenn wir diesem Mythos einen Sinn abgewinnen wollen, müssen wir diese Situation als einen Umstand sehen, der jedem jungen Menschen widerfahren könnte und in dem er oder sie die eine oder andere Rolle annehmen kann. Und wenn wir wissen, dass diese bestimmte Lebensphase auf den jungen Heranwachsenden wartet, können wir ihn darauf aufmerksam machen, sodass er weiß, was geschieht, und ihm helfen, diese Lebensphase unbeschadet und glücklich hinter sich zu bringen. Auf diese Weise erleidet die junge Seele keinen Schiffbruch – trotz unsicherer, "aufgewühlter" Gewässer.

Und für den Fall, dass wir das Wesentliche nicht begreifen sollten: Der Mythos weiht uns noch in ein weiteres Detail ein. Narziss' Mutter Liriope war eine Nymphe, die vom Flussgott Cephisus vergewaltigt worden war. Eine Vergewaltigung ist immer ein Akt des Egoismus und der Selbstverwicklung seitens des Vergewaltigers – ein narzisstischer "Power-Trip" –, und das Opfer ist immer traumatisiert und bleibt ohne Selbstvertrauen, dafür aber mit umso mehr Zweifeln und Argwohn zurück. Narziss ist, wie wir uns erinnern, ein hübscher Jugendlicher, der von allen, Männern wie Frauen gleichermaßen, verehrt wird. Doch er weist *alle* Avancen, nicht nur die von Echo, schroff zurück. Er scheint bestrebt zu sein, jede Form beziehungsmäßiger Verstrickung zu vermeiden – vor allem solche, die seine Mutter erlitten hat –, und so weist er ausnahmslos jeden Menschen zurück. Ob wir die Geschichte von Echo und Narziss nun als einen Mythos über egozentrische Selbstverstrickung, die auf Furcht beruht, betrachten oder als eine Geschichte rund um die Themen "Zurückweisung" und "Fixierung" – oder ob wir sie als eine Lehre betrachten in Bezug darauf, was mit männlichen Jugendlichen geschehen kann, die von misshandelten Müttern aufgezogen werden, das bleibt uns überlassen. Der Mythos enthält jedes einzelne dieser Elemente.

Ovid zeichnete viele dieser griechischen Mythen auf, obwohl sie zu jenem Zeitpunkt schon relativ alt waren, denn er wusste um die von ihnen ausgehende Kraft. Und er bemühte sich, diese Mythen in ihrer ganzen Pracht und Fülle zu präsentieren, denn er war sich ihres hohen und bleibenden Wertes bewusst. Was wir hieraus lernen können, ist, dass die alten Griechen sehr wohl einen tiefen Einblick in Wesen und Natur der Liebe hatten und sich in ihren Mythen mit Dingen befassten, die uns auch in unserer heutigen Alltagswelt einige Probleme bereiten. Nur: Wir haben heute vergessen, wie diese Mythen zu verstehen und zu deuten sind, und deshalb neigen wir dazu, die alten Griechen und Römer eher an ihren Handlungen als an den diesen Handlungen zugrunde liegenden Gedanken und Konzepten zu beurteilen. Das ist ungefähr so, als ob man eine Person dafür kritisiert, mit einem Pferdegespann unterwegs zu sein, obwohl sie – und das weiß der Kritiker nicht – Kenntnisse in fortgeschrittener Raketentechnik hat, mit der man selbst die Entfernungen zwischen den

Planeten leicht überbrücken könnte. Und so lag die tiefgehende Weisheit der griechischen Mythen jahrhundertelang unter einem Haufen Ignoranz und Unkenntnis begraben. Die alten Griechen und Römer gaben uns einen weitreichenden Einblick in ihre Erkenntnisse, doch wir hatten vergessen, wie man ihre Einsichten entschlüsseln und allgemein verständlich machen konnte. Die alten Griechen selbst hatten keine Probleme, ihre Mythen zu verstehen. Deshalb zeichneten sie sie auf und wiederholten ihre Aufführung unablässig – denn sie wussten um die Weisheit und die Wirkkraft in ihnen.

Wir werden uns im Verlauf dieses Buchs unter anderem mit den Irrungen und Wirrungen rund um das Thema "Liebe" auseinandersetzen, die uns durch Mythen, Legenden und andere Literatur über die Jahrhunderte weitergegeben wurden, und feststellen, dass diese Irrungen und Wirrungen nicht durch diese Mythen und Legenden selbst hervorgebracht wurden. Tatsächlich sind diese Verwirrungen jüngeren Ursprungs und beruhen auf kulturell bedingten Vorurteilen, die erst in unserer schnelllebigen, vom Fortschritt besessenen Zeit aufgekommen sind. Lassen Sie uns also einen Moment innehalten und herausfinden, wie es dazu kam, dass die Liebe im Laufe der Jahrhunderte ein mit so vielen Problemen und Schwierigkeiten besetztes Thema wurde.

Beginnen wir mit den Worten des Apostels Paulus[7], denn sie reflektieren in gewissem Maße unsere heutigen Verwirrungen hinsichtlich der Bedeutung der alten Mythen. In seinem ersten Brief an die Korinther schrieb er in Kapitel 13: "Nun aber bleibt Glaube, Hoffnung, Liebe – am größten aber unter diesen ist die Liebe." Das Wort "Liebe" wird in der King-James-Version der Bibel aus dem Jahr 1611 – für die Protestanten noch immer die offizielle Bibelversion – als "Nächstenliebe" ("Charity") wiedergegeben, was sich vom lateinischen Wort "Caritas" (lat. für Nächstenliebe) ableitet. Da einige Versionen des Textes in Latein abgefasst wurden, ergibt dies Sinn. Doch erst vor etwa zweihundertfünfzig Jahren äußerte der englische Erweckungsprediger John Wesley Zweifel hinsichtlich der Wortherkunft und bestand darauf, dass das Wort "Liebe" besser passe, weil es nicht den Beiklang von Mitleid oder Wohltätigkeit habe, der mit den Spenden der Reichen an bedürftige Arme einhergeht. Das Wort "Caritas" bezeichnet eine Form liebevoller Güte, die sich nicht ohne Weiteres mit dem englischen Wort "Charity" übersetzen lässt, und die Vorstellung davon, was göttliche Liebe ist, wurde dadurch verwässert und sogar verworren. Wesley mag richtig oder falsch gelegen haben, doch wir können davon ausgehen, dass die lateinischen Verfasser klarmachen wollten, dass sie nicht über sexuelle Liebe sprachen, denn dann hätten sie wahrscheinlich das lateinische Wort *Amor* benutzt.

In der Gesellschaft des frühen europäischen Mittelalters herrschten äußerst verworrene Vorstellungen über die sexuelle Liebe. Wenn einen Mann die Liebe traf, wurde dies damals oft als ein verhängnisvolles Unglück dargestellt, das die so wichtige Loyalität und Ergebenheit gegenüber dem lokalen Feudalherren und seinem Clan gefährdete. Von *Beowulf*[8] bis zu König Artus' Legenden ist die angelsächsische Dichtkunst voll von erschreckenden Beschreibungen darüber, was geschah, wenn Männer sich in Frauen verliebten, die das Eigentum eines anderen Mannes waren. Über die Liebe vergaßen viele Untertanen ihre Loyalität zum König oder Clan. Dies war auch das Schicksal, das König Artus' Tafelrunde ereilte. Die Seitensprungaffäre von Lancelot und Königin Guinevere brach den Bund der Treue zwischen König und Untertan – und die Folge war ein Bürgerkrieg. Der machtvolle Einfluss der Liebe wurde zwar anerkannt, doch nur im Sinne gefährlich-anarchischer sexueller Begierden, die nicht beherrscht werden konnten. Denken Sie an den Briefwechsel zwischen Abaelard und Heloïse[9] in Jean de Meungs *Roman de la Rose* (1280), aus dem hervorgeht, wie die beiden erfolglos gegen die Sehnsucht kämpfen, die sie füreinander spüren, oder auch an Tristan und Isolde. In jedem dieser Fälle brachte die Liebe nur Unheil über die Protagonisten.

Bei *Beowulf*, einem angelsächsischen Heldenepos, werden wir Zeuge, wie die Liebe wegen übermächtiger Stammesloyalitäten zum Scheitern verurteilt ist. Als zum Beispiel ein Barde auftritt, um ein Lied für Beowulf und die anderen Anwesenden zu singen, wählt er ein Lied mit dem Namen "Die Schlacht von Finnsburgh".

Das Lied handelt vom friesischen König Finn und seiner Eheschließung mit der dänischen Königin Hildburg, die endlich Frieden zwischen den bis dahin verfeindeten Parteien schaffen soll. König Finn aber sinnt auf Rache für zuvor erlittenes Unrecht und greift deshalb seinen Schwager, den dänischen König Hnæf, an, während dieser Gast in seinem Hause ist – und kurz darauf kommt es zu einer großen Schlacht. Hildburg ist sich unsicher, ob sie ihren Gatten oder ihren Bruder unterstützen soll.

Im Jahr darauf kehren die Dänen zurück, töten Hildburgs Gatten und nehmen sie mit nach Dänemark zurück. Für Hildburg ergibt sich alles andere als ein Happy End, denn sie verliert Verwandte auf beiden Seiten. Es scheint, als ob die Erfordernisse der Loyalität und die des erbarmungslosen Partners der Loyalität – Rache – sich sehr zerstörerisch auf die Liebe auswirken können.

Dies ist eine der sehr wenigen Textstellen in *Beowulf*, die sich auf das Konzept der Liebe zwischen Mann und Frau bezieht. Beowulf selbst scheint keine Liebesbeziehung zu führen; wir hören nie davon, ob er sich vermählt, obwohl wir nach dem, was geschieht, davon ausgehen können. Er richtet all seine Kräfte darauf, ein loyaler Untertan und schließlich ein rechtschaffener König zu sein.

Die Geschichte von Tristan und Isolde[10] weist auf einen ähnlichen Konflikt hin wie den zwischen Hildburg, ihrem Gatten und ihrem Bruder. Bis zum 19. Jahrhundert gab es viele Variationen dieser Erzählung, dann inszenierte Richard Wagner sie als Oper *Tristan und Isolde*. Die Handlung ändert sich zwar mit jedem Wiedererzählen der Geschichte, doch die grundlegende Botschaft der Liebe bleibt dieselbe. Sie ist übrigens älter als die Geschichte von Lancelot und Guinevere und stellt eines der größten und einflussreichsten Liebesdramen aller Zeiten dar.

In den frühen Versionen der Legende schickt König Marke von Cornwall seinen treuesten Ritter und Verwandten, Tristan, nach Irland, um die irische Prinzessin Isolde, mit der er plant, sich zu vermählen, nach Cornwall zu holen. Isolde fragt ihre Mutter, was sie tun soll, wenn sie feststellt, dass ihr Gemahl, den sie noch nicht kennt, sie nicht liebt. Glücklicherweise ist ihre Mutter eine Zauberin, die ihr eine Flasche mit einem Liebestrank gibt, um auf diese Möglichkeit vorbereitet zu sein (in einigen Versionen ist es ihre Zofe Brangwayn, die ihr den Liebestrank gibt). Alles scheint auf eine glückliche Heirat und die endgültige Wiederherstellung des Friedens zwischen den verfeindeten Königreichen hinauszulaufen, doch dann nimmt das Schicksal seinen Lauf. Tristan und Isolde trinken versehentlich von dem Liebestrank. Er entfaltet wie beabsichtigt seine Wirkung – jedoch an Personen, für die er nicht bestimmt war. Das junge Paar kann seiner Magie nicht widerstehen und verbringt den Rest der Geschichte erfolglos damit, die Sehnsucht zum jeweils anderen zu überwinden. Tristan wird von seinem Verrat an seinem König und Freund verfolgt; Isolde muss sich verstellen, was ihr große Seelenqualen bereitet. Als das Gerücht die Runde macht, dass nicht alles zum Besten bestellt sein soll, beschließt ihre Familie, dass das Friedensabkommen, von dem Isolde ein Teil sein soll, nicht länger aufrechterhalten werden kann, und auch Isolde wird von ihren Verwandten als Verräterin angesehen.

Der erste Punkt, den wir bei dieser Geschichte hervorheben können, ist, dass die Aufzeichner dieser Legende (wer immer sie waren) und ihr Publikum die Liebe als etwas Gefährliches betrachteten, denn sie konnte wichtige politische Bünde und Loyalitäten zerstören, was letztlich auch zu Verrat, Krieg und Tod führen konnte.

Der zweite Punkt ist: Geschichten mit Spannungsbögen wie hier übten auf das Publikum eine große Faszination aus – ein recht deutliches Zeichen dafür, dass das Publikum aus eigener Erfahrung wusste, dass Liebe und sexuelles Verlangen jeden Menschen dazu bringen konnten, die Treue der Familie gegenüber aufzugeben. Jedem im Publikum war dieses Gefühl bekannt, oder sie waren zumindest schon einmal Zeuge solcher Spannungen zwischen Familienmitgliedern gewesen.

Der dritte Punkt – ein wichtiger in Bezug auf die Wahrnehmung – ist, dass die Liebe als etwas angesehen wurde, das von *außen* auf den Menschen einwirkte, zum Beispiel durch einen Liebestrank oder einen Zauberspruch, gegen den es kein Mittel gibt. Weder Tristan noch Isolde weisen irgendwelche moralischen Schwachpunkte auf, doch gegen die Wirkung des Liebestranks sind sie machtlos.

Wenn Liebe die Menschen von außen trifft – wie zum Beispiel durch Amor und seine Liebespfeile –, können wir vielleicht Mitgefühl für die geplagten Verliebten aufbringen, aber es vermittelt uns kein klares Konzept, was Liebe tatsächlich ist. Im Französischen existiert immer noch eine interessante Redewendung für diese Form plötzlicher, überwältigender Liebe – *coup de foudre* –, was man übersetzen könnte mit "wie vom Blitz getroffen" oder "wie vom Donner gerührt". Dies sind beileibe keine schlechten Beschreibungen dessen, was geschehen kann, doch beachten Sie auch, welche Hilflosigkeit diese Redewendungen zum Ausdruck bringen ...

Die Legende von Tristan und Isolde ist vielleicht nichts Neues, aber sie erfreut sich nach wie vor großer Beliebtheit. Im Jahre

2006 erschien eine Verfilmung des Stoffs (*Tristan und Isolde*)[11], die die Vorstellung der Zerstörungskraft der Liebe eindringlich zur Schau stellt. Die Dreiecksbeziehung ist ein vertrautes Thema (auch bei den *Desperate Housewives*), doch wenn wir auf die Zeit des Mittelalters zurückblicken, spüren wir fast nirgendwo die inspirierende oder regenerative Kraft, die der Liebe sicherlich innewohnt. Die einzige Ausnahme davon war die Liebe zu Gott, mit der aber im Laufe der Jahrhunderte immer mehr die Unterdrückung der Sexualität einherging. Das Bild des "armseligen Sünders", der auf ewig Höllenqualen zu erleiden hat, wenn er nicht Buße tut und der Fleischeslust abschwört, trat nun in den Vordergrund, ebenso wie zu jener Zeit das allgemeine Gefühl vorherrschte, dass die Welt ein einziger Sündenpfuhl mit zahllosen Versuchungen sei – und jeder Mensch durch die Erbsünde sowieso unrein und verdorben ... Alles in allem keine allzu guten Aussichten ...

Obwohl die Erbsünde in der Geschichte von Adam und Eva[12] zunächst als Ungehorsam, der einfach auf Neugier beruhte, angesehen wurde, erklärte die Kirche später, dass der Ungehorsam vielmehr durch sexuelle Begierde hervorgerufen worden war. Die katholische Kirche mit ihren zölibatär lebenden Geistlichen fürchtete die sexuelle Liebe und tut dies bis zum heutigen Tag. Doch diese Furcht führte leider zur Verdrängung und Unterdrückung der Sexualität, mit dem Ergebnis, dass zahllose Geistliche in sexuelle Kindesmissbrauchsskandale verwickelt waren und sind – mit den entsprechenden Folgen für die jungen Seelen dieser Kinder.

In jedem dieser aus der Volks- und Unterhaltungsliteratur herangezogenen Beispiele erkennen wir eine Konstante: Sie alle betrachten die Liebe als ein statisches Konzept. Es wird kein Versuch unternommen zu zeigen, dass Liebe wachsen oder sich wandeln kann; sie kann auf Herausforderungen treffen ("in guten wie in schlechten Zeiten ..."), doch es wird so gut wie nie versucht herauszufinden, wie die Liebe entwickelt und vertieft werden kann oder was die Gründe dafür sind, dass sie dahinschwindet und scheitert. Man ist eben entweder verliebt – oder man ist es nicht.

Selbst im herausragenden Liebesgedicht *Troilus and Criseyde* des englischen Schriftstellers und Dichters Geoffrey Chaucer[13] ist die Liebe des trojanischen Prinzen Troilus zu seiner Angebeteten Cressida (Criseyde) durch Umstände, die sie nicht kontrollieren können, zum Scheitern verurteilt. Als Cressida bei einem Gefangenenaustausch mit den Griechen dem griechischen Heerführer Diomedes übereilt verspricht, seine Liebhaberin zu werden, ist Troilus zutiefst verletzt. In seiner Verzweiflung verwandelt er sich in einen beherzten und waghalsigen Krieger, doch als er getötet wird und zur "achten Himmelssphäre" emporschwebt, rät uns Chaucer, darüber nachzusinnen, wie unbedeutend und belanglos sexuelle Liebe und Anziehung eigentlich sind. Sein Rat mag der orthodox-religiösen Stimmung der damaligen Zeit entspringen, doch hinterlässt dies bei uns heutzutage doch eher einen recht farb- und glanzlosen Eindruck.

Doch lassen Sie uns einen Moment innehalten: Unsere heutigen Ansichten und Empfindlichkeiten könnten uns hier in die Irre führen, denn Chaucer gibt uns eine detaillierte Beschreibung von Troilus' Liebe – seine Sehnsucht, sein Geheimhaltungsbedürfnis, seine Hingabe und seine Verzweiflung angesichts des Verrats – und stellt dieser dann eine ganz andere Perspektive gegenüber, als Troilus zum Himmel aufsteigt. Über allem schwebend schaut er mit einem kritischen Blick hinunter auf das Geschehene und gibt uns die Gelegenheit, alles, was wir beobachtet haben, infrage zu stellen.

Doch Chaucer geht noch weit darüber hinaus. Von Beginn des Gedichts an kehrt er das Klischee von der armen jungen Magd, die erst verführt und dann verlassen wird, in sein Gegenteil, denn es ist der königliche Troilus, der die Rolle des unerfahrenen jungfräulichen Liebhabers einnimmt, und Cressida ihrerseits tritt als lebenserfahrene Witwe auf. Sie handelt pragmatisch und schützt ihren Ruf und Status, statt sich mit moralischen Fragen herumzuschlagen, denn schließlich ist ihr Vater zum Feind übergelaufen. Dies zwingt uns, die Situation anders zu betrachten als nach dem üblichen Klischee vom Ritter und der Magd. Nachfolgende Schriftsteller wie etwa Robert Henryson und Paul L. Dunbar[14] fertigten ihre eigenen Versionen der Geschichten an, waren dabei aber Cressida gegenüber nicht annähernd so freundlich gesinnt wie Chaucer. Manchmal scheinen sich ihre Werke eher durch ausgesprochene Gefühllosigkeit und Frauenfeindlichkeit auszuzeichnen. Chaucers Perspektive ist eine ganz andere, denn sie lädt ein zu einer Diskussion über *jeden* Aspekt der beschriebenen Liebesaffäre. Dabei zeigt er uns eine Gesellschaft, die sich große Mühe gab, dieses störend-lästige Gefühl namens "Liebe" von allen Seiten anzuschauen und zu verstehen.

Verschlossene und engstirnige Menschen haben immer glattzüngige, oberflächliche Antworten parat. Und genau da zeigt sich Chaucers Geistesgröße, denn er lehnt es schlichtweg ab, in Klischees und Stereotypen zu denken. Hier sollte auch erwähnt werden, dass Chaucer als Hofschreiber tätig war, und zur damaligen Zeit waren solche moralischen und philosophischen Diskurse am Hof durchaus willkommen. Der großen Mehrheit des gemeinen Volks blieb jedoch leider keine Freizeit, um sich solch feinsinnigen Gedanken hinzugeben.

Ein weiteres Beispiel für Verwirrungen in der Liebe ist das Mittelalter mit seiner höfischen Liebe. Dies war im Grunde eine Reaktion auf die zu jener Zeit üblichen arrangierten Ehen, bei denen es sich ausschließlich um Besitz drehte. Wo der Bund der Ehe ohne Liebe geschlossen wird, kommt es zu Liebe ohne den Bund der Ehe, und so nahmen die Höfe überall in Europa einen

Verhaltenskodex an, bei dem es durchaus akzeptabel war, dass ein Ritter einer fürstlichen Herrin – sogar einer verheirateten – als ihr Verehrer zugesprochen wurde, solange sie keinen Ehebruch begingen. Er wäre ihr treu ergeben, würde sie wie eine Göttin anbeten und mit ihrem Namen auf den Lippen für sie sterben – und das Ganze am besten, ohne seine Gefühle für sie je öffentlich kundgetan zu haben.

Dies zeigt uns, dass Menschen sich auch damals schon der Macht der sexuellen Liebe vollkommen bewusst waren, ebenso wie der Notwendigkeit, den Geliebten oder die Geliebte zu idealisieren. Sie hatten jedoch so gut wie keine Vorstellung davon, wie sie mit diesem triebhaften Verlangen umgehen sollten – oder wie es mit der Religion in Einklang zu bringen sein könnte. Die Religion bestand darauf, dass nur die Liebe zu Gott zählt – doch ich persönlich glaube, diese Einstellung beruht eher auf fehlerhaften Vorstellungen des religiösen "Establishments" als auf Fehlern in der Lebensweisheit, die wir in der Literatur finden. Die Literatur war also eifrig damit befasst, die zu jener Zeit herrschenden gesellschaftlichen Spannungen zu *beschreiben* – hatte aber keine praktischen Lösungen zu bieten, die sich nicht gegen das allgemein akzeptierte Dogma wandten.

Lassen Sie uns nun in Anbetracht dieser Umstände noch einmal einen Blick auf den so ungemein beliebten Mythos von Tristan and Isolde werfen. Die Geschichtenerzähler gehen sehr ausführlich auf Tristans brüderliche Liebe zu König Marke ein, ebenso wie auf seine ergebene Treue zu ihm als seinem König und seinem Volk. Hier zeigen sich drei verschiedene Aspekte von Liebe und Treue. Letztere wird in der Geschichte auf eine äußerst harte Probe gestellt, als Isolde auf den Plan tritt. Isolde selbst fühlt sich gegenüber ihrem Vater als ihrem engsten Verwandten zu liebevoller Loyalität und Ergebenheit verpflichtet. Tristan und Isolde sehnen sich nach Frieden zwischen den beiden Königreichen und möchten dabei gern die Rolle selbstloser Idealisten einnehmen. Als sie sich verlieben, spüren sie die volle Kraft ihrer Gefühle und wissen, dass – so sehr sie sich auch lieben – ihre Liebe zum Scheitern verurteilt ist. Sie haben nicht, wie einige unserer Politiker, die Möglichkeit zurückzutreten, um "mehr Zeit mit der Familie zu verbringen". Die Geschichte ist deshalb eine sorgfältige Untersuchung eines ziemlich verwickelten Problems und zeigt eine beachtliche Differenzierung der Kräfte der Liebe, auch wenn sie dabei keine einfachen Antworten liefert. Deshalb ist es wichtig, an dieser Stelle Chaucers Troilus mit ins Spiel zu bringen, denn das Gedicht führt die Diskussion über den Tod hinaus fort. Als Troilus zum Himmel aufsteigt, wird ihm bewusst, dass es eine höhere Form der Liebe gibt, die er zuvor noch nie in Betracht gezogen hatte, und dass seine Trauer zu großen Teilen darauf zurückzuführen ist, dass er sich bis dahin geweigert hatte, das Gesamtbild zu sehen – denn dann hätte er sich schon vorher fragen müssen, was Liebe *auf der höchsten Ebene* eigentlich ist. Das Äquivalent hierzu sind die Stimmen aus dem Off bei den schon erwähnten *Desperate Housewives*, nur dass bei Troilus für uns kein Zweifel besteht, wie er über die ganze Situation denkt. Erst an diesem Punkt beginnt Troilus sich zu fragen, was er aus all dem eigentlich lernen sollte.

Diese Frage zieht sich auch durch Shakespeares Theaterstücke.[15] Die zum Scheitern verurteilte Liebe zwischen Romeo und Julia lässt sich sehr gut mit Chaucers Gedicht vergleichen. Als die beiden nach ihrem Freitod auf der Bühne liegen und die Montagues und Capulets geloben, endlich Frieden zu schließen, wäre es nachlässig von uns, nicht zur Kenntnis zu nehmen, dass Pater Lorenzos Wunsch, das Zerwürfnis zwischen den beiden Häusern beizulegen, sich schließlich erfüllt – doch zu einem schrecklichen Preis. Die höhere Liebe – Frieden, brüderliche Vergebung und Einsicht – verwirklicht sich nur, wenn die sexuelle Liebe transzendiert

33

wurde. Der Prinz bringt das wunderbar zum Ausdruck, wenn er am Schluss des Stücks sagt: "Seht, welch ein Fluch auf eurem Hasse ruht, dass Liebe eure Freuden töten muss!" Er *befiehlt* den Montagues und Capulets ausdrücklich, sich auszusprechen, sodass sie und ihre Angehörigen etwas über die verschiedenen Ebenen und Bedeutungen der Liebe lernen – denn ohne diese Einsicht und Offenheit kann der Frieden nicht aufrechterhalten werden. Dies ist mit Sicherheit eine Reflexion dessen, was das Publikum tun würde. Es würde auf das Drama reagieren und im Nachhinein über das Geschehene nachsinnen. Dies erwartete auch Aristoteles von einem Theaterpublikum, was er in seiner Beschreibung der *Katharsis* – der seelischen Reinigung als Wirkung der Tragödie – als wesentlichen Aspekt eines erfolgreichen Dramas klar hervorhebt. Das Stück soll zu weiterem Nachdenken anregen.

Shakespeares Botschaft ist in zahllosen Produktionen, die es versäumt haben, diesen Punkt gründlich in Betracht zu ziehen, verloren gegangen. Es scheint klar, dass Shakespeare uns auf etwas weit Komplexeres hinweisen will als lediglich auf die sexuelle Anziehung und ihre Herausforderungen (obgleich dies schon an sich ein ziemlich komplexes Thema ist), da Romeos und Julias Beschäftigung ausschließlich mit sich selbst nur ein Aspekt im Drama ist. Das Stück hat viel mehr zu bieten, wenn wir aufhören, uns nur auf das zu konzentrieren, was wir zu sehen erwarten – eine romantische Liebesgeschichte –, und stattdessen in ihm vielmehr eine Erkundung vieler unterschiedlicher Formen von Liebe, Treue und Bindung sehen. Denken Sie an die Liebe, die die Amme für Julia empfindet, und wie sie sie drängt, Romeo aufzugeben und ihr stattdessen, als die Dinge schieflaufen, zur Hochzeit mit Paris rät. Welche Art von Liebe ist das? Welche Art von Treue? Welche Art von Liebe und Treue spürt Pater Lorenzo für Romeo, als auch er zwischen den beiden Häusern Frieden schaffen will, aber auch darauf vorbereitet ist zu lügen, um dies zu bewerkstelligen? Und er verlässt Julia in der Gruft, womit er sie ihrem sicheren Freitod überlässt – den sie nicht hätte begehen können, wenn er geblieben wäre. Ist das Liebe? Nach der christlichen Glaubenslehre jener Zeit wäre ihre Seele direkt in der Hölle gelandet. Und was soll diese absurde "Treue" der beiden Häuser zu seinem eigenen Namen und Status, aus der sich so viele Streits und Konflikte ergeben? Was auch immer Shakespeare mit seinem Stück beabsichtigte – auf jeden Fall stellt er wichtige Fragen zu unterschiedlichen Formen der Liebe und Bindung. Doch diese entscheidenden Punkte rückten bei fast allen Produktionen in den Hintergrund. Das ist so, als ob man sich bei einem Fünf-Gänge-Menü ausschließlich auf den Nachtisch konzentrieren würde.

Der Krieg zwischen den beiden Häusern führt tatsächlich nur dazu, dass die Beteiligten sich selbst Schmerz und Leid zufügen. Beide verlieren ihre einzigen direkten Erben, was den Untergang beider Häuser besiegelt. Krieg ist eine Methode, sich selbst zu verletzen, und deshalb kein Weg, sich zu lieben. Auch heute, wo wir immer noch tote Soldaten auf den Schlachtfeldern vieler Kriege zu betrauern haben, können wir aus Shakespeares Tragödie eine Menge lernen.

Trotz dieser drängenden Fragen herrschte zu Shakespeares Zeiten unter den gewöhnlichen Menschen die allgemeine Tendenz vor, ihren Söhnen und Töchtern vorzuschreiben, was sie zu tun und wen sie zu heiraten hatten. Die Liebe sollte die durch die Ehen geschlossenen Familienbündnisse nicht scheitern lassen, wenn es sich irgendwie vermeiden ließ. Die Liebe war ja sicher etwas ganz Nettes, doch nur Geld konnte sicherstellen, dass niemand hungern musste. Die Einstellung der Gesellschaft zur Liebe war vielleicht eher hart, nüchtern und pragmatisch, doch die Literatur befasste sich weiter intensiv mit ihr im Versuch, sie zu begreifen. Es überrascht nicht, dass Schriftsteller jener Zeit immer wieder Situationen beschrieben, in denen die Liebe durch rein materialistische Belange vereitelt wurde – denn dies konnte man damals fast überall beobachten.

Zweifellos enthalten diese Geschichten tiefe Einsichten und Weisheiten, doch in jedem Fall, den wir hier betrachtet haben, sahen wir, wie die Zwänge einer materialistischen Gesellschaft die Liebe zwischen zwei Menschen vereitelten. Es scheint, als ob sich die Menschen der Liebe und was sie vermochte durchaus bewusst waren, doch eigentlich ging es ihnen vor allem darum, dass die Liebe kein unüberwindbares Hindernis für geschäftliche Beziehungen, Geld, Eigentum und die Grundbedürfnisse des Überlebens darstellte.

Im 18. und 19. Jahrhundert können wir dann erstmals eine Gegenbewegung feststellen, um das Ungleichgewicht zu beheben. Romanschriftstellerinnen begannen, für die Liebesheirat zu plädieren statt für arrangierte Ehen, und sehr oft können wir mit Freude feststellen, dass die Romancharaktere eine ganze Weile brauchen, bis sie erkennen, dass sie verliebt sind – und so im Verlauf der Entwicklungen eine Menge über sich selbst lernen. Die britische Schriftstellerin Jane Austen überraschte ihre Leser damit, dass eine der Hauptfiguren in ihrem Roman *Stolz und Vorurteil*[16], Elizabeth Bennet, sich weigerte, einen Geistlichen zu heiraten, den sie nicht liebte. Sie beharrt auf ihrem Liebesglück und gewinnt schließlich die Gunst des viel verständigeren Mr. Darcy, der obendrein auch noch sehr wohlhabend ist.

Erst durch die Werke von Jane Austen, George Eliot (Mary Anne Evans), den Brontë-Schwestern und anderen Schriftstellerinnen gewann die Vorstellung, dass die Liebe zwischen Mann und Frau etwas Förderndes und Fruchtbares sein kann, allmählich an Verbreitung. Fast ein Jahrhundert brauchte es bis zu diesem Punkt der Entwicklung, und einige der herausragendsten literarischen Leistungen wurden in dieser Zeit von Frauen erbracht.

Jane Austen war wohl eine der einflussreichsten Schriftstellerinnen in diesem Genre. Denken Sie nur an den Moment in *Stolz und Vorurteil*, als es Elizabeth Bennet dämmert, dass sie und Darcy füreinander geschaffen und bestimmt sind, oder denken Sie an den Schock, den Emma Woodhouse erleidet, als sie feststellt, dass sie Mr. Knightley liebt und niemand anderen ehelichen kann. In diesen Beispielen wird die Liebe eher wie ein Forschungsobjekt behandelt, dem man sich langsam nähert, als wie ein willkürliches, bereits feststehendes Arrangement. Wir werden Zeuge, wie die Liebe im Verlauf der Zeit in den Charakteren wächst und heranreift. Jane Austen selbst stellt diese Beispiele in komischer Weise einander gegenüber, als sie Emmas Freundin Harriet Smith sich in rascher Abfolge in gleich drei Männer verlieben lässt – und Elizabeth Bennets jüngste Schwester Lydia sich überhaupt in alles verlieben lässt, was eine Uniform trägt, wobei sie nur darauf hinweist, dass ihr jemand "ins Auge gefallen" sei. Diese Seichtheit und Oberflächlichkeit war es, gegen die Jane Austen zu ihrer Zeit ankämpfte, wobei sie gleichzeitig völlig neues und fruchtbares Terrain betrat, als sie darüber schrieb, wie unsere Liebe zu einem anderen Menschen im Laufe der Zeit wachsen kann. Dies war das erste Mal in der Romanliteratur, dass die Liebe als eine dynamische Kraft betrachtet wurde.

Und in gewissem Maße hat uns das an den Punkt geführt, an dem wir jetzt sind.

So begrüßenswert die Veränderungen in der Einstellung zur Liebe durch die Literatur des 19. Jahrhunderts auch waren – es war immer noch eine beschränkte Sichtweise auf das Thema. So endet zum Beispiel nahezu jeder Roman von Jane Austen mit einem glücklichen Paar und deren Heirat. Wir erfahren nicht allzu viel darüber, wie sie ihr Leben ab diesem Zeitpunkt gestalten. Vermutlich halten Kinder und die Pflichten, die Emma als Mr. Knightleys Gemahlin zu erfüllen hat, sie bis an ihr Lebensende beschäftigt, und sie ist ja nur eine Vertreterin der bewussten "Heirat aus Liebe", von der erwartet wird, dass wir sie billigen. Doch in unserer heutigen Zeit ist der Ausblick auf die Zukunft wesentlich erfreulicher. Wenn man heute einen einundzwanzigjährigen Mann heiratet – wie es bei vielen Austen-Heldinnen der Fall ist –, kann man davon ausgehen, dass man noch etwa sechzig Jahre zusammenleben wird. In der jüngeren Literatur findet sich zu diesem Lebensabschnitt nicht allzu viel, und das ist einer der Gründe, weshalb wir bei diesem Thema vom richtigen Weg abgekommen sind.

Jahrhundertelang war die Literatur für die Menschen eine Quelle hilfreicher Informationen in Bezug auf die Lebensführung zu ihrer jeweiligen Zeit. Jede Epoche hatte ihre eigenen "blinden Flecken", doch wenn wir diesen Geschichten auf den Grund gehen, erkennen wir, dass sie ein beträchtliches Maß an Weisheit und Lebenserfahrung in Bezug auf das Thema "Liebe", unsere Sehnsucht nach ihr und ihre herausragende Rolle in unserem Leben enthalten. Wir könnten dies mit dem Heranwachsen eines Baumes vergleichen. Er entwickelt sich aus einem Keimling und wächst zu einem Baum heran. Ein Gärtner könnte beschließen, den Baum nach der jeweiligen Mode der Zeit zu beschneiden und aus ihm ein geometrisches Objekt oder was immer ihm vorschwebt zu machen. Doch egal welche äußere Form der Gärtner dem Baum verleiht – es bleibt immer noch ein Baum. Wenn wir in der Literatur nach den wesentlichen Inhalten und Kernaussagen suchen, also nach den inneren Strukturen (vergleichbar dem Stamm und den Ästen des Baumes), dann können wir erkennen, dass die Schriftsteller uns schon seit Jahrhunderten über das Wesen der Liebe aufklären, doch wir müssen wissen, wonach wir Ausschau zu halten haben, um dann die Literatur auszuwählen, die für uns am hilfreichsten ist. Das Problem ist nur: Wir lesen diese Bücher gar nicht. Stattdessen sitzen wir vorm Fernseher und lassen uns von Seifenopern berieseln (wie interessant das Leben doch in diesen Serien dargestellt wird!), oder wir lesen *Bridget Jones*[17] oder gehen ins Kino, um in eine weitere Hollywood-Romanze einzutauchen, deren Produktionskosten zwar immens waren, die jedoch leider mit nur wenig Weisheit aufwarten kann, wenn es darum geht, wie wir leben oder lieben sollten.

Wenn wir mehr über die Liebe lernen wollen, sollten wir vielleicht bereit sein, anders über sie zu denken. Wenn wir uns ihr über den Ansatz der Archetypen nähern, kann uns dies einen großen Schritt vorwärtsbringen. Denn Shakespeare und Austen wussten sehr wohl um die verschiedenen Phasen der Liebe auf den verschiedenen menschlichen Bewusstseinsstufen, und jede dieser Stufen entspricht einem Archetyp, von denen es insgesamt sechs gibt.

Die sechs Archetypen

In meinem Buch *Stories We Need to Know* zeigte ich, wie die Literatur – und damit auch der menschliche Geist – die menschliche Entwicklung in sechs speziellen Stufen darzustellen scheint. Diese werden in Form von sechs archetypischen Figuren wiedergegeben, die in der westlichen Literatur seit ihren frühesten Anfängen zu finden sind. Diese Archetypen erscheinen in allen großen Werken des westlichen Kanons immer in derselben Form und in derselben Reihenfolge.

Wenn dies zutrifft – und der Zweck dieses Buches ist aufzuzeigen, dass dem so ist –, dann können wir uns diese sechs Stufen zunutze machen, um die wohl komplexeste aller menschlichen Bestrebungen, die Sehnsucht nach Liebe, unter die Lupe zu nehmen. In dem Maße, wie ein Mensch diese sechs Stufen nacheinander durchläuft, erhöht sich auch sein Bewusstsein dessen, was die Liebe sein könnte – und was dieses so leicht außer Kontrolle geratende Gefühl ihm vielleicht abverlangt. Es trifft sehr wohl zu, wenn wir sagen, dass das Konzept der Liebe nicht klar definiert, geschweige denn richtig dargestellt werden kann, wenn wir uns dabei nicht darauf beziehen, wie wir sie zu unterschiedlichen Zeiten in unserem Leben wahrnehmen. Eine Eichel, ein Keimling, eine voll ausgewachsene Eiche – in jedem Fall haben wir es mit demselben Wesen zu tun, nur zu völlig unterschiedlichen Zeiten der Entwicklung. Es wäre absurd, so zu tun, als ob sie alle ein und dasselbe wären. Genauso verhält es sich mit der Liebe, und entsprechend müssen wir uns ihr nähern.

Kapitel 3

Die sechs Archetypen in Aktion

———————— ⟬ ⟭ ————————

Die Liebe ist es, die alles erstrebenswert und wertvoll macht. Ohne Liebe ist die Mutter lediglich eine angestellte Arbeitskraft und der Vater nur ein Fremder, der immer am Ende des Arbeitstages aufzutauchen scheint. Ohne Liebe ist die Ehe nicht mehr als ein finanzielles Arrangement. Ohne Liebe wären Geschwister nur blutrünstige Rivalen wie die biblischen Brüder Kain und Abel. Ein Verständnis der Liebe zu erlangen ist in etwa so, wie die Schwerkraft zu verstehen: Wir können so tun, als gäbe es sie nicht, und im Leben immer noch "funktionieren", doch wir müssen sie zur Kenntnis nehmen und verstehen, wie sie wirkt, um ihre volle Kraft und Erhabenheit zu spüren. Die Brüder Wright wussten alles über die Schwerkraft – und wie sie sie zu ihrem Vorteil nutzen konnten, um eine damals völlig neue Dimension, den Luftraum, zu erforschen. Doch lange Zeit wurden die beiden als realitätsferne Tagträumer angesehen und wegen ihrer Bemühungen belächelt und sogar verspottet.

Es ist an der Zeit, dass auch wir die Liebe besser verstehen, und um das zu erreichen, müssen wir die sechs archetypischen Stufen der menschlichen Entwicklung verstehen.

In meinem Buch *Stories We Need to Know* zeigte ich bereits auf, dass die sechs Stufen spiritueller Entwicklung einer Reihe von Archetypen entsprechen. Diese Archetypen sind der Unschuldige, die Waise, der Pilger, der Krieger-Liebhaber, der Monarch und der Magier.

Wir treten ins Leben als **Unschuldige**, als Babys, als Neuankömmlinge. Wir kennen die Regeln des Lebensspiels noch nicht, doch wir suchen die vertrauensvolle Bindung an andere Menschen. Dies ist das Bestreben eines Babys in seiner Beziehung zur Mutter. Es lernt, an der Mutterbrust zu saugen und dabei mit der Mutter zu "kooperieren", wobei es der Mutter rückhaltloses Vertrauen schenkt. Im Gegenzug spürt die Mutter eine tiefe Liebe für ihr Neugeborenes, die allgemein als "bedingungslos" beschrieben wird. Der Mutter macht es nichts aus, wenn das Kind hin und wieder quengelig oder nicht unbedingt hübsch anzusehen ist – sie liebt es trotzdem ohne Vorbehalt. Fragen Sie zum Beispiel einfach die Eltern eines körperlich behinderten Kindes oder eines Kindes mit Down-Syndrom.

Leider ist das grenzenlose Vertrauen des unerfahrenen Kindes in die Welt, die es umgibt, keine realistische Lebensgrundlage. Schon früh warnen die Eltern das Kind, nicht allen Erwachsenen blind zu vertrauen – schon gar nicht irgendwelchen Fremden, die es mit Süßigkeiten zu locken versuchen. Im Paradies ist eben leider nicht alles perfekt. Eltern sind nicht perfekt, und nicht immer können Mutter und Vater alles besser machen. Wenn ein Kind dies erkennt, ist das der Beginn der **Waisen**-Phase.

In dieser Phase erkennt das Kind, dass nicht alles perfekt ist, sucht aber trotzdem die Bindung an andere Menschen, um sich sicher zu fühlen. Nun möchte es von Menschen, die es als sicher betrachtet, angenommen – gewissermaßen "adoptiert" – werden. In Nick Hornbys Roman *About a Boy*[1] hat der zwölfjährige Marcus starke Angst, dass seine selbstmordgefährdete Mutter sich umbringt, und so ist er entschlossen, sich so viele Freunde wie möglich zu suchen und von ihnen angenommen zu werden, um den Ängsten um seine Mutter zu entfliehen. Es ist ein wundervoller Roman und spiegelt die Waisen-Phase am Beispiel dieses zwölfjährigen Jungen ausgezeichnet wider. Für Marcus ist Sicherheit gleichbedeutend mit der Anzahl von Menschen, die er um sich sammeln kann und als verlässliche Partner ansieht. Während er dabei ist, all die Menschen in seinem Leben miteinander bekannt zu machen, findet er sich unbeabsichtigterweise in einer Position, in der er diese Menschen dazu bringt, füreinander zu sorgen und einander zu helfen. So wächst die Liebe weiter.

Nun ist die "Adoption" durch andere eine Zeit lang sicher schön und gut, doch jeder Mensch spürt irgendwann den Drang, über sich selbst hinauszublicken. Irgendwann ist die Schule abgeschlossen und irgendwann verlassen wir das Elternhaus, denn sonst können wir nicht herausfinden, wer wir sind, wenn wir erst einmal auf uns allein gestellt sind. Dies kann unter Umständen sehr beängstigend sein, und manchen Menschen fällt es schwer, dies längere Zeit durchzuhalten. Sie flüchten sich in die Geborgenheit eines vermeintlich sicheren Arbeitsplatzes und stellen sicher, dass sie von der Gruppe oder Organisation, der sie angehören, angenommen werden oder zumindest die Erwartungen der Arbeitskollegen erfüllen. Sie kommen langsam zur Ruhe, gewöhnen sich an ihre Umgebung und fügen sich ein. Die Waise hat sich umgeschaut, erkannt, welche Herausforderungen anstehen, und beschlossen, wieder eine Waise zu sein.

Doch wenn wir uns über das uns Bekannte hinauswagen und auf diesem Weg fortschreiten, wenn wir beschließen, dass es sich lohnt zu schauen, was das Leben sonst noch zu bieten hat, dann können wir zur nächsten Entwicklungsstufe voranschreiten und werden **Pilger**. Als Pilger verlassen wir die altbekannte "Komfortzone" und machen uns auf den Weg, nach Bedeutung und Sinn im Leben zu suchen. Oft bedeutet dies, dass wir die Hoffnung hegen, in der Liebe diesen Lebenssinn zu finden. Die Hippiebewegung ("Make Love not War") war berühmt für ihre verschiedenen Formen von "Pilgerreisen". Damals machten sich Hunderttausende auf den Weg nach Woodstock, Altamont und zu anderen gigantischen Open-Air-Konzerten – und ob es ihnen bewusst war oder nicht: Sie waren alle irgendwie auf der Suche nach etwas. Vielleicht ging es ihnen nur um das Erlebnis als solches, oder sie kamen zu diesen Veranstaltungen, um gemeinsam Drogen zu konsumieren oder der freien Liebe zu frönen. Doch sie alle waren auf der Suche nach etwas und wünschten sich innigst, dieses Etwas zu finden. Und so pilgerten sie durch die ganze Welt, von Marrakesch über Kathmandu und Kairo bis zu den Yogis nach Indien, den Alternativ-Kommunen in Nevada oder den Surfstränden von Hawaii. Auf ihrem Weg vergaßen viele von ihnen allerdings, wonach sie überhaupt suchten, und wanderten einfach herum, bis sie – wieder als Waisen – ein Zuhause gefunden hatten.

Einige wenige wussten, wonach sie suchten – und fanden es. Als sie es fanden, erhoben sie für sich einen Anspruch, der sie in Menschen transformierte, die sich für ein reelles Ziel engagierten. Sie wurden zu Kriegern. Und da man nicht für etwas kämpfen kann, das man nicht liebt und respektiert, wurden sie sich der Liebe bewusst.

Auf dieser Entwicklungsstufe des Menschen, die wir als **Krieger-Liebhaber** bezeichnen, engagiert sich ein Individuum für eine andere Person oder ein bestimmtes Anliegen – oder beides. Dies ist der Punkt, an dem ein liebender Mensch sich wirklich zu einer Beziehung bekennt und sich für sie einsetzt. Nun wird der Partner als jemand akzeptiert, von dem man weiß, dass er sich verändern und wachsen wird. Dies bedeutet allerdings auch, dass das Zusammenleben mitunter einige Herausforderungen mit sich bringt, denn nun müssen die Partner füreinander Verständnis aufbringen, ebenso wie für die Veränderungen, die jeder von ihnen durchlebt. Nun tritt der Unterschied zum alten Beziehungsmuster, in dem der Mann der Frau ihren Platz und ihre Rolle zuwies, sehr deutlich zutage.

Wie wir jedoch wissen, reichen Engagement und Energie nicht immer für eine erfolgreiche Beziehung aus. So wie talentierte Lehrer zum Beispiel feststellen, dass sie sich nützlicher machen können, wenn sie ihr Wissen mit anderen Lehrern teilen, statt eine Klasse von Schülern zu unterrichten, so möchte der Krieger-Liebhaber nun sein Wissen und seine Erfahrung in größerem Umfang mit anderen teilen. Ob dies nun bedeutet, dass die tatkräftige Führungskraft zum Vorgesetzten über andere Führungskräfte befördert wird, oder ob dies bedeutet, dass die Mutter ihren Kindern beibringt, sich selbst um ihre Wäsche zu kümmern und Verantwortung für sich selbst zu übernehmen – die Auswirkungen sind dieselben. Der aktive Krieger-Liebhaber beginnt nun, anderen Menschen mehr Raum zu gewähren. Nun entwickelt sich gegenseitiges Vertrauen – und welche Liebe kann ohne Vertrauen blühen und gedeihen? Ich schenke einer anderen Person Vertrauen; sie zollt dem Anerkennung, genießt das Gefühl, vertrauenswürdig zu sein, und erwidert das Kompliment. Wenn auf diese Weise ein Vertrauensverhältnis hergestellt ist, hört der Krieger-Liebhaber auf, sich wie eine Ein-Mann- oder Eine-Frau-Armee zu verhalten, und schreitet stattdessen zur nächsten archetypischen Entwicklungsstufe, dem **Monarchen**, voran.

Diese Transformation lässt sich wohl am leichtesten nachvollziehen, wenn man versteht, dass der Krieger-Liebhaber dazu neigt, sich für eine "besondere" Beziehung zu einem anderen Menschen zu engagieren, und an einem bestimmten Punkt muss sich diese Beziehung öffnen, um eine erweiterte Perspektive hinsichtlich dessen einzuschließen, was man mit seinem Leben anfangen kann. Der Krieger-Liebhaber lässt sich zu Beginn gewöhnlich auf eine intensive Liebesbeziehung mit einem für ihn wichtigen Partner ein und widmet dieser Beziehung immens viel Zeit und Energie. Irgendwann kommt dann aber ein Zeitpunkt, an dem jeder der beiden Partner seinen Freundes- und Bekanntenkreis erweitern oder in der Gesellschaft eine größere Rolle spielen möchte. So könnten die beiden Partner sich in der Situation finden, dass sie durch ihre Kinder engeren Kontakt mit der Nachbarschaft, der Gemeinde oder den Eltern der Mitschüler ihrer Kinder haben. Wenn sie sich dieser neuen Wirkungsbereiche bewusst werden, kann sie dies dazu veranlassen, in ihrem neuen, größeren sozialen Umfeld Führungsrollen zu übernehmen. An diesem Punkt können sie zur nächsten persönlichen Entwicklungsstufe, dem Monarchen, voranschreiten.

Monarchien treten fast immer als Paare, als Mann und Frau, auf. Dieser Archetyp ist eine symbolische Darstellung der Verschmelzung des typisch Männlichen als "energisch ausführende Kraft" mit dem typisch Weiblichen als "fürsorglich mitfühlende Kraft". Die Verschmelzung dieser beiden Pole muss jeder der beiden Partner *für sich selbst* erfahren, so wie die Kräfte *Yin* und *Yang* sich im *Taiji*-Symbol zu einem vollständigen Kreis ergänzen. Um auf diese Ebene zu gelangen, müssen wir uns im Klaren darüber sein, wann wir Strenge an den Tag legen müssen – und wann Mitgefühl angezeigt ist. So wie das Volk darauf vertraut, dass der Monarch die richtigen Dinge fürs gesamte Königreich tut, so muss der Monarch auf die Bedürfnisse der Menschen um ihn oder sie herum eingehen. Wird dieser "Vertrag" der liebevollen gegenseitigen Abhängigkeit und Unterstützung nicht eingehalten, wird sich der Monarch nicht lange auf dem Thron halten können. Erinnern wir uns an die berühmten Worte von Marie Antoinette unmittelbar vor der Französischen Revolution, als ihr zu Ohren kam, dass die Armen sich kein Brot kaufen könnten; ihre Reaktion darauf war: "Wenn sie kein Brot haben, dann sollen sie Kuchen essen."[2] Sie konnte sich nicht vorstellen, dass irgendjemand überhaupt Hunger litt, denn sie selbst hatte dies nie am eigenen Leib erfahren. Sie machte sich nicht einmal die Mühe herauszufinden, was diesbezüglich im Königreich wirklich vor sich ging. Und so kam es, dass sie und viele andere Adlige im Zuge der Französischen Revolution unweigerlich auf dem Schafott endeten. Tyrannei, die Gewalt- und Willkürherrschaft ohne Liebe oder Mitgefühl, währt gewöhnlich nicht allzu lange.

Die Aufgabe des Monarchen besteht darin, sich persönlich weiterzuentwickeln, was Vertrauen, Fürsorge, Anleitung, Orientierung und den Aufbau liebevoller Beziehungen betrifft. Die Einflusssphäre dieser Liebe kann sich sehr wohl über den unmittelbaren Umkreis hinaus erstrecken und auch den Staat, das Reich oder ähnliche Gebilde umfassen – allerdings nicht in blinder oder hurrapatriotischer Manier. Diese Liebe geht tiefer und beruht nicht auf dem Wunsch nach Bindung an jemanden oder etwas, sondern auf dem Wunsch, umfassende Verantwortung für diese Bindung zu übernehmen. Der wirklich weise und aufmerksame Monarch ist sich immer seiner Pflicht bewusst, das Königreich so aufzustellen, dass seine Geschäfte auch nach dem Tod des Regenten erfolgreich weiterbetrieben werden können. Wenn der Monarch diese Pflicht – von Liebe motiviert – erfolgreich erfüllt, wird er bei der tatsächlichen Erfüllung von Aufgaben mehr und mehr Macht an andere delegieren und für seine Untertanen eine Quelle der Weisheit und Klugheit darstellen.

Solch ein Monarch vollführt die Transformation zur sechsten und letzten persönlichen Entwicklungsstufe, dem **Magier**. Ebenso wie der Magier im Tarot zollt diese Figur heiligen Bräuchen und Riten Respekt, achtet Gesetze und Übereinkünfte und hält diese auf ähnliche Weise aufrecht wie ein Geistlicher. Unabhängig von seiner Konfession kann ein Geistlicher allein durch seine Existenz für uns alle eine Erinnerungshilfe dafür sein, wie wir uns verhalten sollten und welche Erwartungen wir an das Höchste und Erhabenste in jedem von uns hegen sollten. Dazu muss der Magier gar nicht viele Worte verlieren; die Magie wirkt durch die Handlungen der Menschen und ihren Glauben an das Gute, was tatsächlich nur eine andere Form der Liebe ist. – Und so sehen wir, wie die Liebe wächst.

Wir sind hiermit eingeladen zu einer Reise, die uns vom Unschuldigen zur Waisen und von dort weiter zum Pilger, zum Krieger-Liebhaber, zum Monarchen und schließlich zum Magier führen kann. Jede einzelne dieser Stufen repräsentiert eine grundlegende Neuausrichtung des Selbst in der äußeren Welt, und keine Stufe kann übersprungen werden. Auf jeder Stufe müssen wir für uns eine Neubewertung vornehmen, was Liebe sein und verkörpern könnte. Und es beschränkt sich nicht nur auf die Liebe: Tatsächlich ist es so, dass wir beim Antritt einer neuen Arbeitsstelle oder Beginn einer neuen Beziehung uns zunächst in der Rolle des oder der Unschuldigen finden und uns durch die hier beschriebenen Stufen und Phasen hinaufarbeiten. Manchmal durchlaufen wir die ersten Stufen recht schnell, denn wir kennen uns und unsere Fähigkeiten ziemlich gut und schenken dem, was wir tun, ausreichend Aufmerksamkeit. Doch dies ist nicht immer der Fall.

Kapitel 4

Der Unschuldige

Welche Lehren hat der Unschuldige für uns?

M an könnte sagen, dass die Liebe das Erste ist, was wir erlernen. Dies könnte jedoch etwas irreführend sein, denn die Liebe, die ein Neugeborenes zum Ausdruck bringt, ist wohl instinktiver Natur – das Bedürfnis, gestillt zu werden. Dem folgt direkt das Bedürfnis nach Nähe, Wärme und, ja, Liebe. Was wir bei Müttern und ihren Kindern beobachten können, ist eine solch starke unmittelbare Bindung zwischen ihnen, dass es schwerfällt, dafür passende Worte finden. Nahezu alle Mütter lieben ihre Kinder mit einer Inbrunst und Hingabe, die sie manchmal selbst überrascht. Babys ihrerseits sind, so könnte man sagen, "genetisch programmiert", ihre Mutter zu lieben – es erhöht ihre Wahrscheinlichkeit zu überleben –, und was daraus erwächst, kann man sicher als ein Wunder bezeichnen.

Das Kleinkind lernt zu "kooperieren", das heißt, an der Mutterbrust zu saugen und herauszufinden, wie es sich die Muttermilch zuführen kann. Der Rhythmus des sanften Wiegens und Stillens, um das Kind zu besänftigen und zu beruhigen, ist unerlässlich für die gute Entwicklung des Kindes. Kinder, die die körperliche

Nähe der Mutter nicht erfahren und nicht lernen, wie man an der Mutterbrust saugt, sind in ihrer weiteren Entwicklung oft gestört. Das Baby an der Brust lernt zu jenem Zeitpunkt viele Lektionen, und die Ergebnisse dieser ersten Lektionen bilden wichtige Aspekte der Psyche des Kindes für den Rest seines Lebens. Das Kind lernt, wie eine Bindung hergestellt wird – wie Liebe zum Ausdruck gebracht wird – und dass Liebe etwas ist, das auf Gegenseitigkeit beruht. Wenn das Kind lernt, seine Bedürfnisse zum Ausdruck zu bringen und deren Erfüllung erwartet, lernt es dabei auch, seine inneren Bedürfnisse anzuerkennen und mit Optimismus davon auszugehen, dass die äußere Welt bereit ist, auf seine Bedürfnisse einzugehen. Das Kind lernt, dass man es achtet und wertschätzt, und es lernt dadurch auch die Liebe zu sich selbst. Das Kind lernt ebenfalls etwas über Freude und Genuss, denn das Stillen führt beim Kind zu einer tiefen Zufriedenheit und wohligen Schläfrigkeit und gibt ihm damit ein Gefühl von Sicherheit und Geborgenheit.

All dies kann man auf jeder Entbindungsstation beobachten oder dort, wo Mütter und ihre Kinder zusammenkommen. Wenn das Kind diese liebevolle Akzeptanz nicht spürt, kann dies mitunter überraschende Folgen haben. Deshalb bin ich zu der Auffassung gekommen, dass diese Entwicklungsstufe voller wichtiger Lektionen ist, die erlernt werden müssen, bevor der Mensch zur nächsten Stufe schreiten kann. Kinder lernen diese wichtigen Lebensaspekte nicht zufällig oder willkürlich, sondern indem sie die Liebe der Mutter unmittelbar spüren. Wenn dies aus irgendeinem Grund nicht geschieht, kann das emotionale Wachstum des Kindes schwer gestört werden.

Als junger Hochschulabsolvent arbeitete ich mit psychisch gestörten Teenagern und bemerkte dabei, wie viele von ihnen nicht zu Bindungen fähig waren, sich selbst keine Liebe schenkten, Probleme hatten, anderen zu vertrauen, und beim Thema Ernährung eine Art ängstliche Besorgnis zeigten. Würde es genug zu essen geben? Wäre der Verzehr unbedenklich? Wer hat es zubereitet? Die Ängste und Besorgnisse dieser Teenager äußerten sich oft in verschiedenen Formen aggressiven Verhaltens. Die schwierigsten dieser jungen Erwachsenen waren diejenigen, die schon zu einem sehr frühen Zeitpunkt in ihrem Leben von ihren Eltern im Stich gelassen worden und auf sich allein gestellt waren. Sie hatten nie eine enge Bindung zu ihrer Mutter gespürt oder wuchsen aufgrund von Armut oder Konflikten zwischen den Elternteilen – oder einer Mischung aus beidem – in verwahrlosten Verhältnissen auf. Die Verletzungen, die ein Kind in diesen allerersten Lebensjahren erleidet, können auch durch harmonische Liebesbeziehungen später im Leben nicht geheilt werden – und so kamen sie zu der Einrichtung, in der ich damals arbeitete, als destruktive, gewalttätige und selbstzerstörerische Teenager, die zuweilen vollkommen unfähig waren, für ihre eigenen Handlungen auch nur ein Mindestmaß an Verantwortung zu übernehmen. Manche von ihnen hatten auch vollkommen verworrene Vorstellungen, was Ursache und Wirkung betrifft. Der junge Mann zum Beispiel, der die Zündung meines Autos kurzgeschlossen und den Wagen dann gegen einen Baum gefahren hatte, weigerte sich zuzugeben, dass er am Steuer gesessen hatte (obwohl ich ihn höchstpersönlich aus dem Wrack gezogen hatte), und warf mir später sogar vor, dass die Bremsen meines Wagens schadhaft gewesen seien. Dies war schon eine recht bizarre Erfahrung für mich – und ich komme irgendwie nicht umhin zu glauben, dass die vollkommene Abwesenheit von Liebe und Vertrauen, die dieser Jugendliche schon früh in seinem Leben erfahren musste, zu einem nicht unerheblichen Teil zu seiner seltsamen Sichtweise der äußeren Welt, in der es scheinbar keine Zusammenhänge zwischen bestimmten Geschehnissen gibt, beigetragen hat.

Doch es kann sogar noch schlimmer kommen. Kinder, die Opfer von Missbrauch waren, entwickeln zum Beispiel häufiger als andere Kinder multiple Persönlichkeitsstörungen, manchmal auch als "dissoziative Identitätsstörung" bezeichnet. Einfach ausgedrückt: Wenn ein Kind eine traumatische Erfahrung macht (und traumatische Erfahrungen sind immer das Gegenteil von liebevollen Erfahrungen), resultiert dies in einer Art Schockreaktion, und das Kind sagt im Grunde zu sich selbst: "*Mir* kann dies nicht passiert sein; *jemand anders* muss diese Erfahrung gemacht haben."

Und so wird in der Psyche des Kindes eine Art "Sub-Persönlichkeit" geschaffen, die sich der traumatischen Erfahrung annimmt, sodass sie das bereits existierende Selbstbild nicht in Mitleidenschaft zieht oder das Kind emotional überwältigt. Die schreckliche Erfahrung wird in einem separaten Bereich des Gedächtnisses abgelegt und sozusagen "versiegelt" und kann deshalb nicht leicht wieder hervorgeholt werden, um sie einer eingehenden Betrachtung zu unterziehen – und ohne diese Betrachtung oder Analyse kann das Trauma nicht geheilt werden. In einer nicht zu traumatischen Situation können unangenehme oder von Lieblosigkeit geprägte Geschehnisse leichter kontaktiert werden, um sie – oft mit der liebevollen Hilfe von Vertrauenspersonen – zu verstehen und zu lösen.

Ganz offensichtlich ist es nicht immer möglich, ein einzelnes traumatisches Geschehen im Leben des Kindes ausfindig zu machen, das die Verletzung herbeigeführt hat, doch wir wissen, dass Liebes- und Vertrauensentzug zu einem frühen Zeitpunkt im Leben des Kindes später zu beträchtlicher Verwirrung im Bewusstsein des jungen Heranwachsenden führen kann und dass dies auch immer eine starke emotionale Komponente in sich birgt. Umgekehrt kann die Erfahrung verlässlicher Liebe Kinder vor den schlimmsten Auswirkungen einer traumatischen Erfahrung schützen. Kinder können mit vielem umgehen – Hunger, Ängste, körperliche Mangelerscheinungen – und sich schnell davon erholen. Womit sie *nicht* umgehen können, ist der Entzug verlässlicher und dauerhafter Liebe.

Wenn ein Kind, das wirklich geliebt wird, heranwächst, lebt es in einer relativ wohlwollenden und liebevollen Welt. Im Idealfall spürt das Kind die Liebe und Fürsorge, die ihm entgegengebracht wird, und entwickelt in der Folge ein gewisses Selbstwertgefühl. Jede Mahlzeit, die es erhält, ist eine Bestätigung der Botschaft: "Du zählst, du bist von Bedeutung. Wir ernähren dich. Und wenn du dich einfügst und kooperierst, werden wir dich weiter versorgen."

Diese Fürsorge zeigt sich auch in jeder anderen Aktivität – vom morgendlichen Ankleiden des Kindes über das Bereiten eines Bades bis hin zum Gute-Nacht-Kuss beim Zubettgehen –, und es stärkt das Vertrauen des Kindes in die Erwartung, dass seine Eltern sich auch weiterhin um seine Bedürfnisse kümmern werden. Das Kind entwickelt sozusagen ein Gespür für einen bestimmten Anspruch, den es stellen darf; es ist gewissermaßen ein Beschluss, einem "Familienvertrag" beizutreten. Die liebevolle Bindung, die das Kind als hilfloser Säugling erfährt, wird später nicht abrupt gelöst, sondern wandelt sich vielmehr auf fast unmerkliche Weise. Damit gehen auch bestimmte Erwartungen und Ansprüche einher. Mit etwas Glück akzeptiert das Kind die Rhythmen des Lebens, der Liebe und der Kooperation.

Natürlich sind Kinder mitunter ungezogen und ungehorsam; sie wollen herausfinden, wie weit sie mit bestimmten Dingen gehen können, und "loten die Grenzen aus". Sie tun dies nicht, um einfach nur lästig oder störend zu sein. Was sie wirklich wissen wollen, ist, wie weit die Liebe und Akzeptanz der Eltern geht, bevor ihre Haltung umschlägt und die ersten – liebevollen – Warnungen ausgesprochen werden. Für die Eltern kann es ziemlich anstrengend sein, wenn ihre Kinder versuchen, auf diese Weise ihre Grenzen zu "testen". Doch ihre Faszination darüber herauszufinden, womit sie noch davonkommen können, lässt sich für uns Erwachsene viel leichter verstehen, wenn wir dies als einen

Versuch des Kindes betrachten herauszufinden, an welchem Punkt die elterliche Liebe in ihr Gegenteil – Wut und Ärger – umschlägt. Da die Liebe im jungen Leben der Kinder den größten Platz einnimmt, entspricht die Entdeckung, wann diese Liebe in etwas für sie Unangenehmes umschlägt, auch der Frage, wie liebenswert wir als Eltern sind. Vielleicht stellen wir uns als Eltern deshalb so häufig diese Frage. Denn auch wir Erwachsenen testen ständig unsere Grenzen, ob es sich dabei nun um körperliche Grenzen beim Sport oder Geschwindigkeitsbegrenzungen auf der Autobahn handelt. In jedem Fall sagen wir uns: "Ich bin etwas Besonderes, ich kann mir das erlauben und damit davonkommen." Und in jedem Fall hängt dieses Gefühl, etwas Besonderes zu sein, von dem Gefühl ab, dass wir *um unserer selbst willen* geliebt werden, wie wir es an der Mutterbrust und in der frühen Kindheit erlebt haben. Denken Sie hieran, wenn sie das nächste Mal das Tempolimit überschreiten. Vielleicht ist das ein Grund, weshalb wir es dem Verkehrspolizisten alle übel zu nehmen scheinen, wenn er gegen uns ein Bußgeld wegen Geschwindigkeitsüberschreitung verhängt: "Wie kann er mir das antun? Kapiert er denn nicht, dass ich bereits viel zu spät dran bin?" Doch warum sollten wir ihm eine Handlung übel nehmen, von der wir doch wissen, dass sie die Sicherheit für uns alle erhöht? Eigentlich sollten wir ihm dankbar sein. Nun, es ist unser Gefühl, etwas Besonderes zu sein, das uns daran hindert, die Situation logisch zu betrachten. Denn angesichts der Zahl von über sieben Milliarden Menschen auf dem Planeten ist kein Mensch "besonderer" als ein anderer, und niemand steht über dem Gesetz. Und doch verfallen wir immer wieder mal der Vorstellung, etwas Besonderes zu sein. Vielleicht geht mit der Erfahrung, geliebt zu werden, auch eine kraftvolle Botschaft einher, etwas Besonderes zu sein – und dies ein ganzes Leben lang.

Liebespaare tun dies, wenn sie sich gegenseitig Fragen stellen wie: "Wirst du mich auch noch lieben, wenn ich alt und grau bin?" Uns erscheint dies vielleicht kindisch, und in gewissem Sinne ist es das auch, denn ich habe gesehen, wie Kinder ihren Eltern ähnliche Fragen stellten. Ich erinnere mich noch genau an einen meiner Schulfreunde, der sich später um einen Studienplatz bei einer Elite-Privatschule bewarb und vor der Aufnahmeprüfung seine Eltern mit leicht nervösem Unterton fragte: "Wenn ich die Aufnahmeprüfung nicht bestehe, werdet ihr mich dann trotzdem noch lieben?" Die eigentliche Frage hat nichts mit der Schule oder der Aufnahmeprüfung zu tun, sondern mit dem Bedürfnis, sich von den Eltern vollkommen – ohne Wenn und Aber – akzeptiert zu fühlen.

Die Fähigkeit des Kindes, uneingeschränkte Liebe zu spüren und sich selbst so zu akzeptieren, wie es ist, stellt einen großen Vorteil dar, wenn es sich später in einen anderen Menschen verliebt und mit ihm eine Lebensgemeinschaft bilden möchte. Denn die Fähigkeit, einem anderen Menschen zu vertrauen, ist für eine gereifte Beziehung unerlässlich. Ohne Vertrauen kann keine Ehe lange halten oder überhaupt funktionieren. Doch was verstehen wir unter Vertrauen? Vielleicht ist ein Beispiel hier hilfreich. In dem Film *Saving Private Ryan* (dtsch. Titel: "Der Soldat James Ryan")[1] gibt es eine Szene, in der eine französische Familie im Obergeschoss ihres Hauses sich selbst überlassen bleibt, als die Hälfte des Gebäudes nach einem Bombenangriff einstürzt. Die US-Soldaten treffen ein, und der französische Vater ergreift seine etwa siebenjährige Tochter, um sie zu den unten postierten Soldaten hinunterzureichen. Genau in jenem Moment fällt ein Schuss; die Soldaten bringen das Mädchen in Sicherheit, und die Familie kauert im zerstörten Zimmer nieder. Es kommt zu einem Feuergefecht, und am Ende helfen die Soldaten – nun weniger an der Zahl – den Zivilisten aus dem zerstörten Haus. Das Mädchen beginnt, seinen Vater anzuschreien, schlägt gleichzeitig auf ihn ein und wirft ihm vor, sie einfach verlassen zu haben. Es ist eine fesselnde Szene, die auf tatsächlichen Begebenheiten beruht. Sie spricht Bände, denn in dieser kurzen Episode sehen wir ein Kind in Angst und Schrecken, das seinem Vater bis zu diesem Punkt noch vollkommenes Vertrauen und Liebe schenkte. Doch in dem Moment, in dem er es zu den fremden Soldaten hinunterreichte, spürte es den Schrecken des Verlassenwerdens und die Angst vor dem Tod, wovor es sich in der Gegenwart seines Vaters in gewissem Maße geschützt fühlte. Das Mädchen schlägt auf ihn ein, weil – so glaubt sie – er sie und all ihre Hoffnungen *verraten* hat. Die Liebe zu seiner Tochter veranlasst den Vater, sie als Erste in Sicherheit zu bringen. Ihre Liebe zu ihm wiederum veranlasst sie zu ihrem Angriff auf ihn und zu der Frage: "Wie konntest du nur so mit meiner Liebe und meinem Vertrauen in dich umgehen? Was bist du überhaupt für ein Vater?" In beiden Fällen ist Liebe die vorherrschende Emotion, und wir werden Zeuge ihrer immensen Kraft. Da es im Film als Ganzem um Themen wie Vertrauen, Loyalität und brüderliche Liebe geht – und was mit diesen Qualitäten in einer extremen Gefahrensituation passiert –, ist es gar nicht so abwegig, diese Szene für unsere Zwecke zu analysieren und herauszufinden, wie sie uns über diese wichtigen Themen Aufschluss geben kann.

Mütter, mit denen ich gesprochen habe, waren oft erstaunt über das große Liebesbedürfnis, das ihre Babys zum Ausdruck brachten – und über ihre eigenen aufgewühlten Gefühle als Mutter. Eine Mutter beschrieb ihr Gefühl als "extrem heftig". Nicht ganz so dramatisch äußerte sich eine Frau, die angab, dass die Mutter-Kind-Bindung für sie so etwas wie eine "Gottesliebe" sei. In jedem Fall sei sie bedingungslos und unumstößlich, so die Frau, selbst wenn das Kind heranwächst und die Mutter-Kind-Liebe sich in eine eher allgemeine menschliche Liebe wandelt. Doch die Erfahrung dieser ersten Liebe erinnerte sie daran, was Gott gefühlt haben muss, als er seine Schöpfung vollendet hatte, sagte sie. Der

Schöpfer war die Schöpfung, und die Schöpfung war Teil des Schöpfers. Es gab keine Trennung zwischen ihnen.

Wenn wir die Entwicklungsstufe des Unschuldigen anerkennen und respektieren wollen, dürfen wir sie nicht wie eine Szene aus einem Disney-Film mit Weichzeichner und süßlicher Violinenmusik im Hintergrund betrachten, sondern müssen sie in ihrer ganzen ursprünglichen Simplizität und Urkraft wahrnehmen. Das Kind weiß, wie man liebt – und das nicht nur, weil die Mutter gutherzig oder hübsch ist oder Klavier spielen kann. Das Kind liebt die Mutter in ihrem innersten Wesen, noch bevor es überhaupt Bekanntschaft mit der äußeren Welt macht. Die hinduistische Grußformel und -geste "Namasté" – "Das Göttliche in mir grüßt das Göttliche in dir" – ist ein guter Hinweis auf das, was zwischen einer Mutter und ihrem Baby jeden Tag geschieht.

Mit der Ankunft des Babys geht auch die Entwicklung charakterlicher Qualitäten wie bedingungslose Liebe, rückhaltloses Vertrauen, verlässliche Bindung und uneingeschränkte Akzeptanz einher – in einer Weise, die die Mutter vielleicht nicht mehr erlebt hat, seit sie selbst ein Baby war. Und auch wenn diese guten Charaktermerkmale keine praktikable Strategie darstellen, um in unserer heutigen materiellen Welt klar- und voranzukommen, so sollten wir uns doch fragen, ob es das Baby ist, das "falschliegt", oder ob die Welt, so wie sie sich entwickelt hat, auf Abwege geraten ist. Warum sollte die Unschuld des Babys sich nicht durchsetzen? Wir müssen den Fehler bei uns suchen.

Lassen Sie uns das also für einen kurzen Moment untersuchen; weshalb hat diese außergewöhnliche Liebe keine Überlebenschance?

Sowohl der *Kurs in Wundern*[2] als auch die Worte des Bestsellerautors Eckhart Tolle[3] weisen uns darauf hin, dass wir in einer Welt leben, in der das Ego gegenwärtig einen machtvollen Einfluss ausübt, und dies hat dazu geführt, dass wir uns nicht mehr in

Nächstenliebe mit unseren Mitmenschen verbunden fühlen, sondern uns nur noch darauf konzentrieren, was uns voneinander unterscheidet und trennt. Der *Kurs in Wundern* sagt dazu, dass dies die eigentliche Wahnvorstellung sei, unter der wir leiden und die uns von unserem wahren liebevollen Wesen trennt. Die Psychologie kommt genau zum selben Schluss, obwohl sie eher eine orthodoxe Sichtweise vertritt, wonach die idealisierende Liebe des Kindes an irgendeinem Punkt in einen scharfen Konflikt mit einer unvollkommenen Welt gerät, sodass die Liebe nicht mehr wie früher zum Ausdruck gebracht werden kann. Dies ist akzeptabel und normal. Wenn die biblische Geschichte der Vertreibung aus dem Paradies eine psychologische Wahrheit enthält, dann könnte man sagen, dass der Sündenfall von Adam und Eva in eine Welt voller Mühen und Qualen dasselbe ist, was wir erleben, wenn wir von dieser Gottesliebe getrennt sind. Jedes Baby muss sozusagen früher oder später den Garten Eden verlassen, wenn die Ansprüche und Erfordernisse der äußeren Welt auf die Intimität der Mutter-Kind-Beziehung einzuwirken beginnen.

Der US-amerikanische Autor und Theologe Carl Frederick Buechner[4] äußerte in seinen Werken zu dieser Vorstellung der Trennung einige interessante Gedanken. Er wies darauf hin, dass eine Formulierung wie "Gott existiert" in sich selbst ein Widerspruch ist, denn zu sagen, dass Gott existiert, würde bedeuten, dass er sich außerhalb seiner selbst befinden kann (lat. *ex(s)istere*, heraus-, hervortreten). Wenn wir uns einen Gott vorstellen können, der existiert, dann können wir uns auch einen Gott vorstellen, der nicht existiert oder nie existiert hat. Wir könnten uns einen Gott mit langem weißem Rauschebart vorstellen, der über den Wolken thront. Und wir könnten ihm alle möglichen Charaktereigenschaften zuschreiben wie etwa Allmächtigkeit und Vollkommenheit. Und wer weiß, vielleicht verfügt Gott ja sogar über Vierradantrieb, Klimaanlage, Getränkehalter und noch vieles andere

– aber eine Existenz? Leider nein. Doch wenn Gott wie eine
Mutter ist, die ein Kind zur Welt bringt, dann ist Gott selbst
immer Teil seiner Schöpfungen, so wie die DNA der Mutter an
ihre Kinder und Enkelkinder weitergegeben wird. Wenn Gott
alles ist, dann ist folgerichtig alles Gott. Wir sind nur der Auffassung, dass wir voneinander getrennt sind – separate Existenzen –,
und genau an diesem Punkt führt uns unser Ego in die Irre. Denn
auf einer tieferen Ebene sind wir alle miteinander verbunden, und
wenn wir unseren Bruder lieben, lieben wir uns selbst, denn wir
und unser Bruder sind in Wirklichkeit eins. Buechner drückt es
so aus: "Gott erschuf die Welt aus Liebe. Doch aus dem einen
oder anderen Grund zieht die Welt es vor, Gott zurückzuweisen."

So könnten wir also sagen, dass Gott, die ultimative schöpferische Kraft – oder wie immer wir diese Instanz nennen wollen –,
alles hervorgebracht hat. Und natürlich liebt Gott seine gesamte
Schöpfung – selbst wenn wir nicht immer uns, den Planeten oder
das göttliche Mysterium lieben, das uns an diesen Ort gebracht
hat. Dies ist dieselbe Erfahrung, die jede Mutter macht. Das
Kind wächst heran, zieht aus und führt sein eigenes, unabhängiges
Leben. Und doch wird sich die Mutter immer an jene frühen
Tage im Leben ihres Kindes erinnern, als die beiden alles füreinander waren.

Die Lektionen, die das noch sehr junge Kind lernt, drehen
sich deshalb ausschließlich um die Liebe in ihrer reinsten und
kraftvollsten Form. Nun ahnen wir, was Jesus meinte, als er sagte,
dass wir wieder werden sollen wie die Kinder.[5] Dies war kein Rat-
schlag, der sich auf das Weltliche bezog. Er wird sie nicht zum
Chef eines Großunternehmens machen. Es ist ein *spiritueller* Rat-
schlag. Wir können dem Kaiser geben, was des Kaisers ist, oder
wir können Gott geben, was Gottes ist, doch an einem bestimmten
Punkt müssen wir eine Entscheidung treffen, wen wir an die erste
Stelle setzen wollen. Und das war Jesu Botschaft: Wenn wir die

reine Liebe an die erste Stelle setzen, brauchen wir uns um weltliche Dinge eigentlich keine Sorgen mehr zu machen. Dies ist sicher eine verlockende Idee. Schon ein Blick in die Natur verrät uns, dass Tiere ihrem Nachwuchs gewöhnlich Liebe entgegenbringen, auch wenn dies nicht auf alle Arten zutrifft. Eierlegende Reptilien und Fische haben im Allgemeinen wenig zu tun mit der Aufzucht ihrer Nachkommenschaft, und selbst manche Vogelarten kümmern sich nach der Paarung nur relativ kurz um ihre Jungbrut. Nur Säugetiere scheinen Junge aufzuziehen, die lange Zeit auf ihre Eltern angewiesen sind und manchmal sogar für den Rest des Lebens der Eltern Teil der Sippschaft oder Familie bleiben. Diese Form der familiären Bindung ist bei Primaten am höchsten ausgebildet. Ob wir es mögen oder nicht, ob wir an Gott glauben oder nicht – eines der Hauptanliegen des Menschen muss sein, wie wir mit anderen Menschen zurechtkommen, und deshalb laufen alle Lebenslektionen auf Fragen rund um die Liebe hinaus. Selbst in unserer hochtechnisierten Gesellschaft müssen wir immer noch mit anderen interagieren. Wir sind auf einen Arbeitsplatz angewiesen, um unsere Rechnungen zu bezahlen und Lebensmittel einzukaufen. Wir müssen alle möglichen Arten komplizierter Regeln befolgen, um sicherzustellen, dass wir am Leben bleiben und "funktionieren". Jeder, der jemals eine Steuererklärung ausgefüllt hat, weiß das. Immer wieder sind wir mehr oder weniger gezwungen herausfinden, wie wir mit anderen zurechtkommen können. Auf die eine oder andere Weise werden wir immer wieder zur Liebe zurückgeführt. Wie gut wir damit zurechtkommen, hat unter Umständen eine Menge mit den uns innewohnenden menschlichen Neigungen zu tun: Sind wir eher extrovertiert oder introvertiert? Sind wir mutig und gehen eher beherzt auf andere zu, oder haben wir Angst vor ihnen? Doch dies hat auch eine Menge mit den Lektionen zu tun, die wir schon an der Mutterbrust gelernt haben.

Die Lektionen, die der Unschuldige uns lehren kann, sind für jeden von uns frei zugänglich, wann immer wir uns dafür entscheiden. Wir können Aspekte des Unschuldigen zum Beispiel in dem rückhaltlosen und totalen Vertrauen sehen, das glücklich verheiratete Paare füreinander zum Ausdruck bringen. Sie vertrauen sich einfach. Natürlich kann dies auf Ahnungslosigkeit, Bequemlichkeit oder Unvernunft zurückzuführen sein – oder einfach auf echtes Vertrauen in den anderen. Dieses Vertrauen kann jedoch nur wachsen, wenn jeder der beiden Partner auch Vertrauen in sich selbst hat, sich als liebenswert und achtungswürdig betrachtet und dieselbe Behandlung vom Partner erwartet. Beachten Sie jedoch: Es geht hier nicht um ein "relativ großes" Vertrauen in den jeweils anderen. Es handelt sich nicht um eine Situation, in der 85 Prozent Vertrauen "ausreichen". Vertrauen ist etwas Absolutes – man schenkt und erwartet es zu 100 Prozent oder gar nicht. Das ist der Maßstab, den der Unschuldige anlegt.

Doch wir müssen hier noch einem anderen Aspekt Beachtung schenken. Der Unschuldige vergibt anderen immer sehr leicht – mitunter zu leicht –, zumindest solange er ein Unschuldiger bleibt. Das Kind wird immer bestrebt sein, den Eltern jegliche Misshandlungen zu vergeben – doch nur bis zu einem bestimmten Punkt. Wenn dieser Punkt erreicht ist, schreitet das Kind zur Entwicklungsstufe des Waisen weiter.

Wenn Sie sich einen Moment Zeit nehmen und eine Mutter und ihr Kind beobachten, oder wenn Sie eine Kindertagesstätte besuchen, versuchen Sie das, was sich vor Ihnen zuträgt, als eine Übung in Liebe zu betrachten, auch wenn sie vielleicht nicht in ihrer Vollkommenheit ausgedrückt wird. Mütter und Väter mögen ihrem Ärger über "die unartigen Kinder" Luft machen, schimpfen und schelten, aber sie sind immer für sie da – mit Liebe, Teilnahme und Hingabe. Ein Baby mag aus Schmerz oder Verzweiflung lauthals schreien, doch sobald die Mutter erscheint, beruhigt sich das

Kind meistens, da es sich der Liebe der Mutter wieder gewiss ist. Dies ist die grundlegendste Form von Vergebung. Diese Lektionen warten überall auf uns.

Die Herausforderungen für den Unschuldigen

Obwohl viele wichtige Lektionen, die wir im späteren Leben lernen, ihre Grundlage in der Entwicklungsphase des Unschuldigen haben, kann dieser Archetyp in eine bestimmte Falle tappen: wenn er sich nämlich weigert anzuerkennen, dass es noch weitere Lektionen zu lernen gibt. Dies ist die Person, die keine schwierigen Fragen stellt und deren Reaktion auf Schwierigkeiten darin besteht, noch härter zu arbeiten, noch mehr Unterstützung zu leisten und sich noch mehr aufzuopfern. Dies sind zwar wunderbare Charaktereigenschaften, aber sie öffnen auch dem Missbrauch durch Ausnutzen oder gar Ausbeuten der Person Tür und Tor. Dies geht jedem von uns in gewissem Maße so, wenn wir zum Beispiel jemandem helfen, obwohl wir wissen, dass diese Person unsere Großzügigkeit missbraucht – aber wir tun es dennoch. Der Unschuldige kann anderen Vertrauen entgegenbringen, und gelegentlich ist das Vertrauen nicht angebracht oder zumindest keine weise Entscheidung. Manchmal scheint der Unschuldige nicht imstande zu sein zu erkennen, dass andere Menschen nach anderen Normen und Maßstäben leben, und viele Ehen haben darunter gelitten, dass einer der beiden Partner sehr viel eigennützigere Motive mit und in der Beziehung verfolgt als der andere. Doch der Partner lässt ihn mit diesem Verhalten – das woanders vollkommen inakzeptabel wäre – davonkommen. In Märchen und Mythen finden sich zahllose Beispiele von "holden Jungfrauen", die die unberechenbaren Handlungen der Könige, die sie zur

Frau genommen haben, nicht hinterfragen. Mitunter müssen die Frauen vom Schauplatz der Handlungen entfernt werden, bis der König sich das Recht verdient, sie zurückzuerhalten. Das Märchen der Brüder Grimm *Das Mädchen ohne Hände*[6] ist dafür ein anschauliches Beispiel. Das Mädchen bewahrt ihre Eltern vor dem Teufel, indem es einwilligt, dass ihr die Hände abgehackt werden. Zu einem späteren Zeitpunkt fälscht der Teufel Briefe des Königs, der es geheiratet hat, und behauptet, dass das Mädchen im Auftrag des Königs ermordet werden soll. Die Mutter des Königs, ihre Schwiegermutter, tritt jedoch dazwischen, und gemeinsam beschließen sie, dass das Mädchen zusammen mit ihrem Sohn aus dem Schloss des Königs fliehen soll. Engel kümmern sich in der Zwischenzeit um sie, und ihre Hände wachsen langsam auf wundersame Weise wieder nach. Nach sieben Jahren findet der König sie wieder, doch er erkennt sie erst, als sie ihm ihre längst abgelegten Handprothesen zeigt, die er acht Jahre zuvor für sie hatte anfertigen lassen.

Es ist ein sehr seltsames Märchen, bis man erkennt, dass es eine erzählerische Darstellung sowohl der Stärken als auch der Schwächen des Unschuldigen ist. Das Mädchen opfert sich selbst vollkommen auf, und am Ende fügen ihre Geduld und ihr Vertrauen dem Teufel und seinen Lügen eine vollkommene und vernichtende Niederlage bei, während sie wieder genest. Interessant an diesem Märchen ist, dass ihr Sohn den Namen "Schmerzensreich" trägt. Es ist fast so, als ob der Unschuldige zwar auf dieser Welt existieren kann, dafür aber den hohen Preis der Trauer und des Schmerzes zahlen muss – und am Ende des Märchens braucht das Mädchen auch einen starken und entschlossenen König, der sich um sie kümmert. Schließlich verliert sie im Angesicht der Machenschaften des Teufels ihre Hände – ein deutlicher symbolischer Hinweis darauf, wie hilflos sie anfangs auf den Betrug des Teufels reagiert.

In dem Märchen ist das Mädchen sowohl vollkommen unschuldig als auch vollkommen vergebend. Und in der Tat kann uns der Unschuldige beibringen, dass Vergebung immer am besten sofort und ohne Zögern – wie bei dem Mädchen im Märchen – erfolgen sollte. Doch dem Schritt der Vergebung müssen unterstützende Handlungen zum Selbstschutz folgen. Vergeben Sie der Person, die Sie beleidigt oder verletzt, in jedem Fall, doch wenn diese Person nicht imstande ist zu verstehen, was Vergebung ist, und Sie deshalb immer wieder auf dieselbe Weise beleidigt oder verletzt, dann müssen Sie angemessene Maßnahmen ergreifen, um diese Person zu disziplinieren oder zu belehren – oder Sie meiden sie ab sofort vollkommen. Das Märchen der Brüder Grimm weist aber auch sehr deutlich auf etwas anderes hin: Es kann kein Happy End der Geschichte *ohne* Vergebung geben. Trotz aller Stilisierung ist das Märchen sehr nah an der Realität. Verletzung, Schmerz und Trauer kreuzen irgendwann unseren Lebensweg, doch Vergebung ändert unser Verhältnis zu diesen Gefühlen. Im Märchen bringt das Mädchen ein Kind mit dem Namen "Schmerzensreich" zur Welt, und obwohl der Vater des Kindes seiner Frau sehr wehgetan hat, liebt sie das Kind dennoch mit voller Hingabe – ein deutlicher Hinweis auf die Kraft der Liebe, Böses in Gutes zu verwandeln.

Zu oft halten wir den Unschuldigen für einen ahnungslosen Tölpel, der leicht an der Nase herumgeführt werden kann. Wir sollten uns jedoch an Folgendes erinnern: Der Unschuldige ist tatsächlich arglos und nichtsahnend und sieht in allem und jedem zunächst einmal immer das Gute – eigentlich eine wunderbare Charaktereigenschaft und im Wesentlichen geprägt von Optimismus. Und jeder von uns weiß, dass es einfach angenehmer ist, mit einem Optimisten zusammen zu sein als mit einem Pessimisten. Und nicht nur das: Mit einem Optimisten lassen sich viel leichter Gelegenheiten für positive Interaktionen mit anderen und somit eine bessere Zukunft für alle schaffen. Unschuldige mögen hin und wieder traurig sein, wenn die Dinge schlecht laufen, doch sie sind nur ganz selten längere Zeit niedergeschlagen. Das fast schon epidemieartige Auftreten von Depressionen und depressionsbedingten Krankheiten in unserer westlichen Welt könnte sehr wohl auch mit dem Verlust des grundsätzlich optimistischen Unschuldigen in unserer Kultur zu tun haben.

Einige weitere Betrachtungen zum Unschuldigen

Das wohl Wichtigste, das man in Bezug auf die Entwicklungsstufe des Unschuldigen in Erinnerung behalten sollte, ist, dass nur sehr wenige Menschen längere Zeit auf dieser Stufe verharren, denn sie wachsen heran und treten irgendwann der äußeren Welt gegenüber – und spätestens dann müssen sie über ausreichend Schutz vor Angriffen verfügen. Doch wann immer wir etwas Neues beginnen, befinden wir uns zumindest für eine Weile auf der Stufe des Unschuldigen. Dies trifft vor allem zu, wenn wir uns verlieben. Wie zu der Zeit unserer Kindheit, in der wir unsere Eltern zum Lebensmittelpunkt gemacht haben, möchten wir auch den von uns geliebten Menschen ins Zentrum unserer Welt rücken.

Eine der am häufigsten vorgebrachten Klagen von Menschen im Alter zwischen zwanzig und dreißig Jahren ist, dass der Kontakt zwischen ihresgleichen oft für längere Zeit abbricht, weil er oder sie eine neue Liebe gefunden hat. *Missing in action*, zu Deutsch "im Einsatz verschollen" ist eine englische Redewendung, die häufig herangezogen wird, um zu beschreiben, wie sich jemand voll und ganz der neuen Liebschaft hingibt und den Kontakt zu nahezu allen alten Freunden einstellt. Der "Kick" des Verliebtseins, das berauschende Gefühl ("er/sie ist es!") entspringt zu einem gewissen Grad der Aktivierung des idealistischen Unschuldigen in jedem von uns. Dies ist der Punkt, an dem wir allzu leicht allzu viel (ver-)geben, denn in unserem Verliebtsein gehen wir davon aus, dass unsere neue Liebe denselben "Kick" wie wir spürt und deshalb genauso freimütig und naiv-romantisch an die neue Liebschaft geht. Dies ist jedoch leider oft auch der Punkt, an dem die meisten Verliebten emotionale oder seelische Verletzungen erleiden, denn andere können ihre archetypische Unschuld zu eigenen Vorteilen ausnutzen. Am besten ist es wohl, wenn zwei Menschen sich genügend Zeit zum gegenseitigen Kennenlernen lassen, bis sie sich sicher genug fühlen, dass sie mit ihrer archetypischen Unschuld hervortreten können, ohne Verletzungen zu befürchten. Und an jenem Punkt nimmt die Energie zwischen diesen beiden Menschen eine vertrauensvoll-spielerische, aber kraftvolle Form an.

Ob wir uns verlieben, eine neue Arbeitsstelle antreten oder unsere erste größere Anschaffung tätigen – am Beginn eines neuen Unternehmens neigen wir dazu, uns auf die Entwicklungsstufe des Unschuldigen zu begeben. Die äußere Welt rät uns, auf der Hut zu sein, doch wenn wir eine allzu defensive Haltung einnehmen, kann die Energie des Unschuldigen nicht hervortreten, um uns zu beflügeln. Wir müssen uns immer wieder auf die Stufe des Unschuldigen begeben – wenn wir unsere Kinder und engsten Freunde lieben, uns um sie kümmern und sie umsorgen, selbst wenn sie "schwierig" sind. Und es ist der Unschuldige in uns, der uns dazu veranlasst, die Vision einer neuen Welt zu entwickeln, in der Armut und Hunger beseitigt werden können, in der vermeidbare Krankheiten besiegt werden können und in der wir alle in Harmonie und Einklang leben können. Alle großen humanitären Bewegungen entsprangen dem Archetyp des Unschuldigen in seiner höchsten und reinsten Form.

Da wir alle als Unschuldige ins Leben treten und da der Unschuldige die reinste Form von Liebe und Vertrauen verkörpert, die für uns erreichbar ist, ist es unsere Aufgabe zu versuchen, zeit unseres Lebens freien und unmittelbaren Zugang zu der Energie dieses Archetyps aufrechtzuerhalten. Diese Energie in uns wird wachsen und sich entwickeln, wenn wir dies zulassen. Wenn wir die Stufe des Krieger-Liebhabers erreichen, werden wir wissen, wie wir diese Energie wieder effektiver nutzen können. Wir haben die Entwicklungsstufe des Unschuldigen durchlebt und anderen uneingeschränkt Liebe geschenkt, doch nun sind wir an einem Punkt angelangt, an dem wir von Menschen, die uns irreführen wollen, nicht mehr wirklich verletzt werden können. Manche Menschen bekommen aber leider nie die Gelegenheit, die Stufe des Unschuldigen zu durchleben. Dies sind vor allem Menschen, die Opfer von Missbrauch und Vernachlässigung geworden sind. Doch fast alle Menschen können auf diese Entwicklungsstufe zurückgebracht werden, wenn andere, die Zugang zu ihrem eigenen starken Unschuldigen haben, ihnen bedingungslose Liebe und Akzeptanz entgegenbringen.

Im Schlafzimmer

Es ist immer schwer, das menschliche Sexualverhalten vorherzusagen, denn ein bestimmter Reiz kann eine ganze Reihe von Reaktionen in unterschiedlichsten Ausdrucksformen hervorbringen, von denen manche auch widersprüchlich erscheinen können. Was wir tun müssen, ist, uns über die Handlungen einer anderen Person und die ihr zugrunde liegenden Motive bewusst zu sein.

Fast jedes Mal, wenn wir uns verlieben, befinden wir uns auf der Stufe des Unschuldigen. Der Unschuldige mag zunächst schüchtern und reserviert erscheinen, doch in vielerlei Hinsicht kann dieser Archetyp der spielerischste und offenste Liebespartner sein, der sich der Sexualität in vorbehaltloser Weise nähert und, was die Experimentierfreudigkeit angeht, nichts ausschließt. Doch wie wir bereits sahen, geht die äußere Umwelt mitunter recht hart und rau mit dem Unschuldigen um, sodass er schon bald die Kunst des Selbstschutzes lernt – und dabei seine Unschuld verliert. Man könnte tatsächlich sagen, dass es eine lebenslange Aufgabe ist, diesem liebevollsten Archetypen von allen zu gestatten, wieder mutig hervorzutreten. Der Unschuldige kann in jedem von uns wiedererweckt werden, wenn wir uns sicher, leicht und spielerisch fühlen und wenn wir nicht befürchten müssen, von anderen be- oder verurteilt zu werden. Der unschuldige Liebhaber lacht gern und oft, neigt zum unbeschwerten Herumalbern und wird eine Reinheit der Gefühle beim Liebesspiel an den Tag legen, die – ab- gesehen von einer anfänglichen Schüchternheit – frei von jeglicher Angst ist, da er oder sie sich rückhaltlos geliebt und akzeptiert fühlt.

Wie wir mit der Energie des Archetypen in Kontakt treten können

Da es für jeden von uns unerlässlich ist, die liebevolle Weisheit des Unschuldigen schätzen zu lernen, ist es oft eine gute Idee, ein paar alte Fotos hervorzuholen, auf denen wir als glückliche, vertrauensvolle, geliebte und fröhliche Kinder zu sehen sind. Wenn Sie Kinder haben oder engen Kontakt mit jungen Ver- wandten, kann es sogar eine gute Idee sein, einige Bilder von ihnen herauszusuchen, auf denen sie ähnlich glücklich zu sehen sind. Bringen Sie diese Bilder irgendwo an, wo Sie sie jeden Tag sehen können, um sich an die Leichtigkeit und die Energie des Unschuldigen zu erinnern, und Sie werden spüren können, wie Sie sich wieder mit diesem Aspekt Ihrer selbst verbinden. Es gibt noch andere Mittel und Möglichkeiten, wie Sie sich diesen Zeitabschnitt Ihres Lebens ins Bewusstsein zurückrufen können. Manche Menschen stellen dazu ihr Lieblingsspielzeug aus der Kindheit ins Regal, um sich an diese Zeit zu erinnern. Was immer Sie zu diesem Zweck nehmen (ich persönlich habe hierzu einige Fotos und ein altes Spielzeug ausgesucht, die ich in einem Regal in meinem Schlafzimmer platziert habe), versuchen Sie, sich mithilfe dieser Fotos und Gegenstände an jene Zeit und die Liebe, von der Sie sich umgeben fühlten, zu erinnern. Wenn Sie eine schwierige Kindheit hatten, müssen Sie unter Umständen auf Bilder Ihrer Verwandten zurückgreifen, um sich in das Gefühl zu versetzen. Doch wenn Sie darin eintauchen und sich des Gefühls bewusst werden, werden Sie Kinder mit ganz anderen Augen betrachten – und der Spielzeugladen im Einkaufszentrum wird für Sie nie mehr derselbe sein!

Es gibt noch andere Mittel und Wege, sich dieser Zeit des Staunens und der Wunder in der Kindheit wieder bewusst zu werden. Beobachten Sie doch mal Kinder auf einem Spielplatz – und zwar vorzugsweise nicht als Betreuer oder Elternteil, sondern einfach als aufmerksamer Beobachter. Schauen Sie den Kindern einfach beim Spielen zu, und Sie werden feststellen, dass sie die meiste Zeit Freude und Begeisterung zum Ausdruck bringen und mitunter vollkommen in ihr Spiel vertieft sind. Oder gehen Sie in eine Zoohandlung und beobachten Sie, wie die Welpen und Kätzchen unbeschwert und vertrauensvoll um das Muttertier herumkrabbeln. Achten Sie dabei auf Ihre Gefühle. Vielleicht ertappen Sie sich dabei, wie Sie genau wie diese Kleintiere anfangen zu schnurren und zu gurren und wie Ihnen das Gewusel vor Ihren Augen ein Lächeln aufs Gesicht zaubert – und Sie sogar den

Wunsch verspüren, mit diesen kleinen unschuldigen Tierbabys zu spielen. Die zärtlichen Bisse dieser Kleinen in Ihre Finger werden Ihnen nicht wehtun – und selbst wenn, können Sie gar nicht anders, als ihnen sofort dafür zu vergeben. Stellen Sie sich vor, wir wären im Umgang mit anderen immer genauso sanft und zärtlich – selbst im aufreibendsten Feierabendverkehr!

Einen weiteren Aspekt des Unschuldigen können wir beobachten, wenn wir das rückhaltlose Vertrauen sehen, das Kinder gegenüber ihren Eltern an den Tag legen. Sie gehen mit Papa los, halten seine Hand und sind fest davon überzeugt, dass die Welt ein schöner Ort ist und Papa weiß, wo er hingeht. Wenn Sie einen Erwachsenen und ein Kind in dieser Art vorbeilaufen sehen, halten Sie einen Moment inne und lassen Sie wirklich auf sich einwirken, was Sie beobachten. Wie lange ist es her, dass Sie einem anderen Menschen so bedingungslos vertraut haben? Der Gospelsong *Put your Hand in the Hand of the Man who stilled the Water*[7] ist sicher kein Beispiel für transzendente Kirchenmusik, doch er spiegelt diesen Geist und unser Verlangen nach einer Rückverbindung mit ihm ausgezeichnet wider. Menschen wie zum Beispiel Bergsteiger, deren Sicherheit vollkommen von der Erfahrung und Fertigkeit eines Bergführers abhängt, befinden sich in einer ähnlichen Situation – und der Bergführer weiß dies nur zu gut. Vielleicht ist das auch der Grund, weshalb so viele Übungen zur Teambildung Aktivitäten wie Bergsteigen, Kanutouren, Wildwasser-Rafting und ähnliche "Mutproben" beinhalten, bei denen es größtenteils eben um Vertrauensbildung geht. Der Unschuldige spürt ein tiefes Gefühl des Vertrauens und der Zuversicht, und einige von uns zahlen eine gute Stange Geld, um dieses Gefühl wiederzuerlangen. Wir sehen es überall um uns herum, wenn wir nur aufmerksam hinschauen.

Wenn wir bereit dafür sind, die ausgelassene Freude, die Zuneigung und das rückhaltlose Vertrauen von Kindern und Kleintieren auf uns einwirken zu lassen, eröffnet sich uns ein Weg, wie wir die Energie dieses Archetyps in uns aktivieren können – eine Energie, deren Form und Ausdruck wir sonst vielleicht als "kindisch" oder "naiv" abtun würden, weil es den Anschein hat, dass es auf der Welt dafür keinen Raum gibt. Nun, wir müssen diesen Raum erschaffen.

Der Unschuldige im Tarot

Bei diesem wie auch bei allen folgenden Archetypen werden wir uns mit bestimmten Karten aus dem Tarot befassen, die uns zusätzliche wertvolle Einblicke in diese verschiedenen Entwicklungsstufen geben können. Seit Jahrhunderten wurde das Tarot als ein Mittel angesehen, verschiedene – mitunter ziemlich komplexe – Aspekte des menschlichen Lebens in visueller Form darzustellen. In den Großen Arkana (Trumpf- oder Schlüsselkarten) des Tarots finden wir Darstellungen aller sechs Archetypen – interessanterweise in genau derselben Reihenfolge, wie wir sie hier behandeln, auch wenn diese Darstellungen etwas von den hier wiedergegebenen Beschreibungen und Interpretationen abweichen.

Die Tarotkarte, die den Unschuldigen wohl am besten wiedergibt, trägt in den Großen Arkana die Nummer 19 und die Bezeichnung "Die Sonne". Das 1910 erschienene Rider-Waite-Tarotdeck zeigt ein sehr junges Kind, das furchtlos und mit ausgebreiteten Händen auf einem Pferd reitet, während hinter ihm gleißend hell die Sonne scheint. Was jedem Betrachter sofort ins Auge fällt, ist die Kombination der Darstellungen von Stärke und Kraft – die riesige Sonne im Hintergrund, das menschliche Gesicht und das Pferd – und die Darstellungen der Schwäche im Bild des Kindes

71

und der Sonnenblumen. Dies könnte ein Hinweis auf die Offenheit, Stärke und Einfachheit sein, die wir im Archetypen des Unschuldigen wiederfinden. Auf keiner anderen Tarotkarte wird zum Beispiel ein Kleinkind so auffallend und markant dargestellt. Tatsächlich finden sich überhaupt nur sehr wenige Darstellungen von Kindern im Tarot. "Die Sonne" ist eine Karte, deren Darstellung und Beschreibung uns vielleicht helfen kann, näher zu ergründen, worum es bei dieser Entwicklungsstufe eigentlich geht.

Nach dem Autor von *The Complete Guide to Tarot Reading*, Hali Morag[8], weist diese Karte "mehr als alle anderen auf die Hoffnung auf eine bessere Zukunft" hin. Dies scheint tatsächlich eine gute Beschreibung des Unschuldigen als eine erste von mehreren wichtigen Entwicklungsstufen des Menschen zu sein. Doch auch die unmittelbar auf die "Sonne" folgenden Karten liefern nähere Erläuterungen zu diesem Archetypen.

Karte Nummer 20 im Tarot trägt die Bezeichnung "Das Gericht" und zeigt einen Engel, der den Tag des Jüngsten Gerichts ankündigt;

Die Sonne   Das Gericht

Karte Nummer 21 heißt "Die Welt" und zeigt eine unbekleidete, zwei Stäbe haltende Frau, die in einem Blumenkranz tanzt. Nehmen Sie sich für die Betrachtung dieser beiden Karten einen Moment Zeit. Der Tag des Jüngsten Gerichts kündigt das Ende der Welt und aller weltlichen Dinge an; es erscheint also passend, dass diese beiden zueinander im Gegensatz stehenden Karten im Tarot direkt aufeinanderfolgen. Die letzte Karte der Großen Arkana ist "Der Narr". Gewöhnlich trägt sie die Zahl 0, manchmal aber auch die Zahl 21, wobei "Die Welt" dann die Zahl 22 trägt. Der Narr wurde im Tarot schon immer als machtvolle Karte angesehen; sie zeigt einen jungen Mann, der sich der gewöhnlichen rationalen Denkprozesse, wie wir sie von einem erwachsenen Menschen erwarten würden, nicht bewusst zu sein scheint. Er ist offensichtlich fahrlässig im Umgang mit seinem Besitz und hängt seinen mit allen Habseligkeiten prall gefüllten Wanderbeutel leichtsinnig und gedankenlos ans Ende seines Wanderstocks; er schaut aufwärts zum Himmel, während er auf einen Abgrund zuschreitet, und er scheint den

Die Welt

Der Narr

Hund an seiner Seite nicht zu beachten. Wie wir schon in Shakespeares Tragödie *König Lear* [9] sahen, ist der Narr beziehungsweise Hofnarr die Person, über die wir auf den ersten Blick lachen und spotten können, doch er ist auch derjenige, der die Wahrheit ausspricht, nichts auf die Werte der materiellen Welt gibt und eher mit dem Zeitlos-Ewiglichen im Einklang zu stehen scheint. Shakespeare nimmt oft Bezug auf die Vorstellung des "weisen Narren", der nicht identisch ist mit dem "gewöhnlichen" Narren oder dem Geistesgestörten. Für Shakespeare stellt der weise Narr eine machtvolle Figur dar: aufmerksam genug, um nicht von anderen hereingelegt zu werden, und in manchen Fällen intuitiv genug, um die Zukunft zu prophezeien.

Betrachten wir diese vier Karten zusammen, können wir erkennen, dass "Die Welt" das Gegenteil von "Das Gericht" darstellt, und "Der Narr" ist die sorg- und bedenkenlose Version der "Sonne". Diese Anordnung der Karten weist uns darauf hin, dass die dem Unschuldigen innewohnende Stärke nicht zufallsbedingt ist. Sie hängt vielmehr ab von einem Gefühl für die Balance zwischen dieser Welt und der nächstfolgenden – als auch von einem Gefühl des Verwurzeltseins im Hier und Jetzt, zu dem der Narr nicht imstande ist. Wie wir schon ausführten, mag sich ein Baby der Liebe bewusst sein, doch auf sich allein gestellt ist es hilflos. Das in der Karte "Die Sonne" dargestellte Kind ist jedoch alles andere als hilflos; vielmehr reitet es auf einem Pferd und streckt dabei die Arme aus, so als wollte es damit die Balance halten. Dies deutet darauf hin, dass die Stärke des Unschuldigen nie nur allein auf Instinkt gegründet ist, sondern eines gewissen Gleichgewichts bedarf, da diese Stärke gleichbedeutend ist mit dem bewussten Einsatz der Kräfte des Vertrauens und der Liebe. Es ist eine Kraft, die sich nicht allzu viele Sorgen um diese oder die nächste Welt macht und sich doch ihre Vernunft bewahrt hat. Dies ist die Zuversicht des Kindes, wenn es das Risiko eines Vertrauensverlustes eingeht – wenn es zum Beispiel zur Mutter sagt, "Schau Mama, ich fahre freihändig Fahrrad!", obwohl es genau weiß, dass die Mutter dies überhaupt nicht gern sieht. Die Karte reflektiert diese Art von Tapferkeit und Draufgängertum, denn der Unschuldige kennt keine Angst vor Be- oder Verurteilung.

Beachten Sie, dass die in der Karte "Das Gericht" abgebildeten Figuren auch keine Angst vor irgendetwas zu zeigen scheinen; stattdessen sind ihre Arme weit geöffnet, um das neue Zeitalter willkommen zu heißen. Sie sind die rechtschaffenen, unschuldigen Seelen, die zum Himmel aufsteigen. Wenn die Karte "Das Gericht" den Anbruch des neuen himmlischen Zeitalters verkörpert, dann sollte die Karte "Die Welt" auch als Zeichen einer anderen Form neuen Lebens betrachtet werden, denn der abgebildete Blumenkranz hat die Form einer Vagina, die eine junge unbekleidete Frau umschließt. Diese Karte könnte sehr wohl eine Darstellung der Fruchtbarkeit mit dem Versprechen auf neues, zukünftiges Leben sein.

Auch auf die Gefahr hin, dass wir die Tarotkarten hier auf sehr grundlegende Bedeutungen reduzieren, könnten wir doch sagen, dass sie uns eine sehr klare Botschaft vermitteln: Zu Beginn unseres Lebens müssen wir herausfinden, wer wir zwischen dieser Welt ("Die Welt") und der nächsten ("Das Gericht") sind. Unsere Charaktereigenschaften als Unschuldige müssen erkannt werden und in einer kraftvoll-konzentrierten Weise zum Einsatz kommen, wie es in der Karte "Die Sonne" zum Ausdruck kommt, statt auf eine diffus-zerstreute Weise, wie sie in der Karte "Der Narr" bildlich dargestellt wird. Dies steht übrigens im Einklang mit der Gesamtheit unserer bisherigen Betrachtungen. Das ungeliebte Kind wird zu Ängsten neigen, und wo Ängste vorherrschen, kann es kein echtes Vertrauen geben – und ohne Vertrauen können wir nicht lernen und wachsen. "Die Sonne" zeigt, wie

75

das Kind lernt zu reiten, und gibt damit eine Stufe des persönlichen Wachstums und Selbstvertrauens wieder.

Die drei Karten, die der "Sonne" im Tarot unmittelbar folgen, können uns helfen zu verdeutlichen, was wir über den Archetypen des Unschuldigen lernen und verstehen müssen. Offenbar lässt sich das Tarot auf vielerlei Weise deuten, doch es scheint eine Art von Resonanz zwischen diesem Archetypen und den oben beschriebenen vier Karten der Großen Arkana zu geben, die uns zu denken geben sollte. Diese vier Karten sind die untersten im Deck der Großen Arkana, im Quartett gebündelt – und deshalb für uns als Ausgangspunkt unserer Erkundungsreise durchaus passend. Und wie wir feststellen werden, gibt es noch viele weitere Anklänge und Übereinstimmungen im Tarot, während wir auf unserer Reise durch diese sechs Entwicklungsstufen voranschreiten.

Kapitel 5

Die Liebe der Waise

————————— ꕥ ꕥ —————————

Die Waise befindet sich in einer anderen Position als der Unschuldige und ist sich dessen auch bewusst. Die Liebe, die der Unschuldige auf natürliche Weise fühlt, wurde bedroht, gefährdet oder ist vielleicht sogar ganz zerbrochen. Dies muss keine dramatischen Züge annehmen; so mag die Waise zum Beispiel oft das Gefühl haben, dass sie nicht ganz zur Familie gehört, in der sie aufwächst. Dies ist der Zeitpunkt, wenn Kinder ihre Eltern anschauen und hoffen, dass sie von ihnen wirklich angenommen werden, da sie kaum einen Bezug zu den Dingen spüren, die für ihre Eltern so wichtig zu sein scheinen. Dies ist ein natürlicher Bestandteil des Heranwachsens, denn die Übereinkünfte zwischen Eltern und Kind müssen im Alter von etwa elf Jahren, manchmal auch schon früher, neu angepasst werden. Gelegentlich kann dies zur Folge haben, dass das Kind daran zweifelt, ob es noch geliebt wird oder liebenswert ist, und es empfindet dies als Konflikt. Wie kann es so bedürftig und so abhängig von Menschen sein, die offenbar nicht wissen, wer es ist? Warum schenken sie dem Kind erst ein Handy und regen sich dann über die Höhe der Telefonrechnung auf? Wissen die Eltern denn nicht, wie wichtig es für ihr Kind ist, engen und regen Kontakt zu seinen Freunden zu halten? Und so sind in diesem Alter Rebellion und Anpassung zwei Schneiden derselben Klinge.

Für Teenager ist diese Situation mitunter nahezu unerträglich, und wir können eine Menge daraus lernen, ihr Verhalten in dieser Lage zu beobachten. Die Eltern wollen etwas Bestimmtes von ihnen, die Lehrer in der Schule auch, nur nicht ganz dasselbe; der Fußballtrainer will, dass sie sich zuallererst aufs Spiel konzentrieren, und ihre Mitschüler wollen sie für ihre Clique gewinnen. Dies sind Gruppen, die auf den Heranwachsenden eine starke Anziehung ausüben und ihm ein Gefühl von Macht geben. Mit all diesen Wünschen und Anforderungen konfrontiert, trifft der junge Mensch seine Entscheidungen. Er schließt sich einer bestimmten Clique, einem Club oder einer Bande an und hält an dieser Identität fest, weil der Anschluss an eine Gruppe in dieser Lebensphase von außerordentlicher Wichtigkeit ist. Vielleicht ist dies ja sogar genetisch festgelegt; vielleicht mussten unsere Vorfahren sich schon früh zusammenraufen und organisieren, damit die meisten von ihnen eine Chance hatten, lange genug zu leben, um sich fortzupflanzen.

Diese durch "Gruppendenken" hervorgebrachte Bindung zwischen Heranwachsenden fühlt sich vielleicht nicht so sehr wie Liebe an, doch die so zusammengeschlossenen Jugendlichen scheinen oft bereit zu sein, sich gegenseitig in riskanten Situationen beizustehen – und manchmal sogar für die Gruppe ihr Leben zu geben, wie wir aus den Zeitungen immer wieder erfahren können. Hier scheint also nicht so sehr die Liebe der ausschlaggebende Faktor zu sein als vielmehr der verzweifelte Wunsch nach Zugehörigkeit. Und doch sieht es nach außen sehr wie Liebe aus.

Erwachsene können sich in ihrem Leben ähnlich fühlen; sie hassen vielleicht ihren Job und sind doch auf ihn angewiesen; sie haben alles gegeben, um Karriere zu machen, nur um festzustellen, dass sie nicht mehr an diese Karriere glauben; sie haben an der

Beziehung zu ihrem Ehepartner gearbeitet, und doch fühlt es sich irgendwie nicht rund oder stimmig an.

Dies ist die Entwicklungsstufe der Waise, und viele von uns verbringen etliche Jahre auf dieser Stufe, um sich einzufügen und mit den gegebenen Umständen klarzukommen. Wenn uns dies gelingt, können wir die Energien dieses Archetyps in Balance bringen. Wir erkennen dann, dass die Welt zwar alles andere als perfekt ist, doch wir müssen weiter voranschreiten und aus der Situation das Beste machen, was wir können. Die innerlich ausgeglichenen Waisen in unserem Lebensumfeld sind meistens herzliche und hingebungsvolle Menschen, die sich oft in Heil- oder Pflegeberufen und in der Sozialarbeit für andere einsetzen, und wir sind auf sie und ihren Dienst an der Gesellschaft angewiesen. Waise, die für sich nicht zu diesem Punkt der inneren Ausgeglichenheit gelangen, fühlen sich oft unzufrieden; sie sehnen sich nach einem Gefühl der Vollständigkeit und versuchen, dies mit der nächsten größeren Anschaffung zu erlangen. Da dieses Gefühl der Vollständigkeit jedoch nie käuflich erlangt werden kann, spüren sie immer ein leichtes Gefühl von Unzufriedenheit und Verdruss. Der traurigste Typ der unausgeglichenen Waise ist die Person, die dem Glauben anhaftet, jemand würde daherkommen, um sie zu lieben, zu retten und glücklich zu machen. Da niemand uns von außen unser Glück zutragen kann (für unser eigenes Glück sind wir selbst verantwortlich), läuft dies unweigerlich auf Enttäuschungen und Desillusionierung hinaus.

Um diesem Gefühl der Unzufriedenheit und Enttäuschung zu entgehen, halten es Waisen oft für notwendig, sich einer bestimmten Gruppe anzuschließen, der sie sich zugehörig fühlen können, oder sich in bestimmte Situationen zu begeben, in denen diese schmerzhaften Gefühle in den Hintergrund treten. Da die Waise auf der Suche nach einem "Heim" ist, in dem sie sich auf- und angenommen fühlen kann, kann es geschehen, dass Menschen in dieser Entwicklungsphase sich mit leidenschaftlicher Treue und Ergebenheit ihrem Arbeitsplatz, ihrem Zuhause und ihrem gesellschaftlichen Umfeld widmen.

Zimmergenossen an der Universität, Klassenkameraden aus dem Internat, Militärkameraden aus der Grundausbildung, Mitschüler aus der Grundschule – selten sind die Bande der Freundschaft so stark wie bei Menschen in diesen Lebensumständen. Und dies sollte man nicht unterschätzen: Waise wissen, wie man Freundschaften schließt. Denn die Liebe aus Verbundenheit, die die Waise spürt, reicht tief und ist eine Reaktion auf das intensive Bedürfnis nach Zugehörigkeit zu einem Menschen oder einer Gruppe. Aber da es nun einmal auf einem Bedürfnis beruht, ist es letztendlich oft das Ergebnis bisherigen konventionellen Denkens. So könnte es sein, dass die neue Liebe, die die Waise für sich entdeckt hat, bestimmte Erwartungen erfüllen muss, die größtenteils den Erwartungen der gesellschaftlichen Gruppierung entsprechen, der die Waise sich erklärtermaßen angeschlossen hat. Von ihren Freunden erwartet die Waise, dass sie dieselben Dinge auf dieselbe Weise tun wie sie selbst. Und dieser Druck erhöht sich noch bei allen Arten von öffentlichen Anlässen: Der Abschlussball an der Schule, der gesellige Abend im Tanzsportverein und natürlich die Hochzeit haben dann ganz bestimmte Formen und Abläufe anzunehmen. Der Ehering muss von einer ganz bestimmten Größe oder Beschaffenheit sein, und die neue Liebe muss für die eigene, so sehr geschätzte Gruppe akzeptabel sein. Diese Gruppe mag Eltern und Verwandte mit einschließen oder auch nicht, doch in jedem Fall wird sie einen machtvollen Einfluss ausüben.

Die US-amerikanische TV-Reality-Show *Bridezillas*[1] ist ein passendes, aber auch unschönes Beispiel hierfür. In dieser Serie werden hysterische und egozentrische Ehefrauen in spe gezeigt, wie sie sich auf ihre Hochzeiten vorbereiten und regelmäßig Nervenzusammenbrüche erleiden, weil die Dinge in ihren Augen nicht so perfekt laufen, wie sie könnten. Die Servietten sind falsch gefaltet? Katastrophe! Zu viele Lilien im Blumenstrauß? Der Wutausbruch ist vorprogrammiert. Der Fernsehzuschauer soll diese verrückt-verzweifelten Frauen als eine Art Monster sehen – zeitweilig dem Wahnsinn verfallen und mit herzlich wenig Aussichten auf ein glückliches Eheleben nach der Heirat. Tatsächlich sind sie nur Waise, die Angst davor haben, von anderen Waisen für ihr Aussehen, ihr Verhalten und so weiter be- oder verurteilt zu werden, und die deshalb einer bestimmten Idealvorstellung verfallen sind, wie die Dinge "zu sein haben". Die Angst, dass ihresgleichen ein vernichtendes Urteil über sie fällen könnte, ist für die Waise eine besondere Herausforderung – und die Einschaltquoten, die *Bridezillas* in den USA erzielt, scheinen darauf hinzudeuten, dass Menschen im Allgemeinen kein Problem damit haben, sich in das Verhalten dieser Frauen hineinzuversetzen.

Die Waise neigt dazu, ihre Entscheidungen auf der Basis von äußerlichen Qualitäten zu treffen, und nähert sich inneren Qualitäten nur mit Ängsten und Widerwillen. Die Schüler des Internats, das ich als Jugendlicher in England besucht hatte – die im übertragenen Sinne alle Waisen waren –, klammerten sich in unbeholfener Weise aneinander, denn wir fühlten uns damals alle in gewissem Maße verlassen und aufgegeben. Doch genau das wollte niemand von uns einfach so zugeben. Also gaben wir uns tapfer und versuchten den Eindruck zu erwecken, über nichts besorgt oder beunruhigt zu sein, doch letzten Endes wussten wir, dass wir auf die Akzeptanz der Klassenkameraden angewiesen waren, um "dazuzugehören" – damals zumindest.

Als direktes Ergebnis davon kann es so scheinen, als ob die Liebe der Waise "bedingungslos" ist; sie kann aussehen wie blindes Vertrauen. Der junge Mann, der sich einer Straßenbande anschließt, äußert damit vielleicht Bedürfnisse, die sich gar nicht so sehr von denen der jungen Frau unterscheiden, die sich den Marines anschließt. Beide wollen dazugehören, beide wollen Prestige und beide wünschen sich Respekt – jedoch nicht nach ihren eigenen Begriffen und Definitionen, sondern nach denen anderer. Dies sind die Menschen, die immer nach den Regeln ihrer Gruppe – egal, wie vernünftig oder verrückt – spielen, und die dafür sorgen, dass die Geschehnisse in ihrer Welt einigermaßen vorhersagbar sind. Ihre Liebe – denn es ist Liebe – beruht auf fest verwurzelten Bedürfnissen nach Sicherheit in einem überschaubaren System. Um dieses Bedürfnis zu stillen, gehen sie auch so weit, ihre natürlichen Fähigkeiten und Gefühle zu unterdrücken.

Diese Liebe wird eigentlich nur selten hinterfragt, denn Fragen würden unweigerlich zu einer Neueinschätzung der Situation und damit zu eventuell aufkommender Unsicherheit führen.

Die große Herausforderung für die Waise: Groll und Verbitterung loslassen

Der Punkt der Veränderung für die Waise, die den Wunsch hat, weiter zu wachsen, ist, sich immer wieder bewusst zu machen, dass die Art der Liebesbeziehung auf dieser Stufe, diese eigennützige, vermeintlich "sichere" Version des Altruismus, nicht der ultimative Ausdruck der Liebe ist, zu der sie fähig ist. Denn Waisen neigen dazu, sich krampfhaft an die Identität zu klammern, die sie erschaffen mussten, um "dazuzugehören". Als Folge davon haben Waisen es oft nicht leicht, anderen zu vergeben, denn sie halten an einem Selbstbild fest, das so fragil ist, dass sie sich im Falle einer Verletzung genötigt fühlen, verzweifelt an ihren Wunden festzuhalten und sie immer in Erinnerung zu behalten. Ohne das Festhalten an ihren Verletzungen und Verlusten setzen bei ihnen

Ängste ein, die sich alle darum drehen, wer sie eigentlich sind. Doch beim Akt der Vergebung geht es ja ums Loslassen, und deshalb tut sich die Waise in ihrer Identitätskrise damit so schwer. Bei der Vergebung geht es auch darum, sich vom Gefühl, persönlich angegriffen zu werden (das jeder von uns kennt), zu lösen, doch auch das fällt der Waise schwer, denn der im Ego wurzelnde Stolz ist sehr stark ausgeprägt. Für die Waise ist es immer einfacher, an Groll und Verbitterung festzuhalten, als solche Gefühle loszulassen. Eine echte, authentische Identität zu schaffen oder zu erfahren, ist etwas, das Waisen sich nicht vorstellen können; deshalb suchen und schätzen sie die Nähe von anderen Waisen, um sich gegenseitig in ihren Verletzungen zu bestätigen und daran festzuhalten. In der Waisen-Phase ist es wohl für die meisten von uns mit am schwersten, Heilung zuzulassen und zu erfahren.

Wenn es Ihnen schwerfällt oder gar unmöglich erscheint, Groll oder alte Verletzungen loszulassen (und wer von uns kennt solche Gefühle nicht?), ist für Sie vielleicht die Vorstellung hilfreich, dass Sie in Bezug auf diese Lebensbereiche vorübergehend die Rolle einer Waise angenommen haben. Die Aufgabe, die sich Ihnen dann stellt, ist, sich vorzustellen, wer Sie sein könnten, wenn Sie sich von diesem Groll und diesen alten Verletzungen lösen würden.

Es kann jedem Menschen leicht passieren, in dieser Art von Opferrolle hängen zu bleiben. Eine junge Frau, mit der ich einige Zeit gearbeitet hatte und die Absolventin einer Ivy League-Universität war, war nicht imstande, die Verletzungen loszulassen, die ihr nach ihrer Ansicht durch ihre eigentlich recht wohlwollenden Eltern zugefügt worden waren. Um als junge Erwachsene ein Gefühl einer eigenen Identität zu entwickeln, hielt sie es für notwendig, bestimmte Aspekte des religiösen Glaubens ihrer Eltern abzulehnen, womit sie ihnen und ihren Wertvorstellungen gegenüber die Rolle einer Waise annahm. Eine Zeit lang gaben ihr ihre

Freundschaften zu Kommilitoninnen Kraft und Rückhalt, doch als sich ihre Wege nach Abschluss des Studiums wieder trennten, überkam sie mehr und mehr ein Gefühl des Alleinseins. Sie lebte immer noch ein "Studentenleben" und arbeitete als Sekretärin in der Verwaltung einer örtlichen Hochschule. Sie hatte damit begonnen, sich ihre eigene Identität zu schaffen – indem sie sich gegen die Glaubensüberzeugungen ihrer Eltern auflehnte –, doch dann trat eine Blockade ein, und sie empfand es als schwierig, die Suche nach ihrer Identität fortzusetzen. Sie gab ihrer "verkorksten Kindheit" und damit ihren Eltern die Schuld für ihr Unvermögen, voranzuschreiten und sich weiterzuentwickeln. Und je länger sie an dieser Schuldzuweisung festhielt, desto stärker identifizierte sie sich mit dieser Opferrolle. Und während sie sich so in Gefühlen von Selbstmitleid und Empörung erging, hielt sie immer stärker an der "überzeugenden Entschuldigung" fest, dass sie sich nicht weiterentwickeln könne, weil sie als Kind und junge Heranwachsende von ihren Eltern so schlecht behandelt worden war. Ihre Identität als Waise war somit nicht mehr lediglich eine von mehreren Entwicklungsstufen, die sie hätte durchlaufen können, sondern wurde für sie vielmehr zu einer Art konstantem Zufluchtsort, an dem sie ihre Bedürfnisse stillen konnte.

Normalerweise wäre dies kein Problem. Viele Waisen finden auf diese Weise eine Identität – und gleichgesinnte Freunde mit dazu. Sie führen innerhalb der "Box", die sie für sich erwählt haben, ein relativ erfolgreiches Leben und sind auch imstande, Glück und Zufriedenheit zu erfahren. Deshalb kann das Leben von Waisen durchaus produktiv und erfüllend sein. Was ich jedoch im Fall dieser jungen Frau sah, war, dass sie über ihre damaligen Lebensumstände unglücklich war. Sie wusste, dass sie mehr aus ihrem Leben machen konnte, aber sie hatte Angst davor, von ihren so sorgsam errichteten Verteidigungsmechanismen und Rechtfertigungen für ihr Dilemma abzurücken. Doch was aus meiner Sicht noch schlimmer war: Ihre hohe Intelligenz gestattete es ihr, jede Menge Gründe zu finden, die alle dafür sprachen, nichts an der Situation zu ändern. Selbst ein gewöhnlicher Wohnungsumzug stellte für sie schon eine schwere und traumatische Erfahrung dar. Ein Arbeitsplatzwechsel – sie hasste ihren alten Job – schien ihr unmöglich; es fiel ihr nur allzu leicht, sich über die schlechten Arbeitsbedingungen zu beklagen, aber unendlich schwer, an der Situation etwas zu ändern und sich nach einer neuen, wirklich erfüllenden Tätigkeit umzuschauen.

Sie war zu mir gekommen, weil sie an ihrem Leben etwas ändern wollte, doch meine Frage danach, welche konkreten Formen diese Veränderung annehmen sollte, konnte sie nicht beantworten. Ich empfand es als meine Aufgabe, sie auf einen wichtigen Aspekt aufmerksam zu machen: Welche Entscheidung sie auch immer treffen würde – Veränderung hin oder her –, es wäre in jedem Fall *ihre eigene* Entscheidung. Doch leider hatte ich mit meinem Ansatz keinen Erfolg; sie hatte sich so sehr hinter ihren Rechtfertigungen, Erklärungen und Ausflüchten verschanzt, dass sie nicht sehen konnte, worauf ich hinauswollte. In fast jeder Sitzung mit ihr brachte sie weitere Beispiele dafür vor, wie eine andere Person ihr etwas "getan" hatte, worauf sie sich gezwungen sah zu reagieren, jedoch nicht wusste, was eine angemessene Reaktion gewesen wäre. Mir persönlich war ihr Verhaltensmuster schon klar, ihr jedoch leider nicht. Wäre sie imstande gewesen zu sehen, dass sie für einige Dinge, die in ihrem Leben geschahen, ein gewisses Maß an Verantwortung trägt, dann wäre ihr auch bewusst geworden, dass es in ihrem Leben mehr Dinge gibt, über die sie Kontrolle ausüben kann. Doch das hätte ja bedeutet, sich selbst einzugestehen, dass sie – und nur sie – die volle Verantwortung für ihr Leben trägt. Und dieser Herausforderung konnte sie sich nicht stellen.

Nun ist an dieser Art der Lebenseinstellung nichts Verkehrtes oder gar Verurteilenswertes. Diese junge Frau hatte sich selbst für die Rolle der Waise entschieden, doch sie sah auch, dass ihre Freundinnen sich im Gegensatz zu ihr weiterentwickelten, und sie fühlte sich von ihnen in gewisser Weise negativ bewertet. Doch statt ihre eigenen Wertmaßstäbe anzulegen, griff sie auf die ihrer Freundinnen zurück und hatte dadurch das Gefühl, dass es ihr an irgendetwas mangelte. Sie war nicht imstande, voranzuschreiten und sich weiterzuentwickeln, doch nun kamen auch noch Schuldgefühle hinzu, die sie daran hinderten, mit ihrem Waisenstatus Frieden zu schließen. So entwickelte sie sich zu einer unglücklichen Waise; sie fühlte sich benachteiligt und gefangen und gab anderen die Schuld dafür – immer und ausnahmslos – und machte damit eine persönliche Weiterentwicklung unmöglich.

Dieses Beispiel mag vielleicht extrem klingen, doch das ist es nicht. Diese Haltung ist tatsächlich sehr weitverbreitet. Als der US-amerikanische Schriftsteller und Philosoph Henry David Thoreau[2] schrieb, dass seine Mitbürger im Bundesstaat Massachusetts "Leben in stiller Verzweiflung führen", beschrieb er meiner Ansicht nach ein ähnliches, zu jeder Zeit der Menschengeschichte allgemein verbreitetes Phänomen. Denn es scheint so zu sein, dass wir von der Identität der Waise so eingenommen werden können, dass wir nicht in Kontakt mit unseren wahren Stärken kommen und uns deshalb nicht verändern oder entwickeln können. – Nun, was hat dies alles mit Liebe zu tun? Die Waise, die eher äußeren Einflüssen verhaftet ist, als ein Gefühl für innere Authentizität zu entwickeln, hat es versäumt, zunächst einmal sich selbst zu lieben. Sie liebt sich zwar bis zu einem gewissen Grad, doch sie stellt die Ansprüche und Erfordernisse der Gruppe an die erste Stelle vor ihre eigenen. Und so ist das Unvermögen, sich über die Entwicklungsphase der Waise hinaus weiterzuentwickeln, in Wirklichkeit das Resultat eines "Liebesdefizits" und fehlenden Vertrauens in die Kraft der Liebe. Waisen, die nicht imstande sind, zunächst einmal sich selbst zu lieben, sind auch nicht imstande, innere Kraft und Courage zu entwickeln. Dies bedeutet nicht unbedingt, dass sie nicht tapfer sein können, denn sie werden den existierenden Status quo vehement verteidigen und unterstützen – und manchmal können sie ziemlich aufgebracht reagieren, wenn es den Anschein hat, dass jemand sie auffordert, ihre "stille Verzweiflung" hinter sich zu lassen und neue Wege zu gehen. Dies ist jedoch etwas ganz anderes, als sich selbst zu lieben, sich selbst zu kennen und auf einer eigenen, authentischen Identität zu bestehen. Waisen suchen deshalb mitunter nach Gelegenheiten und Umständen, die zwar das unmittelbare Problem der Liebe und des Bedürfnisses nach Zugehörigkeit vorübergehend lösen, doch der Preis dafür ist, dass sie sich damit eine mögliche persönliche Weiterentwicklung versagen.

Ein Beispiel hierfür ist die Figur und Rolle der Bree in der Fernsehserie *Desperate Housewives*[3]. Dies ist ein Charakter, für den wir alle mit Leidenschaft Hassgefühle entwickeln können, denn jeder von uns hat schon einmal diese Art von Person kennengelernt – jemand, der, ganz gleich was passiert, sich eisern und entschlossen an Dinge wie Status quo, Äußerlichkeiten und Kontrolle klammert. Niemand, der diese Serie kennt, wird vergessen, wie Bree die Beerdigung ihres Ehemanns Rex unterbricht, um die Krawatte, mit der er aufgebahrt wurde, durch eine andere auszutauschen, bevor der Sarg geschlossen wird. Bree nimmt ihm die orange-grüne Krawatte aus Grundschulzeiten ab, die ihm von der Mutter umgebunden worden war, und bittet eines der Gemeindemitglieder um seine Krawatte, um Rex vor Abschluss der Beerdigung mit dieser auszustatten. Sie zeigt dabei erstaunlich viel Mut – nutzlosen Mut, denn wenige Minuten später wird ihr Ehemann schon beerdigt. Doch die äußere Erscheinung ist ihr wichtig. Die ganze Szene wirkt recht bizarr, doch sie scheint ein Stück Wahrheit widerzuspiegeln, denn sie steht stellvertretend für all jene Menschen, die das äußere Erscheinungsbild über alles andere stellen. Dies ist der

Wunsch der Waise nach Zugehörigkeit und Anpassung – ein Wunsch, den auch andere Charaktere in dieser Fernsehserie zum Ausdruck bringen. Die meisten Figuren in dieser Serie scheinen sich den größten Teil der Zeit wie Waisen zu verhalten; es geht ihnen fast immer nur um sich selbst, um ihr Ansehen und um eine gewisse Vormachtstellung gegenüber ihren Nachbarn. Sie zanken und streiten ständig – und reagieren dann überrascht über das gestörte und verwirrte Verhalten ihrer Kinder.

Nehmen wir ein weiteres, vielleicht etwas extremeres Beispiel: In einer Straßenbande ist die Gruppenidentität so stark ausgeprägt, dass jeder, der versucht, die Gruppe zu verlassen, als Treubrüchiger und Abtrünniger angesehen wird – was in den Augen der Gruppe vielleicht sogar seinen Tod rechtfertigt. Die Mafia fordert von ihren Mitgliedern absolute Loyalität bis zum Tod, und das Motto des US-Marine Corps, *Semper Fidelis*, bedeutet "stets treu und ergeben". Die Art der Bindung ist hier ähnlich; bei den Marines heißt es "Einmal Marine, immer Marine", und die Aufnahme in diesen elitären Kreis von Soldaten ist für viele dieser dienenden Männer und Frauen der persönliche und stolze Höhepunkt in ihrem Leben.

Diese Art der Bindung zu einer bestimmten Form von "orthodoxer" Gruppe – ob gesellschaftlicher, religiöser oder krimineller Natur – existiert in unserer Gesellschaft schon seit sehr langer Zeit. Ganz offensichtlich hoffen wir alle, dass sich Menschen eher produktiven, ethischen Gruppen anschließen als irgendwelchen mafiösen Strukturen, doch tatsächlich sind dies einfach verschiedene Ausdrucksformen ein und desselben Impulses. Aber die eigentlich wichtige Erkenntnis hier ist, dass dies nicht die einzige Art ist, sein Leben zu führen.

Waisen bringen vielleicht nicht immer Liebe und Loyalität in ihrer höchsten und reinsten Form zum Ausdruck, doch sollte man darauf keinesfalls mit Geringschätzung reagieren. Dies sind Menschen, die für ihre Liebe, ihre Heimat und ihre Überzeugungen kämpfen – selbst wenn dies bedeutet, dass sie dabei die Dinge zerstören, die sie lieben. Wenn jemand daherkommt und damit droht, Dinge zu beschädigen oder zu zerstören, die uns lieb und teuer sind, werden wir wahrscheinlich alle wie eine Waise reagieren und versuchen, den von uns geschätzten Lebensstil energisch zu verteidigen. Einerseits können wir für diese rückhaltlose Hingabe Bewunderung verspüren, andererseits kann uns unser Widerwille zu hinterfragen, was wir da eigentlich tun, in Angst und Schrecken versetzen.

Als um das Gemeinwohl besorgte Bürger können Waisen sich oft als ausgezeichnete Organisatoren von Hilfs- und Sozialprogrammen für ihre Gemeinde oder die Gesellschaft allgemein hervortun, und in einer solchen Funktion wird man sie als zutiefst vertrauenswürdig und verlässlich schätzen. Sie sind es, die der Gesellschaft anhaltende Stabilität geben, und jeder von ihnen kann sich von dieser Position aus zu einem Menschen weiterentwickeln, der sich noch stärker seinem spirituellen Wachstum widmet.

Was ist also der ausschlaggebende Faktor dafür, ob eine Waise sich weiterentwickelt oder eine Waise bleibt?

Zum Teil hat dies wirklich nur mit Gewohnheiten zu tun. Jeder scheint so zu sein wie der andere, jeder scheint dasselbe zu tun – und aus der Reihe zu scheren, anders zu sein, fühlt sich dann ein bisschen "verrückt" an. Der wichtigste Punkt dabei ist aber das Ego. Das Ego bildet sich, wenn wir die Botschaften entgegennehmen, die uns die äußere Welt vermittelt in Bezug darauf, wer wir sind: Schon in der Grundschule lernen wir, dass wir nicht so groß sind wie Sabine, nicht so gut malen können wie Bernd, aber als Torwart besser sind als Martin. Und so gestatten wir anderen, uns zu sagen, wer wir sind oder sein sollten, statt Vertrauen in unsere inneren Entwicklungsprozesse und deren weitere Entfaltung zu setzen. Die Waise akzeptiert diese "Diagnose", während der Pilger sie infrage stellt.

Weitere Herausforderungen:
Die Falle des Waisen-Denkens

Wir sind überall umgeben von Waisen, und viele von ihnen sind vernünftige und respektable Menschen – vielleicht sogar unsere guten Freunde. In gewissem Maße akzeptieren wir alle die Entwicklungsstufe der Waise, da wir übereingekommen sind, die Regeln unserer Gesellschaft einzuhalten und weiterhin Teil der Gemeinschaft sein zu wollen. Bei der Beschreibung der Waisenphase könnte ich als Autor – und Sie als Leser – der Versuchung erliegen, unsere Welt mit den Augen der Waise zu sehen. Schließlich sind wir alle mal eine Waise gewesen, unabhängig davon, auf welcher Entwicklungsstufe wir uns jetzt befinden, und wir wissen nur zu gut, wie man das Verhalten auf dieser Stufe "vernunftmäßig begründen" kann.

Wenn Sie dieses Buch lesen, sind Sie wahrscheinlich bereits eine Waise oder ein Pilger, der mit den gegebenen Umständen unzufrieden ist und nach anderen oder besseren Antworten Ausschau hält. Wichtig ist dabei, nicht in die verführerische Weltsicht der Waise zurückzufallen, sondern darüber hinauszuwachsen. Denn wir sind jeden Tag und überall Zeugen des Waisen-Denkens, das uns dazu verleiten möchte, in alten Seinszuständen zu verharren.

Der wichtigste Aspekt der Waisenphase, den wir uns in Erinnerung rufen sollten, ist, dass sie eine Form "kulturell sanktionierten" Verhaltens darstellt, die das Ergebnis von Trägheit, Bequemlichkeit oder bestimmten Ängsten ist (und es besteht eine Verknüpfung zwischen diesen Eigenschaften) und durch die vom Ego ausgehenden Botschaften angefacht wird. Es ist das Ego, das uns sagt, wir sollten unbedingt den neuesten Schnickschnack erwerben, sodass wir ein bisschen besser dastehen als alle anderen um uns herum. Es gaukelt uns vor, das wäre es, was uns wirklich glücklich macht. Es ist das Ego, das auf seiner Rechthaberei beharrt, statt liebevoll, offen und kompromissbereit zu sein. Es ist das Ego, das Minderheiten oder Andersdenkende verleumdet und ausgrenzt, sodass wir uns mehr im Recht und in unseren Ansichten bestätigt fühlen. Das Ego sagt uns, wir seien klein und unbedeutend, wenn wir uns anderen gegenüber nicht durchsetzen und uns behaupten. Sieh zu, dass du befördert wirst und die Karriereleiter aufsteigst! Diese Firma braucht Gewinner, keine Verlierer! Doch in Wirklichkeit gewinnt *niemand*, wenn Mitarbeiter Erfolg auf Kosten ihrer Kollegen erzielen. Wenn wir uns nur darauf konzentrieren, was wir innerhalb eines akzeptierten Tätigkeitsbereichs erreichen können, legen wir uns in Wirklichkeit Schranken auf und machen uns kleiner, als wir sind. Ich war bereits Zeuge erbitterter Machtkämpfe um die Position des Vorsitzenden in verschwindend kleinen Organisationen, bösartiger Schmutzkampagnen bei der Wahl zum Präsidenten des örtlichen Golfclubs und so weiter, und ich musste mich fragen, ob ein so kleiner und so mühevoller Triumph über andere die Skrupellosigkeit rechtfertigt, mit der er errungen wurde. Dies ist der Glaube des Egos an unsere Kleinheit und Bedeutungslosigkeit, der uns Beschränkungen auferlegt. Wir möchten uns gern groß fühlen, haben aber Angst davor, in Wirklichkeit klein zu sein. Diese Geisteshaltung ist äußerst kurzsichtig – und ungesund.

Denn wir sind nicht klein. Jeder von uns wächst, wenn wir uns dies gestatten, und das Einzige, was uns weiterhin das Gefühl gibt, klein und unbedeutend zu sein, ist die Angst, dass wir nicht liebenswert sind. Hätten wir wirklich das Gefühl, liebenswert zu sein, würden wir nicht so viel Zeit damit verbringen, uns besser erscheinen zu lassen, sodass andere uns bewundern und vielleicht sogar lieben. Wenn wir uns wirklich selbst Liebe schenken könnten, wäre die Entwicklungsstufe der Waise mit ihren vermeintlichen Vorteilen nicht so verlockend für uns.

Wenn wir wachsen und uns weiterentwickeln wollen, müssen wir die kleine freundliche, uns so vertraute "Box" - unser Zuhause, unsere Heimatstadt, unsere niedrigen Erwartungen an uns selbst oder unsere uns Beschränkungen auferlegende Beziehung - verlassen. Auf diese Weise setzen wir uns über die spirituellen Begrenzungen, die für die Waisenphase kennzeichnend sind, hinweg. Waisen sind wie Vögel, die in einem Käfig eingesperrt sind. Sie beherrschen ihren Bereich meisterhaft, singen wunderschön und machen allen Freude; doch sie sind unfähig, den Käfig zu verlassen, können in der Wildnis keine Nahrung für sich finden und sind deshalb auf sich allein gestellt nicht überlebensfähig. Denken Sie an die armen Charaktere in der Fernsehserie *Desperate Housewives*: Sie scheinen sich nie längere Zeit außerhalb der Wisteria Lane aufzuhalten. Und wenn doch, kehren sie offenbar nur zurück, um wieder einmal mit einem anderen Ehepartner als ihrem eigenen zu schlafen. Sie sind immer wieder in dasselbe Spiel verstrickt, und es ist fast so, als ob sie es sich gar nicht leisten könnten, längere Zeit abwesend zu sein, denn dann wären sie nicht imstande, sich gegenseitig "auszupunkten".

Das Waisen-Denken ist die Quelle aller selbst beschränkenden Glaubensmuster und aller "kleinen Ambitionen". Dieses Denken herrscht über das Mädchen oder den Jungen von nebenan, wenn sie heiraten und einen passablen Ehepartner und eine fürsorgliche Mutter (oder Vater) abgeben, doch wenn einer der beiden sich zur nächsthöheren Stufe des Pilgers weiterentwickelt, fühlt er sich eingeschlossen und gefangen. Es gibt viele Beispiele für diese Art beschränkten Denkens. Wer von uns kennt nicht einen Menschen, der zum einen oder anderen Elternteil eine Beziehung hat, die seinem oder ihrem Gefühlsleben in die Quere zu kommen scheint? Die Frau, deren beste Freundin ihre Mutter ist und die unablässig ins häusliche Leben der Eltern mit hineingezogen wird, ist vielleicht aus dem Elternhaus ausgezogen, aber sie hat es nie wirklich verlassen. Oder denken Sie an den Mann, dessen Mutter ihn so sehr umsorgt, dass keine andere Frau an ihn herankommen, geschweige denn mit ihm eine eheliche Bindung eingehen kann. Solche Menschen sind mit ihren Lebensumständen gewöhnlich sehr zufrieden, weshalb es in ihrem Umfeld auch keinen Raum gibt für irgendjemand anderen oder irgendetwas Neues – und damit auch nicht für weiteres Wachstum und Entwicklung.

Die Waise ist auch die Person, die am ehesten Züge von Hab- und Besitzgier aufweist, denn wenn die Ego-Identität in materiellen Besitz oder Eigentum verstrickt ist, stellt jeder Mensch, der mit ihm um solche Dinge wetteifert, eine potenzielle Gefahr für die eigene Existenz und somit einen Rivalen oder gar Feind dar. Eifersucht und der Wunsch, den Partner zu kontrollieren, ihn in seinen Entfaltungsmöglichkeiten einzuschränken oder seine persönlichen Fortschritte zu missbilligen – all dies sind extreme, aber miteinander zusammenhängende Ausdrucksformen der Angst, die die Waise spürt, und es ist die Angst, die der Liebe Schranken auferlegt. Wenn in einer Beziehung ein Partner zwanghaft versucht, den anderen zu kontrollieren oder sogar für seine egozentrischen Motive zu missbrauchen, rührt dieser Impuls sehr oft vom Gefühl her, dass man es dem Partner nicht gestatten kann, seine Meinung frei zu äußern – aus Angst, er oder sie könnte diese Freiheit ausnutzen und einfach gehen. Die Ironie hier ist, dass die Angst, den Geliebten zu verlieren, die Liebe selbst zerstört.

Die meisten Waisen sind davon überzeugt, dass es keine andere Form der Existenz gibt. Dies kann gefährliche Auswirkungen haben, denn es kann dazu führen, dass die edelsten und liebevollsten Impulse nur allzu leicht in restriktive und unterdrückerische Affekte umschlagen. Sowohl islamische als auch christliche Fundamentalisten sind davon überzeugt, dass sie das Richtige tun und ihre Handlungen im Einklang mit Gottes Willen stehen, wie ihnen ihre jeweiligen Anführer bestätigen. Und in der Tat gibt es sowohl in der Bibel als auch im Koran entsprechende Textstellen mit eindeutigen Aussagen, doch eine Lektüre dieser beiden Bücher in ihrer Gesamtheit wird Widersprüche zutage fördern, die vom Leser verlangen, einige Überlegungen anzustellen, bevor er eine Entscheidung trifft.

Die Entwicklungsstufe der Waise ist deshalb sowohl die gefährlichste als auch die hoffnungsvollste, denn das Nichtstellen bestimmter Fragen und der dadurch bedingte Rückfall in eine gewisse Form von Orthodoxie ist zumindest ein Zugeständnis, dass es bestimmte Fragen zu beantworten gibt – selbst wenn die Waise sich weigert, sich mit diesen Fragen zu befassen.

Als Waisen neigen wir dazu, die Botschaften zu verinnerlichen, die unsere Gruppe uns in Bezug auf uns selbst vermittelt. Wir übernehmen diese Botschaften, ohne sie zu hinterfragen – und fügen uns selbst damit einen großen Verlust zu, denn viele dieser Botschaften entsprechen nicht einmal der Wahrheit. Unzählige meiner Schüler haben mir erzählt, dass ihnen von Lehrern, Eltern und Schulpsychologen prognostiziert wurde, sie würden die High School niemals abschließen. Oft erzählten sie mir dies zu einem Zeitpunkt, als sie im Begriff waren, ihr Universitätsstudium abzuschließen! Und doch hatten sie jahrelang geglaubt, dass diese Lehrer, Eltern und Schulpsychologen sie besser kannten als sie sich selbst. Das Ergebnis war, dass sie sich keinen Erfolg zutrauten, kein Selbstvertrauen und keine Zuversicht besaßen und Probleme hatten, ihre tatsächlichen Leistungen und Errungenschaften anzuerkennen. In manchen Fällen fühlten sie sich sogar wohler, wenn sie einen Fehlschlag erlitten, als wenn sie Erfolg gehabt hätten – so sehr hatten sie die Ansichten von "Autoritätspersonen" um sie herum zu ihren eigenen gemacht.

Wenn wir die Ansichten anderer in Bezug darauf, wer oder was wir sind, unreflektiert annehmen, verlieren wir den Kontakt zu unserem wahren, authentischen Selbst. Die Angst, von unseresgleichen Hohn und Spott zu ernten, sitzt tief. Fragen Sie auf einer Party mal einen Mann, warum er "lieber nicht tanzen" möchte, und Sie werden verstehen, was ich meine. Denn jedes dreijährige Kind wird spontan tanzen, wenn es das möchte, ohne sich groß darum zu kümmern, wer zuschaut. Das Ego ist nicht unbedingt und ausschließlich etwas Schlechtes; es formt sich, während wir herausfinden, wer wir wirklich sind, denn es gestattet uns, ein Gefühl dafür zu entwickeln, worin wir gut sind, was uns Freude macht und was wir gern tun würden. Leider kann dieses neu geformte Ego aber sehr schnell untergraben werden, sodass wir aus der Angst vor Be- oder Verurteilung heraus handeln und nicht mehr daran glauben, willkommen und liebenswert zu sein, so wie wir sind. Wir glauben dann, dass wir nur willkommen und liebenswert sind, wenn wir uns so verhalten, wie es die uns jeweils umgebende Kultur von uns verlangt. Als Folge davon können Waise sehr merkwürdige und befremdliche Verhaltensweisen annehmen, denn innerhalb ihres Freundes- oder Bekanntenkreises ist dieses Verhalten die Norm.

Einige weitere Betrachtungen zur Waise

Die Rolle der Waise ist eine logische Reaktion auf eine schwierige Welt. Sie ist zwar überaus sinnvoll, kann sich aber auch zu einem selbstauferlegten Gefängnis entwickeln.

Waisen sind äußerst gut darin, Menschen zu identifizieren, die in ihrem Leben haltlos und ohne klare Ziele dahintreiben, und sie in ihrem eigenen Kreis willkommen zu heißen. "Die verlorenen Jungen aus dem Sudan"[4], die zu Tausenden vor den Schrecken des damaligen Bürgerkriegs im Land fliehen mussten, unterstützten sich gegenseitig während ihres schrecklichen Martyriums, und "die Fischerjungen von Ghana"[5], die im Grunde Sklaven waren, sahen ihre Leidensgenossen als Brüder, unabhängig davon, ob sie tatsächlich mit ihnen verwandt waren oder nicht. In ähnlicher Art tun sich Waisen überall in der Gesellschaft zusammen, um zweckdienliche Beziehungen miteinander einzugehen, wobei sie auf eine inspirierende Weise großzügig und liebevoll agieren können. Und doch bleiben sie einem gewissen Selbstbild verhaftet, denn das Ego hält sie dazu an, nicht ihr authentisches Selbst zum Ausdruck zu bringen, sondern sich in die Gruppe einzufügen. Vielleicht ist dies einer der Gründe für das Auftreten der sogenannten "Midlife-Crisis", der Krise in der Lebensmitte: Die Waise bricht plötzlich aus ihrem gewohnten Lebensumfeld aus – mitunter in neue, noch konventionellere Umstände. Der phlegmatische Bankangestellte, der sich plötzlich eine Harley Davidson zulegt und eine Tätowierung stechen lässt, entspricht diesem Klischee, und von diesen Klischees können wir eine ganze Menge um uns herum beobachten. Das Individuum streift eine beengende Rolle ab, nur um in eine andere – genauso beengende – zu schlüpfen.

Die Gesellschaft ist auf Waisen angewiesen – Menschen, die die Spielregeln einhalten und sich darum sorgen, was andere denken. Gauguin mag nach Tahiti entflohen sein, um unsterbliche Bilder zu malen, doch was geschah mit seiner Frau und seinen Kindern, die er zurückließ? Die Verachtung, die Waisen gegenüber denjenigen zum Ausdruck bringen, die aus der Reihe treten und sich von ihrer Gruppe lösen, können die "Aussteiger" nicht nachvollziehen. Denken Sie nur an die berühmten Worte des Literaturnobelpreisträgers William Faulkner: "Wenn ein Schriftsteller seine Mutter bestehlen müsste, wird er nicht zögern. Die 'Ode an eine griechische Urne' ist jede Anzahl alter Damen wert."[6]

Starke und deutliche Worte, doch wer von uns könnte seine eigene Mutter bestehlen, ohne sich im Mindesten schuldig zu fühlen? Welches ordentliche Gericht würde dem Antrag des Künstlers auf Straffreiheit für Diebstahl stattgeben? Und doch muss ich zustimmen, dass Faulkner nicht ganz Unrecht hat.

Als Waisen, die wir alle an diesem Punkt der Entwicklung sind, werden wir immer wieder dazu eingeladen, das Leben weiter zu erkunden, doch wir neigen dazu, diese Einladungen allesamt auszuschlagen, da sie unsere bestehenden Wertvorstellungen zu sehr durcheinanderbringen. So könnten wir zum Beispiel in unseren Zwanzigern und Dreißigern feststellen, dass Kinder zu haben uns ein ganz neues Gefühl dafür vermitteln könnte, was Liebe sonst noch sein kann. Das Wunder der Elternschaft und die damit einhergehende Veränderung in der Beziehung zu unserem Partner zwingt uns zu der Einsicht, dass wir nicht mehr wie früher Zeit für all die tröstlichen Aspekte des Lebens haben. Unsere eigenen Eltern fangen an, sich mit ihren Enkelkindern zu befassen, und geben uns diesbezüglich vielleicht bestimmte Ratschläge, die willkommen sind, oder sie mischen sich auf unwillkommene Weise in unsere Erziehung ein – oft trifft beides zu. Natürlich kann es sich dann für uns so anfühlen, als ob wir nicht mehr unser eigenes Leben führten, doch wir erlangen gleichzeitig auch ein erweitertes Verständnis des Begriffs "Liebe". Als Reaktion darauf empfinden wir uns vielleicht als Teil einer größeren Gesellschaft, wenn wir unsere Kinder zur Schule bringen und die Eltern ihrer kleinen Freunde treffen. Genauso verhält es sich mit anderen Gelegenheiten, die es uns gestatten herauszufinden, wer wir sein könnten. Persönliches Wachstum ist zwar frei zugänglich, doch es besteht auch noch die Verlockung, sich einzufügen, anzupassen und Dinge zu tun, von denen andere sagen, dass wir sie tun sollten. Und so werden wir wieder zu Waisen.

Manche Menschen bleiben jedoch nicht in diesen Konventionen stecken. Noch bevor sie eine Familie gründen, fragen sie sich, was diese Erfahrung mit sich bringen könnte – und was die Liebe dann für sie bedeutet. Sie beginnen zu forschen und entwickeln sich weiter zu Pilgern.

Im Schlafzimmer

Wie bei jedem Archetypen kann auch das Verhalten der Waise sehr widersprüchlich sein, selbst wenn es vom selben Reiz ausgelöst wird. Und in diesem Sinne können wir über die Waise eine Reihe von allgemeinen Aussagen treffen.

Die Waise neigt dazu, Liebe und Sex wegen ihrer Geborgenheit und Sicherheit bietenden Eigenschaften zu schätzen. Sex wird als eine Art Rückversicherung oder Garantie für eine stabile Beziehung angesehen, und er muss eine gewisse Regelmäßigkeit, ja sogar Vorhersagbarkeit aufweisen. Das heißt nicht, dass die Waise als Liebespartner nicht neue Möglichkeiten und Varianten des Liebeslebens und körperlichen Vergnügens ausprobieren möchte, doch das Hauptaugenmerk liegt für sie auf körperlicher Anziehung und sinnlicher Erfüllung statt auf Zufriedenheit in seelischer oder emotionaler Hinsicht. Die Waise möchte sich begehrt fühlen, Freude empfinden und sich sicher sein, dass – soweit es den Partner betrifft – sie bei dem, was sie tut, "gut" ist. Sex und Sexualität werden ungefähr so ähnlich betrachtet wie eine größere Anschaffung: Sie muss qualitativ hochwertig sein; sie muss nach weithin vorherrschenden Maßstäben leicht als erstklassig erkannt werden können und sie muss der Waisen ein Gefühl von Sicherheit geben. Für die Waise ist ein körperlich attraktiver Partner häufig ein wichtiger Aspekt, und sie legt besonderen Wert auf eine exotische Örtlichkeit oder eine luxuriöse Hotelsuite, die ihr Partner für sie ausgesucht hat, denn dies gibt ihr ein Gefühl der Rückversicherung, dass ihrem Partner wirklich etwas an ihr liegt. Die Waise braucht diese nach außen sichtbaren Zeichen der Zuneigung und sicheren Geborgenheit in einer Beziehung. Sie trägt den neuen Diamantring mit Stolz und stellt ihn sogar regelrecht zur Schau als äußeres Zeichen der Wertschätzung des Partners. Und die Liste ließe sich beliebig fortsetzen.

Wenn Sie dies lesen, denken Sie bitte daran, dass wir alle diesen Wunsch nach Geborgenheit und Sicherheit haben, wie ihn die Waise zum Ausdruck bringt. Jeder von uns möchte natürlich genau dieselben Dinge: den Liebespartner mit dem attraktiven Äußeren, dass luxuriöse Schlafzimmer und so weiter. Der Unterschied hier ist nur, dass die Waise dazu neigt, diese äußerlichen Eigenschaften als wichtigste Aspekte der Beziehung anzusehen. Zur Verdeutlichung hier ein Beispiel.

Im Roman *Das Buch vom Lachen und Vergessen*[7] des tschechisch-französischen Schriftstellers Milan Kundera wird die Hauptfigur von der Erinnerung heimgesucht, dass er früher einmal eine Frau liebte, die eigentlich gar nicht hübsch war. Irgendwie kann er dies nicht in Einklang mit seinen gewöhnlichen Maßstäben bei der Wahl eines Liebespartners bringen. Er versucht, die Erinnerung an diese Liebe auszulöschen, doch es gelingt ihm nicht. Während er über dieses Paradoxon nachsinnt, stellt er fest, dass er mit seinem normalen, angepassten Leben immer unzufriedener ist, bis er entdeckt, dass seine Gesinnung den Verdacht der örtlichen Geheimpolizei auf den Plan ruft. Seine Ablehnung der anerkannten gesellschaftlichen Normen wird als politisch gefährlich eingestuft, als er die Waisenwelt hinter sich lässt und sich zu einem Pilger weiterentwickelt. Der Roman ist eine ausgezeichnete metaphorische Darstellung dieser Entwicklungsstufe.

Im Gegensatz hierzu gab es vor einigen Jahren in der *Oprah Winfrey Show* der gleichnamigen US-amerikanischen Talkmasterin ein belustigendes, aber auch äußerst peinliches Beispiel dafür, wie Waisen denken und handeln können. Eine Frau, die nicht wusste, dass sie live im Fernsehen zu sehen war, behauptete, dass sie den Heiratsantrag ihres Freundes zurückgewiesen hatte, weil es ihr an bestimmten Dingen fehlte. Wörtlich sagte sie ihm (und im Fernsehen zur Moderatorin): "Du verdienst nicht genug Geld, und im Bett bist du auch nicht gut genug." Millionen von Zuschauern waren

Zeuge dieser vernichtenden Kritik. Nun stellt sich aber die Frage: Hätte sie ihn geheiratet, wenn er reich und viril gewesen wäre? War das alles, was sie brauchte? Was hatte dies mit Liebe zu tun? Manche Waisen spüren diesen Wunsch nach weltlichen Gütern, Geborgenheit und Sicherheit, selbst wenn es in ihrem Leben nur sehr wenig Sex gibt. Es gibt viele Ehen, in denen die Partner sehr zufrieden mit ihrer Beziehung sind, obwohl sie nur selten Sex haben, doch weil beide Partner kein starkes sexuelles Bedürfnis haben, stärkt dies die Sicherheit ihrer Bindung. Es hat den Anschein, als wären sie beide übereingekommen, dass ihre Beziehung "gut genug" ist, so wie sie ist, und dass es genau das ist, was sie wollen. Dies kann natürlich ein potenzieller Konfliktpunkt sein, weil einer der beiden Partner an einem bestimmten Punkt das Gefühl entwickeln könnte, nicht genug Sex zu bekommen. Dies kann dann dazu führen, dass der Partner andere Mittel und Wege findet, um zu sexueller Befriedigung zu gelangen – und an diesem Punkt tritt die unzufriedene Waise hervor. Dies ist meiner Ansicht nach auch einer der Gründe, weshalb im Internet heute eine solch große Menge an pornografischen Inhalten frei verfügbar ist. Für manche ist Pornografie eine relativ risikolose Möglichkeit, sexuelle Erregung und Befriedigung zu erlangen, ohne die Ehe oder Partnerschaft aufs Spiel zu setzen. So wird zwar das körperliche Bedürfnis gestillt, das seelische aber nicht.

In diesem Licht birgt auch das Phänomen des Filmstars interessante Aspekte. In den James-Bond-Filmen der 1980er- und 1990er-Jahren konnte man sehen, wie die männlichen Protagonisten typische Männerfantasien auslebten, die sich alle darum drehten, möglichst viel Sex zu haben. Diese Figuren können auf Waisen eine starke Anziehungskraft ausüben, da Waisen oft von der Idee besessen sind herauszufinden, wie viel von allem und jedem sie haben oder erlangen können. Im gegenwärtigen Internetzeitalter scheint es, als ob alle glamourösen Stars Frauen seien – denken wir nur an Lindsay Lohan, Paris Hilton, Britney Spears und Jessica Simpson als Figuren –, deren Anziehungskraft hauptsächlich darauf zu beruhen scheint, dass sie jung und schön sind – und ziemlich indiskret hinsichtlich ihres Privatlebens. Zu diesen Sternchen könnten wir noch vier oder fünf andere glamouröse Frauen aus Fernsehserien wie *Desperate Housewives* oder *Sex and the City* hinzuzählen. Könnte es sein, dass Männer – die eifrigsten Nutzer pornografischer Inhalte im Internet – das Leben einer Schauspielerin oder sonstigen weiblichen Berühmtheit nur verfolgen, weil sie bestimmte anhaltende Fantasien mit dieser Person verbinden? Denn es besteht ja nie die Gefahr, dass diese Fantasien mit der Alltagswelt in Konflikt geraten. Auch hier wird Sex zu etwas gemacht, das keine geistig-seelische Bedeutung hat, auch wenn es jede Menge Reize und Erregung gibt. Dies ist etwas, zu dem Waisen typischerweise immer neigen. Waisen gehen immer auf Nummer sicher.

Diese Bindung an bestimmte Fantasien lässt sich auch bei einer anderen Variante der Waise beobachten, nämlich bei der von zwanghaften Vorstellungen besessenen Person, die zum Stalker, zum Nachsteller, wird. Einer berühmten Person nachzustellen, die man kaum kennt, muss ein enormes Ausmaß an mentaler Anstrengung und auch Zeit erfordern. Der Stalker muss der Ansicht sein, dass er oder sie eine besondere Beziehung zum Opfer hat, obwohl das nicht der Fall ist. Ähnlich verhält es sich mit der Person, die nicht akzeptieren kann, dass eine Beziehung beendet ist, und manchmal braucht es sogar ein gerichtlich verfügtes Kontaktverbot, um der Person die Augen zu öffnen. Diese Handlungen beruhen auf der Tatsache, dass eine solche Person sich weigert anzuerkennen, dass eine Situation sich geändert hat oder dass das Stalking-Objekt ein freier, unabhängiger Mensch ist. In jedem Fall handelt es sich um eine Geisteskrankheit, die psychotherapeutischer Behandlung bedarf. Diese Form der Fixierung auf eine bestimmte Person oder Situation beruht auf bestimmten Angst- und Wutgefühlen, die die

Waise immer dann spürt, wenn die Welt um sie herum sich nicht so gestaltet, wie er oder sie es sich wünscht. Aus dieser Fixierung kann sich sogar leicht eine klinische Psychose entwickeln.

Vielleicht sagen Sie nun, dass ich in diesem Kapitel mit Waisen recht hart ins Gericht gegangen bin, doch das war nicht meine Absicht. Was ich hier klarmachen wollte, ist: Gute Beziehungen blühen und gedeihen überall dort, wo Sex als etwas Angenehmes und Vertrautes angesehen wird, statt als etwas unbedingt Notwendiges zum Zwecke der Erregung und Berauschung. In ähnlicher Weise gibt es Einzelerfahrungen und -berichte, wonach manche sexuellen Beziehungen deshalb so unglaublich heiß und temperamentvoll sind, *weil* beide Partner einräumen, dass sie sich nicht wirklich groß um den jeweils anderen kümmern und sorgen.

Klienten, die mich in meiner Beratungspraxis aufsuchen, haben mir berichtet, dass sie oder ihre Bekannten sich mitunter verlässliche Sexpartner als "Überbrückungslösung" suchen, wenn die bedeutungsvolle Beziehung, die sie zu finden hoffen, schwerer erreichbar scheint. Doch dies sind wie gesagt größtenteils Einzelerfahrungen, die obendrein oft noch etwas aufgebauscht und übertrieben erscheinen. Fast jeder von uns hat schon einmal von Freunden oder Bekannten die Behauptung gehört, sie hätten den besten Sex ihres Lebens mit einem Menschen gehabt, den sie kaum kannten oder nur flüchtig im Urlaub kennengelernt hatten – oder so ähnlich. Das Geschehene scheint nie völlig in der Realität angesiedelt zu sein, sondern eher dem Reich der Fantasie anzugehören. Eine heiße Liebesnacht mit einem Fremden ist ja auch nicht unbedingt Ausdruck liebevoller Verbundenheit. Die Waise möchte sich gern ihren Fantasien hingeben, braucht aber auch Sicherheit, Gewissheit und Vertrautheit. Im Kino mögen Waisen über die Hollywood-Stars auf der Leinwand in Verzückung geraten, doch nach der Vorstellung gehen sie glücklich und zufrieden mit ihrem Ehepartner nach Hause.

Es geht nicht so sehr darum, was zwischen zwei Menschen in einem intimen Vertrauensverhältnis genau geschieht, sondern um die *Einstellung*, die jeder von ihnen bei ihren gemeinsamen Aktivitäten an den Tag legt. Die Waise misst dem körperlich-sinnlichen Vergnügen große Bedeutung bei, möchte aber in der Beziehung nicht tiefer gehen und sich Fragen stellen müssen, was dies alles bedeutet.

Wie wir mit der Energie des Archetypen in Kontakt treten können

Die Energie der Waise kann dem Außenstehenden unter Umständen etwas verworren vorkommen, doch um sie zu verstehen, muss man sie *fühlen*. Tatsächlich gibt es in Bezug auf die Waise zwei Aspekte und damit auch zwei Arten von Energien; die eine ist ausgeglichen und positiv, die andere unausgeglichen und negativ. Es ist einfach – viel zu einfach –, sich mit der unzufriedenen und negativen Waise in jedem von uns zu verbinden. Alles, was wir dafür tun müssen, ist, uns eine Zeit zurückzurufen, als wir wütend waren und uns von den uns umgebenden Menschen, vor allem von Arbeitskollegen, missverstanden gefühlt haben. Wir alle wissen, wie stark dieses Gefühl ist! Es kann uns missmutig murren und knurren lassen und sogar unser ganzes Leben bestimmen. Ich glaube nicht, dass irgendjemand von uns mehr Zeit mit diesen Gefühlen verbringen muss. Wir müssen uns daran erinnern, nur den positiven und produktiven Aspekt dieses und jedes anderen Archetyps zu wählen. Statt den emotionalen Schmerz zu spüren, wenn wir uns ausgeschlossen und verletzt fühlen, ist es eine viel bessere Idee, wenn wir uns an eine Zeit erinnern, als wir eine positive und ausgeglichene Waise waren. Die beste Methode, dies zu tun, ist, an eine Zeit zu denken, als wir uns wie ein Außenseiter fühlten, der auf unerwartete Weise von jemandem willkommen geheißen und geliebt wurde. Nehmen Sie sich ein paar Minuten Zeit, hierüber nachzudenken. Notieren Sie sich eine Reihe von Beispielen auf einem Blatt Papier. Wie sehr widerstrebte es Ihnen, mit dem Fremden Kontakt aufzunehmen? Wie fühlte es sich an? Wenn Sie erst einmal beginnen, darüber nachzudenken, werden Ihnen noch viel mehr Beispiele einfallen, als Sie vielleicht erwartet hätten. Ich empfinde es immer als ungemein tröstlich, mir Zeiten zurück ins Gedächtnis zu rufen, als Menschen, die mir relativ fremd waren, mich willkommen geheißen haben und mir freundlich gesonnen waren. Als ich als junger Mann durch Europa reiste und dabei so gut wie kein Geld in der Tasche hatte, war ich immer wieder erstaunt und ergriffen über die offenherzige Akzeptanz, die mir von Menschen entgegengebracht wurde, deren Sprache ich kaum beherrschte. Sie teilten Brot und Käse mit mir im überfüllten Zugabteil, oder sie schienen daran interessiert zu sein, mich ihrer Familie vorzustellen und zumindest eine kurze Zeit mit ihr zu verbringen. Ich erinnere mich an freundliche Kollegen, die mir halfen, mich am neuen Arbeitsplatz zurechtzufinden, wobei wir auch über einiges gemeinsam lachen konnten. Dies ist das Gefühl der Liebe, wie die ausgeglichene Waise sie spürt. Es geht um Akzeptanz trotz bestehender Differenzen. Waise wissen, wie man solche künstlichen Grenzen auflöst. Denken Sie an die zuvorkommende Person, die Ihnen den Weg zu Ihrem Ziel beschrieb, oder die hilfsbereite Person, die Ihnen beim Einsammeln der Lebensmittel half, als die Einkaufstüte gerissen war, oder die Ihnen verriet, wo Sie ganz sicher einen Parkplatz finden können. Wenn Sie hierfür erst einmal offen und empfänglich sind, werden Sie feststellen, dass die tatsächliche Kraft und Stärke der Waise allgegenwärtig ist. Sie können sie nicht übersehen. Wohlwollen und liebenswürdiges Entgegenkommen begegnet uns überall, wenn wir uns die Mühe machen, darauf zu achten. Doch es ist immer eine Form von Energie, für die wir uns bewusst entscheiden müssen, denn wenn wir das nicht tun, verfangen und verstricken wir uns in der negativen und schwermütigen Energie dieses Archetyps.

Es ist einfach, mit dieser Energie in Kontakt zu treten. Wenn Sie sehen, dass die geleerte Mülltonne des Nachbarn von irgendjemandem umgestoßen wurde, nehmen Sie sich kurz die Zeit, sie wieder aufzurichten. Wenn jemand in der Schlange vor der Kasse des Supermarkts in Eile ist, lassen Sie ihn vor. Teilen Sie etwas mit einem Arbeitskollegen. Eine der Verwaltungsassistentinnen am College, für das ich arbeite, hat im Eisschrank der Büroküche immer mehrere Sorten Eis am Stiel vor allem für die Wartungstechniker vorrätig. Sie lieben diese kleine Aufmerksamkeit, und natürlich sind sie immer sofort vor Ort, wenn die Assistentin sie um eine Reparatur oder die Instandsetzung von Gerätschaften bittet.

Die Waisen um uns herum

Denken Sie einen Moment an Situationskomödien, Seifenopern und ähnliche Fernsehserien – und die Menschen, die sich diese anschauen. Ein Hauptaspekt bei vielen dieser Serien ist, dass die Schauspieler Charaktere darstellen, die sich persönlich nicht weiterentwickeln. Gabrielle, eine der Protagonistinnen in *Desperate Housewives*, wird weiterhin immer nur an sich selbst denken und andere entsprechend manipulieren. Die Natur dieser Serie verlangt dies einfach. Wenn das Gleichgewicht aufrechterhalten werden soll, dürfen sich die Charaktere nicht grundlegend ändern. Diese Technik der Darstellung von Charakteren soll uns nach einer erprobten und bewährten Formel garantiertes Sehvergnügen bereiten, doch sie müssen auch unserem Wunsch nach überraschenden Wendungen und Entwicklungen Rechnung tragen – aber nur innerhalb gewisser Grenzen. Am liebsten ist es uns eigentlich, wenn wir auf den Bildschirm schauen und innerhalb weniger Sekunden wissen, wer jemand ist und wie wir auf eine bestimmte Situation reagieren sollen. Wenn Cosmo Kramer aus der US-amerikanischen Sitcom *Seinfeld* auf dem Bildschirm erscheint, wissen wir alle, was wir denken sollen, und wenn Elaine die Szene betritt, wissen wir, dass sie wieder einmal vollkommen von sich selbst eingenommen ist. Tatsächlich ist es sogar eine Art von Erleichterung für uns, diese Charaktere so schnell durchschauen zu können, denn im realen Leben sind wir uns nicht immer ganz so schnell gewiss, wer jemand wirklich ist. Wir fühlen uns gut, wenn wir leicht und schnell identifizieren können, wes Geistes Kind jemand ist. Es gibt uns ein Gefühl von Überlegenheit. Dies ist der Punkt, wo wir ins Waisen-Denken abgleiten.

Fragen Sie sich also: Wer sind die Menschen, von denen Sie wissen, dass sie gleichsam süchtig nach diesen Fernsehserien sind? Die unmittelbar nach Ende einer jeden Episode zu ihrem Handy greifen, um mit ihren Freunden und Freundinnen die gerade beobachtete Handlung durchzudiskutieren? Waisen lieben es, andere Waisen nach ihren eigenen gemeinsamen Maßstäben zu beurteilen. Dabei bestätigen und bestärken sie sich gegenseitig in ihren Ansichten, was diese Maßstäbe sind. Waisen lieben auch schnelle und einfache Antworten und neigen deshalb dazu, sich Situationen auszuwählen, auf die die Reaktionen relativ einfach und festgelegt sind – und diese Fernsehserien kommen ihren Wünschen nur allzu gern nach. Die Waise empfindet es als mühsam, sich mit Komplexitäten und tiefschürfenden Überlegungen auseinanderzusetzen, und meidet diese. Doch leider sind dies grundlegende Lebensaspekte, an denen wir uns nicht vorbeimogeln können – auch die Waise nicht.

Die Waise im Tarot

Wenn wir im Tarot nach Hinweisen zur Visualisierung dieser Entwicklungsstufe schauen, finden wir zwei Karten, die verschiedene Aspekte dieser Stufe wiederzugeben scheinen. Diese Karten sind "Der Turm", Nummer 16 in den Großen Arkana, und "Der Mond", Nummer 18. Nehmen Sie sich nun einen Moment Zeit, um sich diese Karten einmal genauer anzuschauen. Die Karte "Der Turm" zeigt einen vom Blitz getroffenen Schlossturm, der in Flammen steht und aus dem zwei Menschen (die in einigen Versionen des Decks wie ein Mann und eine Frau aussehen - oft dargestellt mit Kronen, die darauf hindeuten, dass es sich um einen König und eine Königin handeln könnte) zu Tode stürzen. Der von diesem Monarchenpaar erbaute Turm als Ort der Sicherheit und des Rückhalts hat dem Zorn der Elemente - oder der Macht Gottes - nichts entgegenzusetzen, und eine Katastrophe nimmt ihren Lauf. Die wie eine Krone geformte Spitze des Turms wurde durch den Blitz abgesprengt, was darauf hindeutet, dass

Der Turm   Der Mond

der Versuch, sich hinter Illusionen wie der Zugehörigkeit zu einer höheren Gesellschaftsklasse und materiellem Reichtum zu verstecken, niemanden vor seinem Schicksal retten wird. Die Darstellung des Königspaares, wie es gewaltsam aus seinem idyllischen Anwesen hinausgeworfen wird, reflektiert die schlimmsten Befürchtungen der Waise und deutet auch darauf hin, was Waisen geneigt sind zu tun, um den eigenen Ängsten auszuweichen: Sie bauen sich ein starkes und solides Zuhause, um sich sicher und geborgen zu fühlen.

Karte 18, "Der Mond", zeigt einen Hund und einen Schakal, die den Mond anheulen. Der Mond trägt ein weibliches Gesicht, das die Augen geschlossen hat. Hunde tun sich genauso wie Waisen schwer damit, ohne feste Bindung zu leben, wohingegen Schakale gewöhnlich symbolisch für Einsamkeit und Einsiedelei stehen. Die beiden Türme links und rechts im Hintergrund scheinen darauf hinzuweisen, dass – auch wenn hier ein Zuhause zu existieren scheint – diese Tiere keine Behausung haben. Sie sind Vertriebene, die sich nach der Ewigen Mutter sehnen, doch so wie der Mond ständig einem Wandel unterliegt und zu- und abnimmt, so scheint auch diese weibliche Gestalt nicht unbedingt verlässlich zu sein. Schlimmer noch: Obwohl Hunde und Schakale von der Art her eigentlich enge Verwandte sind, wurden Hunde traditionell zum Schutz vor Schakalen eingesetzt. Tatsächlich sind diese beiden Vertriebenen füreinander Todfeinde. Wenn irgendetwas die Geringschätzung und Verachtung treffend symbolisieren kann, die eine Waise für diejenigen empfindet, die auch nur etwas anders sind als sie selbst oder die zu einer anderen "Meute" gehören, dann ist es diese Karte. In der Mitte der Karte sehen wir einen langen, gewundenen Weg, der die Hügel hinaufführt, doch das einzige Wesen, das sich für diesen Weg zu interessieren scheint, ist der Krebs, der offensichtlich im Begriff ist, sein Element, das Wasser, zu verlassen. Natürlich wird er außerhalb seines Elements, auf dem trockenen und steinigen Weg, nicht allzu weit kommen. Das Bild vermittelt uns ein Gefühl der Hoffnungslosigkeit und des blockierten spirituellen Wachstums, das trotz aller Anstrengungen nicht erfolgen kann.

Krebse und andere Krustentiere haben Schalenpanzer, die sie vor ihren natürlichen Feinden schützen. Dies erinnert in gewisser Weise an die Verteidigungsmechanismen, die die Waise für sich errichtet. Diese beiden Karten spiegeln die Sehnsucht nach Zugehörigkeit und Sicherheit wider, die durch die Realität der ständig im Wandel befindlichen Umstände bedroht wird. Wenn sich die Gegebenheiten ändern, wenn wir aus unserem bequemen und sicheren Leben hinausgeschleudert werden, bietet sich uns die Chance zu wachsen. Wir erhalten die Gelegenheit, uns über die Waisenwelt hinaus zu entwickeln, und uns – wie der Krebs in der Tarotkarte "Der Mond" – auf eine Reise zu begeben, die es für uns erforderlich macht, uns von Grund auf zu ändern. Und sollten wir uns dieser Veränderung verweigern, bleiben wir wie herrenlos streunende Hunde zurück, die den Mond anheulen und sich über ihr Schicksal beklagen.

Zwischen diesen beiden Karten finden wir die Karte Nummer 17, "Der Stern".

Das Erste, was uns hier auffällt, ist eine weibliche Figur, die Wasser aus zwei Krügen ausgießt. Das Wasser des einen gießt sie in den Teich, das des anderen auf die Erde am Ufer. Mit dem linken Bein kniet sie im Gras, ihr rechter Fuß steht im Wasser. Die Symbolik dahinter scheint anzudeuten, dass man seine eigene Persönlichkeit

Der Stern

mit der anderer vereinen kann, so wie man das Wasser aus einem Krug mit dem Wasser in einem Teich mischen kann. Man kann sich auch dafür entscheiden, das Wasser – hier gleichbedeutend mit der eigenen Persönlichkeit – woanders hinzugießen, also gleichsam seinen eigenen Raum zu beanspruchen, obwohl das Wasser letztendlich in jedem Fall wieder in den Teich zurückfließt. Wenn dies die ausgeglichene, gesunde und sich gut einfügende Waise symbolisiert, erinnert uns dies daran, wie die Waise einerseits mit ihrem unmittelbaren Umfeld harmonieren möchte und sich andererseits auch von anderen abheben möchte – wenn auch nur bis zu einem gewissen Grad. Es scheint, als ob diese Karte die ausgeglichene Waise mit geradezu erstaunlicher Genauigkeit beschreibt. Hinter der unbekleideten Frau sehen wir sieben kleine Sterne und einen großen – offensichtlich eine Andeutung des Sternbildes "Großer Wagen" und des Polarsterns. Der Waisen wird also eine Orientierungshilfe hin zur nächsten Stufe gegeben – doch nur, wenn sie bereit ist, sich den Sternen zuzuwenden und sie als Wegweiser zu erkennen. Der Vogel auf dem Baum hinter ihr breitet seine Flügel aus und ist bereit loszufliegen – doch noch verharrt er an Ort und Stelle. Wir könnten diese Karte deshalb symbolisch als die Waise sehen, die am Beginn einer Veränderung steht und bereit ist, sich voranzubewegen. Der Name, der dieser Karte manchmal auch gegeben wird, ist "Der Brunnen der Wasser des Lebens". Der Name erinnert uns daran, dass die ausgeglichenen Waisen die Gesellschaft reibungslos am Laufen halten, so wie sie sich auch um ihre eigene soziale Gruppe kümmern. Doch dies wird noch übertroffen von dem Eindruck, dass die ausgeglichene Waise diejenige Figur ist, die – wenn sie dazu bereit ist – sich in ihrer Entwicklung weiter vorwagt, um zum Pilger zu werden.

Auch hier scheint uns das Tarot mit einer Reihe von Karten zu konfrontieren, die diese konkrete archetypische Stufe mit einer gewissen Eleganz beschreiben, wobei sowohl die positiven als auch die negativen Aspekte gleichermaßen beleuchtet werden.

Beispiele aus dem realen Leben: Prinzessin Diana

Prinzessin Dianas Lebensgeschichte kann uns einige faszinierende Einblicke in die Welt der Waise geben. Diana war die typische Unschuldige, als sie Prinz Charles heiratete; er war 32 und sie 20. Sie empfand eindeutig eine tiefe Liebe für ihn – schon als sehr junges Mädchen hatte sie ihn kennengelernt und beschlossen, dass er ihr Wunschpartner war –, und natürlich war sie auch noch unberührt. Als Kindergärtnerin hatte sie bis dahin ihre Zeit relativ glücklich mit anderen Unschuldigen verbracht. Sie konnte damals noch keine Vorstellung davon haben, was es heißen würde, als Prinzessin an der Seite von Prinz Charles so sehr im Licht der Öffentlichkeit zu stehen, aber sie schreckte nicht davor zurück. Nach einiger Zeit am Hof kamen immer wieder Gerüchte auf, die andeuteten, wie isoliert sie sich fühle und dass sie irgendwie nicht "hineinpasse"; vor allem die Queen schien nicht mit ihr zurechtzukommen. Ich glaube nicht, dass es sinnvoll ist, im Nachhinein mit dem Finger auf irgendjemanden zu zeigen, doch klar war, dass Diana litt. Vielleicht können wir die Situation besser verstehen, wenn wir die neu vermählte Diana als eine Waise betrachten, deren Adoption vom und deren Integration ins Königshaus fehlschlug. Dies hatte zumindest teilweise mit Charles' früherer Geliebten (Camilla Parker-Bowles) zu tun. Als Unschuldige, die Diana vor ihrer Hochzeit war, hegte sie natürlich die Erwartung, dass Charles sie aus Liebe heiraten würde. Als sie dann herausfand, dass sie sich getäuscht hatte, wurde sie zur Waise, doch sie zog sich nicht in stummer Verzweiflung zurück, sondern tat das eigentlich Undenkbare – und ließ sich von Charles scheiden.

Diana machte in diesen wenigen Jahren eine enorme Wandlung durch; aus der scheinbar schüchternen und einsilbigen Erzieherin, die sich vor der Presse zu fürchten schien, wurde eine Frau, die wusste, wie sie die Medien clever einsetzen konnte, um nicht nur ihre eigenen Belange, sondern auch die ihrer Wohltätigkeitsorganisationen ins Bewusstsein der Öffentlichkeit zu rücken. Tatsächlich könnten wir sogar sagen, dass es eigentlich keine großen Unterschiede zwischen ihren eigenen Belangen und denen ihrer Charity-Aktivitäten gab, da sie das mediale Rampenlicht äußerst klug und effektiv für beides nutzte.

Wie kam es zu dieser Wandlung? Was machte sie überhaupt möglich? Ich persönlich glaube, dass Dianas innere Stärke als Unschuldige sie in die Lage versetzte, die möglichen Fallen, in die sie als Waise hätte tappen können, rechtzeitig zu erkennen und zu vermeiden, sodass sie nur eine relativ kurze Zeit in der Waisenphase verbrachte. Sie steckte all ihre Kraft und Energie – die sie nicht in ihre Ehe einbringen konnte – in ihre äußerst erfolgreiche Wohltätigkeitsarbeit und stieg zur "Prinzessin der Herzen" auf. Im Fernsehen wurde sie gezeigt, wie sie aidskranke Menschen umarmte – Menschen, denen die Queen und viele andere nicht einmal die Hand gegeben hätten. Sie zeigte ein Maß an Offenheit, Mitgefühl und Anteilnahme, zu dem sonst niemand in der königlichen Familie imstande war. Die königliche Familie mag sie und ihr Verhalten nicht akzeptiert haben, doch Diana war entschlossen, ihren eigenen Weg zu gehen. Ihr – für eine Waise typisches – Aufbegehren wurde immer stärker, bis sie schließlich ihren eigenen Lebensweg eingeschlagen hat. Sie ließ sich von Charles scheiden, weil sie, wie sie 1995 in einem Fernsehinterview sagte, das Gefühl gehabt hatte, mit ihm und Camilla eine Ehe zu dritt geführt zu haben, und das wäre *a bit crowded*, auf Deutsch "etwas überfüllt" gewesen.[8] Sie lehnte es ab, sich mit einer Scheinehe zufriedenzugeben. Mit dieser Ablehnung der bestehenden Verhältnisse und ihrer Entscheidung, ihren eigenen Weg zu gehen, wurde aus der Waise Diana eine Pilgerin, die für sich ihre eigenen Wertmaßstäbe gefunden hatte, für die sie auch vehement kämpfte. Und tatsächlich gestatteten es ihr diese Wertmaßstäbe später, sich wie eine Kriegerin für ihre Ziele und Vorhaben einzusetzen.

Es muss eine ungeheure Menge Mut erfordert haben. Die Presse war gnadenlos und bereit, sich jederzeit auf sie einzuschießen, doch Diana ließ sich davon nicht beirren und machte mit ihrer Wohltätigkeitsarbeit weiter wie bisher. Ihr Engagement für die Abschaffung von Landminen ist in diesem Zusammenhang besonders interessant, da sie sich durch diesen Einsatz mit den Unschuldigen (größtenteils Kinder) identifizierte, die durch diese Minen verstümmelt oder getötet worden waren. So wandelte sie ihre eigenen Gefühle von Trauer und Kummer über die Umstände, unter denen sie mit Sicherheit gelitten hatte, in Freude und Genugtuung über ihre Wohltätigkeitsarbeit um. Sie klammerte sich nicht an ihren Waisenstatus, obwohl es für sie sicher leicht und verlockend gewesen wäre, die Mitleidskarte auszuspielen. Nach Medienberichten war sie recht umtriebig und hatte auch einige Liebesaffären. Ein nicht so weit entwickelter Mensch hätte wahrscheinlich erst einmal beschlossen, aus dem Blickfeld der Öffentlichkeit zu verschwinden. Nicht so Diana, und sie schien auch entschlossen zu sein, eine wirkliche Liebesbeziehung aufzubauen, egal was die mediale Gerüchteküche dazu hochkochte. Tatsächlich könnte man sogar sagen, dass Diana Zeichen einer Krieger-Liebhaberin zeigte, deren öffentliches Engagement sie sehr wahrscheinlich auf die Entwicklungsstufe der Monarchin gehoben hätte – selbst wenn sie nie wirklich Königin von England geworden wäre. Wer weiß, wie weit ihr Entwicklungsweg noch gegangen wäre, wenn sie nicht auf so tragische Weise beim Verkehrsunfall in Paris ums Leben gekommen wäre?

Natürlich war Diana auch nur ein Mensch – und als solcher nicht perfekt. Von manchen wurde sie geliebt, andere hassten sie – und alle hatten ihre persönlichen Gründe. Wenn wir uns den gesamten Verlauf ihres Lebens betrachten, können wir beobachten, dass sie sich spirituell auf eine Weise entwickelt hat, die wir vielleicht nicht erwartet hätten. Wenn wir einen Blick auf die Scheidungen anderer Königspaare werfen, können wir einige Vergleiche ziehen. Captain Mark Phillips heiratete Prinzessin Anne, die Tochter von Königin Elisabeth II., und blieb nach der Scheidung von ihr für den Rest seines Lebens eine recht schattenhafte Figur; auf jeden Fall erlangte er nicht den Status einer Medienikone wie Diana. Lady Sarah Ferguson ("Fergie") heiratete Prinz Andrew, und auch sie blieb nach ihrer Scheidung von ihm eher medial farblos. Sie warb unter anderem für das Gewichtsreduktionsprogramm *Weight Watchers* und schrieb einige Diätratgeber – aber das schien es auch schon gewesen zu sein. Ziehen wir diese beiden Personen als Vergleich heran, ist die Rolle, die Prinzessin Diana in der Öffentlichkeit spielte, umso bemerkenswerter, denn sie nutzte ihre Position für das Wohlergehen vieler Menschen und nicht nur für eigennützige Zwecke.

Prinz Charles ist in den letzten Jahren ebenfalls mehr an die Öffentlichkeit getreten, jedoch auf seine eigene, individuelle Art. Er hielt Vorträge über Architektur und Stadtplanung, warb für das karitative Projekt *The Prince's Rainforest Project*, das unter seiner Schirmherrschaft steht, und war auch im künstlerischen Bereich, vor allem als Aquarellmaler, sowie in der von ihm geförderten ökologischen Landwirtschaft aktiv. Er hatte es sich immer zur Aufgabe gemacht, seine gesellschaftlich herausragende Stellung als Prinz zum Nutzen der Armen und sozial Benachteiligten einzusetzen. Vielleicht hätte er dies auch getan, wenn er Diana nie kennengelernt hätte, doch es könnte auch gut sein, dass sie und ihr Engagement ihm ein Vorbild waren, das ihn erst dazu veranlasst hat, sich öffentlich stärker für bestimmte gemeinnützige Projekte einzusetzen. Mit Sicherheit lässt sich dies nicht sagen, doch es scheint möglich, dass ihn Dianas Vorbild selbst nach ihrem Tod in die Lage versetzt hat, in ehrlicherer und offenerer Weise an die Öffentlichkeit zu treten. Schließlich heiratete er Camilla Parker-Bowles im April 2005, obwohl er seine langjährige private Affäre mit ihr einfach hätte fortsetzen können, um unnötiges öffentliches Aufsehen zu vermeiden. Es scheint, als ob seine Scheidung von Diana ihm geholfen hat, zu einem späteren Zeitpunkt öffentlich mit mehr Aufrichtigkeit und Authentizität aufzutreten. Wenn dem so war, hätte dies gewisse Züge vom Archetypen des Magiers.

Ich neige zu der Ansicht, dass Diana – trotz ihrer Fehlgriffe und Irrtümer – einen frischen Geist engagierter Courage mit sich ins *House of Windsor* brachte, der allgemein für mehr Ehrlichkeit und weniger formales Festhalten an alten Rangordnungen sorgte. Diese Courage ist es, die wir in Betracht ziehen sollten, wenn wir feststellen wollen, was genau für die Weiterentwicklung der Waise zu den nächsthöheren Stufen verantwortlich ist.

Dies bringt uns dazu, auch einen Blick auf Camilla zu werfen, denn in gewisser Hinsicht ist sie ein Spiegel von Charles. In ihren frühen Lebensjahren führte sie offensichtlich einen Lebensstil, der nach Ansicht vieler nicht zu einer Prinzgemahlin passte, doch beide hegten schon ab 1970, als sie sich bei einem Polospiel kennenlernten, intensive Gefühle füreinander, und so wurde sie einige Jahre nach ihrer Heirat mit Andrew Parker-Bowles wieder Charles' Geliebte. Was sollen wir also von all dem halten? Sind dies die Handlungen einer Intrigantin? Ist dies grundsätzlich unehrlich? Dies ist sicher schwer einzuschätzen, und die Meinungen dazu gehen weit auseinander. Worauf wir uns meiner Ansicht nach konzentrieren könnten, ist, dass Camilla ganz offensichtlich Charles nicht nur von Anfang an liebte, sondern dass ihre Liebe für ihn fortbestand – trotz der Tatsache, dass sie beide jeweils mit einem anderen Partner verheiratet waren. Dies muss einer ganzen Menge Absprachen, Arrangements und Entschlossenheit bedurft haben. Eine nicht so zielstrebige und entschlossene Person hätte vorher schon längst aufgegeben. Man könnte also sagen, dass Camilla mit ihrer ersten Ehe einen Fehler begangen hat, doch sie gab nicht auf. Sie hielt ihrem Mann die Treue über viele Jahre, bis sie schließlich in der Situation war, mit dem Mann zusammenzukommen, den sie eigentlich wollte. Im Rahmen unserer Erörterungen hier könnte man sagen, dass Camilla in ihrer ersten Ehe sozusagen "klein beigab" und aus der problematischen Situation das Beste machte, was sie konnte. Das ist, was Waisen tun. Sie nehmen sich das Zweitbeste, weil sie befürchten, nicht das bekommen zu können, was sie wirklich wollen; also passen sie sich an. Als Charles Diana heiratete, handelte er ebenfalls nicht im Einklang mit seinen innersten Wünschen, doch sollte man beide nicht im Nachhinein für ihre Handlungen kritisieren. Beide handelten als Waisen und beugten sich den damals herrschenden gesellschaftlichen Zwängen. Bemerkenswert ist hierbei allerdings, dass Camilla beschloss, ihren eigenen Weg zu gehen, ihren wahren Gefühlen zu vertrauen und auch entsprechende Risiken einzugehen. Auch wenn das mediale und öffentliche Interesse an ihr nicht so groß war wie an Diana, wurde es doch für alle sichtbar, dass sie bereit war, wie eine Krieger-Liebhaberin für das zu kämpfen, was sie wollte.

Wir wissen nicht, wie die Geschichtsschreibung sie später einmal einordnen wird, doch ich glaube, eine ihrer Begabungen war vielleicht, dass sie auf ihre eigene unaufdringliche Weise der königlichen Familie Stabilität zurückgab. Sie scheint mit jedem gut zurechtzukommen und betätigt sich offensichtlich als stille Diplomatin im Hintergrund – und ich bin sicher, dass dies in gewisser Weise eine Erleichterung für die königliche Familie ist. Vielleicht hat sie sogar mit ihrer zurückhaltenden, aber verlässlichen

Art gewissermaßen heilsam auf eine Familie eingewirkt, die bis dahin eine überproportional hohe Zahl von Scheidungen und Familienzwisten zu beklagen hatte, denn wenn drei Ehen von vier Kindern in einer Familie geschieden werden, ist das heutzutage weit über dem Durchschnitt. Camilla mag vielleicht keine schillernde und glamouröse Person sein wie Diana, doch woran wir uns bei ihr vielleicht erinnern werden, ist ihre stille Beharrlichkeit beim Verfolgen ihrer Ziele und ihre Fähigkeit, nach dem Fehltritt mit ihrer ersten Ehe wieder zu sich selbst zu finden; Camilla hielt die Liebe, die sie mit Charles teilte, immer in Ehren. Diana wiederum erkannte, dass ihre Liebe zu Charles nicht voll erwidert wurde. Auch sie hielt diese Liebe in Ehren, doch sie weigerte sich, sie durch eine "Ehe zu dritt" zu entwürdigen.

Die Lektionen, die wir aus dem Ganzen hier lernen können, kann man wohl wie folgt zusammenfassen: Wenn wir uns aus der Entwicklungsstufe der Waise weiterentwickeln wollen, ist es erforderlich, dass wir einen Blick auf unsere eigenen Stärken als Unschuldige werfen. Wenn wir dieses Gefühl echter Verbundenheit und Courage, dieses Gefühl, was sich für uns richtig und wahr anfühlt, wiedergewinnen, können wir große Entwicklungsschritte nach vorn machen. Ein Weg in diese Richtung ist, dass wir uns zum einen selbst genug lieben, um unsere Überzeugungen und Bedürfnisse zu respektieren, und dass wir zum anderen auch andere lieben und uns für ihr Wohlergehen einsetzen.

Kapitel 6

Die Liebe des Pilgers

———————————— ⌒⌒ ————————————

Der Pilger ist die Person, die beschließt, die tröstlichen Annehmlichkeiten einer gefestigten Existenz hinter sich zu lassen und Fragen zu stellen in Bezug darauf, was es vielleicht sonst noch auf der Welt – oder in ihm selbst – zu entdecken gibt. Dieser Bruch mit einer sicheren Existenz kann recht turbulente Züge annehmen, etwa so wie Gauguins Abreise nach Tahiti, muss dies aber nicht. Zwei Waisen, die sich lieben, könnten vielleicht feststellen, dass sie – während ihre Liebe wächst – sich mehr zur Erforschung spiritueller Aspekte des Lebens hingezogen fühlen. Wenn sie dann von ihren erstaunlichen Entdeckungen ergriffen werden, werden sie zu Pilgern. Doch wenn nur einer der beiden Partner dieses Gefühl des spirituellen Aufbruchs spürt, besteht die Gefahr, dass die Partnerschaft aus dem Gleichgewicht gerät. Sicher war jeder von uns schon einmal Zeuge einer solchen Entwicklung. "Geschlechtertypisch" ausgedrückt könnte man sagen, dass die Frau sich mehr Tiefgang und Intensität wünscht, während der Mann die Dinge eigentlich am liebsten so belassen würde, wie sie sind.

Dies bringt uns zu einer der Hauptgefahren in der Entwicklungsphase des Pilgers: Er kann leicht der Versuchung erliegen, wieder auf die Stufe der Waise zurückzufallen und seine Suche nach einem tieferen Lebenssinn aufzugeben. Pilger können sich für Schutz und Sicherheit entscheiden, entweder weil sie unbefriedigender Beziehungen überdrüssig sind oder weil sie das Gefühl haben, dass ihre biologische Uhr tickt und das Alter ihnen bald einen Strich durch die Rechnung machen wird – oder weil sie nicht daran glauben, dass echte, aufrichtige Liebe für sie überhaupt erreichbar ist. Sie können Einstellung und Verhalten ihres Partners zwar nicht mehr gutheißen, bekommen aber trotzdem mit ihm Kinder, die ihnen dann die Liebe und den Lebenssinn geben sollen, nach dem sie sich so sehr sehnen. Damit begeben sie sich unter Umständen auf gefährliches Terrain. Eltern, die sich in übertriebenem Maße ins Leben ihrer Kinder einmischen, können damit bei ihnen beträchtlichen Schaden anrichten. Aus ihrer Bedürftigkeit heraus stellen sie die unausgesprochene Forderung in den Raum, dass das Kind sie irgendwie "vervollständigen" oder zumindest einen Grund für ihre Existenz liefern soll. Und doch kann es niemandes Lebensaufgabe sein, sein Leben ganz und gar in den Dienst eines anderen Menschen zu stellen. Kein Mensch kann einen anderen "vervollständigen"; diese Arbeit muss jeder für sich selbst verrichten.

Um Einstellungen, Verhalten und Handlungen des Pilgers zu verstehen, müssen wir uns noch einmal die Waise betrachten. Waisen erliegen am ehesten dem Glauben, dass jemand anders daherkommen und sie und ihre Lebensumstände besser gestalten könnte, als sie gerade sind. Dies ist die alte Tagträumerei der naiven Waise: "Eines Tages wird mein Prinz kommen und mich mitnehmen." Es scheint, als ob die Waise nur herumsitzen und abwarten muss, bis das Wunder von selbst geschieht. Diese allzu sehr vereinfachende, bequem-träge Haltung beruht darauf, dass die Waise keine Entscheidungs- und Handlungsfreiheit in ihrem Leben zu haben glaubt. In meiner langjährigen Beratungstätigkeit sind mir viele Menschen begegnet, die sich diese Denkweise angeeignet haben. Doch selbst Aschenputtel[1] saß nicht einfach nur tatenlos herum, sondern nutzte die wenigen Mittel, die sie hatte, um sich unerkannt unter die Gäste des Balls zu mischen, den der König ausrichten ließ, um den Königssohn kennenzulernen – und das nicht nur einmal, sondern dreimal. Selbst Aschenputtel musste sich also aus Staub und Asche erheben, Kleid und Kutsche organisieren (natürlich mithilfe des weißen Vogels, der ihr im Märchen noch manch anderen Wunsch erfüllt) und sich als Pilgerin in die Welt hinauswagen. Sie wusste, dass sie eine Waise war – ihre Stiefmutter und die Stiefschwestern erinnerten sie unablässig daran –, und sie wusste auch, dass sich an ihrer Lage nichts ändern würde, wenn sie nicht selbst die Initiative ergreifen würde. In manchen Versionen des Märchens erhält Aschenputtel Hilfe von den Tieren, zu denen sie gut war; die Tauben helfen ihr zum Beispiel, die Linsen aus der Asche zu lesen, die ihre Stiefmutter zuvor dort hineingestreut hatte. In einer anderen Version verwandeln sich die Mäuse, die sie vor den Fallen überall in der Küche bewahrt, in die Pferde ihrer Kutsche. Die Hilfe dieser Tiere steht symbolisch für das, was den Pilgern dort draußen in der Welt widerfährt: Sie sind vielleicht auf der Suche nach einem Lebenssinn, doch sie müssen sich anderen gegenüber immer noch wohlwollend und gütig zeigen – und dafür werden sie belohnt werden. Im Märchen ist Aschenputtel übrigens oft von Vögeln und anderen Tieren umgeben, was darauf hindeutet, dass sie mit dem lebendigen und instinktiven Teil ihres Selbst eng verbunden ist. Wenn wir die Dinge auf diese Weise betrachten, dann ist der weiße Vogel, der ihr ihre Wünsche erfüllt (in späteren Versionen des Märchens ist es eine gute Fee), kein Geschöpf, das nur auftaucht, um Probleme zu lösen, sondern ein Sinnbild für die Fähigkeit des Pilgers, umzudenken und neue Wege zu beschreiten. Aschenputtel hatte es sich im Märchen fest vorgenommen, so oder so am Ball teilzunehmen, und sie ließ sich durch niemanden davon abhalten.

Das Leben des Pilgers ist selten einfach, denn selbst wenn er auf der Suche nach echter Bindung mutig in die Welt hinaustritt, kann es den Anschein haben, als befände er sich auf einer emotionalen "Forschungsreise". Doch in Wirklichkeit läuft es regelmäßig nur auf den Austausch von Partnern, Freunden oder Arbeitsstellen hinaus. Ein echter Pilger befindet sich auf einem Weg, der – so hofft er – ihn zu einer ernsthaften und bedeutsamen Beziehung mit einer anderen Person führen wird. Sein Wunsch ist, dass es beiden Partnern gestattet wird, im weiteren Verlauf ihrer Beziehung persönlich zu wachsen, doch genau davor haben viele Menschen Angst. Vergleichen wir dies einmal mit der Anschaffung eines Autos: Die meisten Menschen entscheiden sich für ein Auto, das ihren gegenwärtigen Wünschen und Bedürfnissen entspricht, und sie haben eine ungefähre Vorstellung davon, wie viel sie dafür ausgeben wollen. Dann handeln sie mit dem Autohändler feste monatliche Ratenzahlungen aus, sodass es keine unerwünschten Überraschungen gibt. Stellen Sie sich nun vor, sie hätten ein Auto gekauft, das mit der Zeit beginnt zu wachsen, sich zu entwickeln, zu verändern, mehr Raum einzunehmen und mehr Zeit zu beanspruchen ... Und vielleicht entwickelt es sich sogar zu etwas ganz anderem und größerem als einem Auto. Dies klingt vermutlich etwas abwegig, doch genau das ist es, was der Pilger will. Die Sinnhaftigkeit und Zielstrebigkeit, die mit dieser Liebe einhergeht, ist für den Pilger von absolut zentraler Bedeutung. Liebe muss wachsen können.

Kehren wir noch einmal einen Moment zu Aschenputtel zurück. Sie mischt sich an jedem der drei Abende, die das Fest dauert, unerkannt unter die Gäste, nutzt ihre Chance und gewinnt die Liebe des Königssohns, ohne dass der seine begehrte Unbekannte erkennt. Auf sehr reale Weise zeigt sie sich selbst und anderen, was sie sein könnte, würde der Königssohn sie zur Braut nehmen. Sie hat sich weit über ihre gewöhnlichen Grenzen hinaus vorgewagt, doch sie scheint sich auch der Tatsache bewusst zu sein, dass sie nicht die ganze Zeit am Ball teilnehmen kann und sich nicht alles auf wundersame Weise von selbst ergibt – jedenfalls noch nicht zu jenem Zeitpunkt. Ihr Aufbruch um Mitternacht – der Punkt, an dem ein Tag endet und der nächste beginnt – symbolisiert, dass sie sich als Wesen an einem entscheidenden Punkt der Wandlung befindet, doch die Wandlung zur Prinzessin kann sich nicht vollziehen, bis auch der Königssohn sich aus seiner lieb gewonnenen "Komfortzone" herausbewegt. Er beschließt, nach der mysteriösen Frau zu suchen, der der kleine goldene Pantoffel passt, den sie beim letzten Besuch auf der Schlosstreppe verloren hat – ein nahezu hoffnungsloses Unterfangen, und obendrein geht er dabei noch ein Risiko ein. Denn zweimal wird er fast von den boshaften Stiefschwestern hinters Licht geführt, von denen die eine sich den großen Zeh und die andere sich die Ferse abschneidet, um in den kleinen Pantoffel zu passen. Ein wunderbares Beispiel dafür, was Menschen alles tun, um irgendwo "hineinzupassen"! Sie können sogar so weit gehen, sich selbst zu verkrüppeln, um das zu bekommen, von dem sie glauben, dass alle Welt sie darum beneiden würde. Nun, in unserer Welt der kosmetischen Chirurgie und der Schönheitsoperationen ist dies gar keine so unrealistische Vorstellung. "Übertroffen" wird dies nur noch von Menschen, die sich in ihren Denkweisen und geistigen Reaktionen künstlich beschränken – sich sozusagen dumm stellen –, um von anderen Menschen Zuspruch und Anerkennung zu erhalten.

Im Märchen vom Aschenputtel macht der Königssohn übrigens auf seine Weise auch eine Entwicklung zum Pilger durch. Er macht sich auf die Suche nach der Frau, die ihn verzaubert hat, und er steht zu seinem Wort. Beachten Sie, dass die hässlichen Stiefschwestern immer noch genauso hässlich sind wie zuvor, doch der Königssohn erklärt, er werde die Frau heiraten, deren Fuß in den Pantoffel passt, und er macht seine Ankündigung wahr. In der ursprünglichen Fassung des Märchens der Brüder Grimm waren die Stiefschwestern zwar äußerlich hübsch anzusehen, vom Charakter her aber boshaft und niederträchtig, was die Aufgabe des Königssohns etwas schwieriger machte. Er muss gemerkt haben, dass die Schwester, die er jeweils am Ende des Balls für sich gewinnt, nicht Aschenputtel ist – und doch ist er fest entschlossen, sein Versprechen einzulösen und die Frau zur Braut zu nehmen, der der Pantoffel wirklich passt. Dies ist ein Mann, auf dessen Wort man zählen kann. Er ist ein ausgezeichnetes Beispiel für einen Pilger und das, was ein Pilger gelegentlich tun muss, nämlich an seinem bisherigen Kurs festzuhalten, selbst wenn es so aussieht, als ob er sich damit gewaltig geirrt hat. In einigen Versionen des Märchens gerät der Königssohn beim Anblick der blutenden Füße der hässlichen Stiefschwestern so sehr in Rage über ihre dreisten Versuche, ihn zu hintergehen, dass er sie auspeitschen lässt. In der Version der Brüder Grimm erscheinen Tauben und hacken den Stiefschwestern die Augen aus. Die Taube ist allgemein ein Symbol für den Frieden, und Turteltauben sind Symbole ewiger Treue. Es scheint, als ob selbst die Natur über die Täuschungsversuche der Stiefschwestern, die zwangsläufig auf Unglück und Trauer hinauslaufen müssen, entsetzt ist. Man kann sich des Eindrucks nicht erwehren, dass eine solch drastische Handlung wie das Aushacken der Augen Teil der inneren Logik des Märchens ist, welches aufzuzeigen versucht, dass Pilger absoluten Respekt für die Wahrheit aufbringen müssen, *den sie auch von anderen verlangen*. Der äußere Anschein reicht ihnen nicht; sie sind auf der Suche nach wahrer Liebe, und wenn sie sich zur nächsthöheren Stufe des Krieger-Liebhabers weiterentwickeln, lehnen sie jegliche Form von Kompromiss in dieser Hinsicht ab.

Erst nach drei Anläufen finden Aschenputtel und der Königssohn zueinander, und erst dann kommt die Geschichte zu einem glücklichen Abschluss. Doch hier sollten wir noch einmal einen gründlichen Blick darauf werfen, *wie* die Geschichte endet: Denn es geht dabei nicht so sehr um Aschenputtel und ihren Aufstieg zur Braut des Königssohns, sondern vielmehr um Letzteren, den wohlhabenden und weltgewandten Prinzen – ganz offensichtlich eine männliche, autoritäre Figur, die es gewohnt ist, Recht zu sprechen und für Gerechtigkeit zu sorgen –, der mit seinem sanften und fürsorglichen weiblichen Pendant vereint wird. Erinnern wir uns daran, dass die Mäuse und Ratten, die sich zu Aschenputtels Kutschern und Pferden wandeln, zuvor von ihr vor den überall in der Küche aufgestellten Fallen gerettet werden. Dies scheint auf ein zartes, empfindsames Herz hinzuweisen, und auch die Tauben in der Grimmschen Version des Märchens stehen symbolisch für Frieden und Harmonie, wie wir schon feststellten. Diese Vereinigung der "männlichen" Tatkraft und Beharrlichkeit mit dem "weiblichen" Mitgefühl und Wohlwollen steht für die symbolische Vereinigung des Kriegers mit der Geliebten in dem Moment, wo das Paar den Bund der Ehe schließt und in den Augen der Kirche "zu einem Fleisch wird" – und in den Augen der Welt zu einem wahren Monarchenpaar.

Mit diesem kurzen Abriss des Märchens vom Aschenputtel möchte ich hervorheben, dass der Kampf des Pilgers nichts mit einem unschlüssigen Umherziehen von Ort zu Ort zu tun hat, sondern ein äußerst anspruchsvolles Unterfangen ist, das manchmal auch Fehltritte mit einschließt und in jedem Fall eine gehörige Portion Mut verlangt. Wir können uns vorstellen, was der König wohl von seinem Sohn gedacht hat, als der eine bettelarme Arbeitssklavin mit sich aufs Schloss bringt, doch der Prinz weiß, dass er und Aschenputtel zusammen diese offensichtlichen Einwände des Vaters entkräften können. Denn was hier zählt, sind die inneren Qualitäten, nicht die äußeren Attribute, an denen Waisen so sehr hängen.

Dies bringt uns zu einem wichtigen Detail. Aschenputtel erhielt ihren Namen, weil sie von der Stiefmutter angewiesen wurde, in der Asche neben dem Herd zu schlafen und das Feuer zu hüten. Sie ist eine Waise – die bösartige Stiefmutter erinnert sie fortlaufend daran –, die zu einer reinen Arbeitssklavin degradiert zu sein scheint. Doch diese Rolle kann man auch als eine Metapher betrachten, die auf inneres Wachstum und Entwicklung hindeutet. Aschenputtel macht eine Zeit der Trauer über die ungerechte Behandlung durch, die sie erfährt – und weiß doch genau, wie sie diese Rolle abstreifen kann, wenn die richtige Zeit dafür gekommen ist. Pilger müssen oft viel Zeit damit verbringen, darüber nachzudenken, wer sie sind, und manchmal liefern Ablehnung, Unterdrückung und Demütigung die nötigen Impulse zur Weiterentwicklung. Die meisten von uns spüren keine Notwendigkeit für Selbstreflexion und Seelenarbeit, wenn alles gut läuft; manchmal braucht es erst eine einschneidende Schicksalswende, um uns den Ansporn für persönliche Weiterentwicklung zu geben.

Die Herausforderungen für den Pilger: Die Pilger-Falle

Wie wir sehen, kann die Rolle des Pilgers mit harter Arbeit verbunden sein. Der Mensch erkennt, dass der Pilger auf eine gewisse Weise unabhängig ist, und fühlt sich zu dieser Rolle hingezogen. Der Mensch erkennt aber auch, dass der Pilger noch nicht das gefunden hat, was er oder sie für sich erstrebt, und sich deshalb mitunter riskant und unvorhersagbar verhält. Darum kann es passieren, dass Menschen, die zwar viele herausragende Charaktereigenschaften haben, jedoch im tiefsten Inneren noch Waisen sind, den Versuch unternehmen, den Pilger zu "zähmen" oder zu "retten". Dies steht völlig im Einklang mit der Weltsicht der Waise. Es lebt sich eben viel sicherer und bequemer in der vorhersagbaren Welt mit ihren traditionellen Wertvorstellungen. Waise lieben es, Pilger um sich herum zu haben, denn die Rastlosigkeit des Pilgers lässt sie einen "Hauch von Glamour" spüren, ohne dass sie sich seinem Kampf persönlich anschließen müssen. Viele Herzen werden gebrochen, wenn Waisen und Pilger zusammenkommen. Die Waise spielt dann manchmal die "Rette-mich-Karte" aus, und der Pilger fällt auf dieses Schauspiel herein. Er liebt dieses zeitweilige Gefühl von Macht, das damit einhergeht, jemandem Führung und Orientierung zu geben. Doch schon bald fühlt sich der Pilger durch die Abhängigkeit, die er damit in der Waise erzeugt hat, gefangen, denn was der Pilger wirklich braucht, ist das Gefühl, frei zu sein von Menschen, die ihn in eine bestimmte Rolle oder Stellung pressen wollen. Pilger streben nach Freiheit, Unabhängigkeit und Authentizität.

Deshalb wurde Pilgern auch immer wieder vorgeworfen, herzlos, gefühlskalt, selbstsüchtig, abweisend oder orientierungslos zu sein. Denken wir nur an Aschenputtels Prinzen und seine grausame Bestrafung der hässlichen Stiefschwestern. Wie herzlos und unmenschlich! Und doch muss er – mit Gewalt – zurückweisen, was nicht richtig und wahr ist. Und hier müssen wir uns einer weiteren potenziellen Falle bewusst werden, die auf den Pilger lauert: Manchmal weist der Pilger andere zurück, weil das für ihn die einzige Möglichkeit ist, in der Rolle des Pilgers zu verbleiben und seine Suche fortzusetzen. Wenn der Pilger Liebe empfängt und annimmt, kann ihn dies zur nächsten Entwicklungsstufe des Krieger-Liebhabers führen – und dies könnte mehr sein, als er für sich bewältigen kann. Im Grunde ist dies so, weil der Pilger sich selbst nicht ausreichend liebt, um diesen Sprung zu machen. Für den Pilger liegt die Falle darin, dass er eher der Gewohnheit anhängt, ein Pilger zu sein, statt diese Stufe als eine

Phase in seiner persönlichen Entwicklung zu sehen, die er durchlaufen und hinter sich lassen muss. Wann immer jemand eher dem formalen Aspekt einer Tätigkeit zugetan ist, statt sich zu fragen, wohin ihn diese Aktivität überhaupt führt, haben wir es mit einer Person zu tun, die sich eine bestimmte Formel fürs Leben angeeignet hat, mit der sie sich jedoch vom Leben selbst abwendet. Nach einer vorgegebenen Formel zu leben ist das, was die Waise tut. Und so kann es sein, dass ein Mensch, der auf den ersten Blick ein permanent Suchender zu sein scheint, in manchen Fällen einfach nur eine andere Version der Waise verkörpert. Deshalb ist es für jeden von uns nur allzu einfach, in dieses alte Rollenverhalten zurückzufallen.

Was also hält den Pilger auf Kurs?

Nun, einfach ausgedrückt: Der Pilger muss sowohl einen Sinn im *Leben* als auch einen Sinn in der *Liebe* finden, und das unterscheidet ihn von der Waise. Die Waise kann sich problemlos die Ansichten anderer in Bezug darauf, worum es im Leben geht, aneignen. Sie kann sogar akzeptieren, dass es im Leben um nicht sehr viel mehr gehen könnte als darum vorwärtszukommen, beruflich befördert zu werden und irgendwann ein größeres Anwesen zu beziehen. Der Pilger muss für sich zunächst einmal zu der Ansicht gelangen, dass er etwas aus eigener Kraft, möglichst ohne die Unterstützung anderer, für sich erreicht hat – und *erst dann* wird er den Kontakt mit gleichgesinnten Seelen suchen.

Der Pilger macht seine Erfahrungen mit Liebe und Bindung, indem er ein bestimmtes Ziel, eine Idee oder eine zweckgerichtete Tätigkeit verfolgt. Ich glaube, das ist der Grund dafür, dass viele Menschen sich zunächst dafür entscheiden, beruflich Karriere zu machen und erst dann auf Partnersuche zu gehen. Was immer der Pilger erreichen will oder muss, tut er nicht, um dafür Applaus und Zuspruch zu erhalten (das ist die Belohnung, nach der die Waise strebt), sondern weil die Bewältigung der Aufgabe an sich gewissermaßen die Belohnung darstellt. Ich habe Schriftsteller getroffen, die mir erzählten, sie würden selbst dann schreiben, wenn sie wüssten, dass ihr Werk nie zur Veröffentlichung gelangen würde – einfach weil sie Freude am Schreiben haben und damit das Gefühl verbinden, einer bestimmten Form von Wahrheit näherzukommen. Andererseits habe ich auch Künstler kennengelernt, die mir gegenüber freimütig zugaben, dass ihre einzige Motivation das Geld ist, das sie für ihre Kunstwerke erhalten, und dass sie ihre künstlerische Tätigkeit eher heute als morgen beenden würden, wenn damit kein Geld zu verdienen wäre. Wir sehen also: Es geht nicht darum, womit wir uns beschäftigen und unseren Lebensunterhalt verdienen, sondern vielmehr um den Geist, von dem unser Tun beseelt ist.

Kehren wir noch einmal zu Aschenputtel zurück, denn nun sind wir imstande, einige weitere interessante Beobachtungen anzustellen. Nach der Version der Brüder Grimm begibt sich Aschenputtels Vater auf eine Reise und fragt seine Töchter, was er ihnen mitbringen soll. Während die beiden Stiefschwestern schöne teure Kleider verlangen, wünscht sich Aschenputtel nur einen kleinen Haselzweig – und zwar den ersten, der dem Vater auf der Reise an den Hut stößt. Dieser doch recht seltsame Wunsch verlangt geradezu nach einer Entschlüsselung: Warum wünscht sich Aschenputtel etwas nahezu Wertloses, und was hat sie damit vor? Die Beweggründe der Stiefschwestern sind klar: Sie wollen einfach nur schick aussehen – und in ihrem Wunsch spiegelt sich das typische Waisen-Denken. Aschenputtel jedoch nimmt den kleinen Haselzweig und pflanzt ihn auf das Grab ihrer leiblichen Mutter, wo er später zu einem Strauch (in der Grimm-Version zu einem Baum) heranwächst, dem sie ihr Leid klagen kann und auf dem ein weißer Vogel erscheint, der ihr so manchen Wunsch erfüllt – auch den nach einem prächtigen Ballkleid und kunstvoll bestickten Pantoffeln. Der Zweig, der dem Vater an den Hut stößt, steht symbolisch für die Natur, die ihn (fast) seines Hutes – Symbol für männliche Autorität – beraubt. Im Mittelalter waren Hüte durchweg ein Zeichen für die gesellschaftliche Stellung des Trägers, weshalb sie mitunter auch so aufwändig und kunstvoll gefertigt waren. Es galt damals sogar das Gebot, dass man in Gegenwart einer sozial höher gestellten Person seinen eigenen Hut abzunehmen hatte. Auch heute noch tragen die höheren Offiziersdienstgrade in den Streitkräften deutlich pompösere Kopfbedeckungen als die unteren Mannschaftsdienstgrade. So können wir an Aschenputtels Wunsch nach dem Haselzweig erkennen, dass sie sich in bewusstem Einklang mit natürlichem Wachstum und Reifung befindet, statt sich mit Themen wie Autorität oder gesellschaftlichem Rang auseinanderzusetzen. Ihre Würdigung dieses natürlichen Prozesses wird offensichtlich, als sie den Haselzweig auf das Grab ihrer leiblichen Mutter pflanzt. Der Strauch beziehungsweise der Baum, der daraus wächst, erwidert sozusagen ihr Kompliment und versieht sie mit der prächtigen Kleidung, die sie für den Ball benötigt: Genau zum richtigen Zeitpunkt erscheinen Kleid und Schuhe und hängen wie Früchte an den Zweigen des Baums. Beachten Sie, wie oft Aschenputtel mit Naturobjekten in Verbindung gebracht wird, unter anderem mit dem Haselnussstrauch, den herbeigerufenen Tauben, die ihr helfen, die Linsen aus der Asche zu lesen, den Tauben, die den Stiefschwestern zur Strafe die Augen aushacken, und schließlich den reifen "Früchten" am Baum. Die Botschaft des Märchens scheint zu sein: Was immer mit Aschenputtel im Märchen zu geschehen scheint – sie durchläuft einen Prozess der natürlichen und schrittweisen Reifung. Beachten Sie auch: Sie hegt zu keinem Zeitpunkt irgendwelche Zweifel, dass sie auch zum Ball gehen sollte; das Veto ihrer Stiefmutter akzeptiert sie nicht. So wie der Königssohn im Märchen weiß, dass er auf Brautschau gehen muss, so weiß Aschenputtel, dass sie einfach beim Ball dabei sein muss. Dies ist ein Wissen, das dem Pilger zu eigen ist: eine Art innerer Gewissheit, die

- wenn wir ihr vertrauen - uns zu unserem Bestimmungsort führen wird. Dies bringt uns zurück zu dem Haselzweig, den Aschenputtel auf das Grab ihrer leiblichen Mutter pflanzt. Im Märchen wird er zum Symbol dafür, wie Aschenputtel imstande ist, die Kraft der Liebe ihrer Mutter zu spüren, auch wenn die schon vor langer Zeit verstorben ist. Ihre Wertschätzung dieser Liebe gibt ihr die Gewissheit, dass sie liebenswert ist, egal was ihre Stiefmutter dazu zu sagen hat, und dies bringt sie an den Punkt, wo sie ihrem eigenen Urteil rückhaltlos vertraut. Das Märchen legt nahe, dass Aschenputtel ohne diese grundlegende Mutterliebe nicht zu ihrer inneren Gewissheit gefunden hätte, die notwendig ist, um emotional zu wachsen. Sie findet diese innere Kraft dadurch, dass sie es schafft, mit der Unschuldigen in sich selbst in Berührung zu kommen.

Nun stellt sich noch die Frage, weshalb Aschenputtel jeden Abend gegen Ende des Balls vor dem Königssohn flieht. In Bezug auf den Handlungsablauf gestattet ihm dies, nach ihr zu suchen und somit zunächst zum Pilger und dann zum Krieger-Liebhaber zu werden. In psychologischer Hinsicht verkörpert es das Bedürfnis des Pilgers, der gerade zum Krieger-Liebhaber geworden ist, sich selbst und sein Anliegen bekannt zu machen – und es zeigt auch, wie verlockend es sein kann, sich von dieser Ebene wieder in die nur zu vertraute, aber strapaziöse Welt der Waise zurückzuziehen. Das ist es, was Aschenputtel am Ende jedes Abends tut, und dieses Muster ist uns auch aus anderen Volksmärchen vertraut. *Der Eisenhans*[2] ist ein weiteres Beispiel, wo der Held vortritt, Maßnahmen zu ergreifen versucht und dann bei drei Anlässen wieder in den Hintergrund tritt. Dies lässt uns erkennen, dass die meisten von uns nicht imstande sind, diesen mutigen Entwicklungsschritt zum Krieger-Liebhaber zu machen, wenn wir nicht zuvor zu einer klaren und tiefen Verbundenheit mit anderen Menschen fähig sind. Und unser

Gegenüber wird uns so akzeptieren müssen, wie wir uns entwickeln, statt uns weiterhin vorzuwerfen, wie wir einmal waren. Dies ist wichtig. In meiner Beratungspraxis habe ich Ehepaare kennengelernt, die sich gegenseitig mit großer Verbitterung immer wieder Dinge aus ihrer Vergangenheit vorgehalten haben. Seine Ehepartnerin damit abzukanzeln, sie wäre "Abschaum aus dem Armeleuteviertel am anderen Ende der Stadt", wie es ein Mann gegenüber seiner Frau behauptet hatte, ist nicht unbedingt hilfreich. Es kann jedem von uns passieren, in ärmliche Verhältnisse hineingeboren zu werden; niemand kann sich aussuchen, wo genau er oder sie den ersten Atemzug tut. Dem Partner seine Vergangenheit vorzuwerfen, hat tatsächlich Züge von Rassismus, denn niemand kann die Vergangenheit ändern, ebenso wenig wie seine Hautfarbe. Natürlich haben wir nur in der Gegenwart die Möglichkeit, uns zu verändern; wir wissen, dass sowohl unser Partner als auch wir in der Vergangenheit einige nicht zu großartige Erfahrungen gemacht haben, aber wir sollten uns deswegen nicht gegenseitig Vorhaltungen machen. Was für Aschenputtel zählt, ist das harmonische Verhältnis zum Königssohn, während sie mit ihm tanzt – und später, als er sie schließlich allen anderen als Partnerin vorzieht. Wenn Sie mit dem Menschen zusammen sind, den Sie lieben, zählt nicht, aus welchen Verhältnissen Sie kommen, sondern wer Sie gegenwärtig sind und in Zukunft sein werden.

Mit diesem Wissen können wir nun sagen, dass der Unterschied zwischen Pilger- und Waisenphase eher mit Absichten und Zielen als mit Rängen und Graden zu tun hat. Die Waise kann eine ungeheuer starke Bindung an eine ihr kaum bekannte Person spüren oder sich zu einer Philosophie hingezogen fühlen, die nicht unbedingt auf wohldurchdachten Grundlagen beruht. Politische Extremisten haben dieses menschliche Bedürfnis gnadenlos ausgenutzt. Waisen binden sich an andere, weil sie schreckliche Angst davor haben, ohne Bindung zu sein. Pilger streben ebenfalls nach

Bindung, stellen ihre Beziehung aber mitunter infrage und lehnen beschränkende Konventionen ab. Manchmal lässt sie das als "schwierige Charaktere" erscheinen, die auch den liebevollsten Menschen schroff abweisen können.

"Ich kann einfach nicht glauben, dass er ihre Gefühle nicht erwidert. Dabei liebt sie ihn so sehr ..." So beschrieb eine meiner Klientinnen die Situation, in der sich ihre Freundin befand, und ohne es allzu sehr zu vereinfachen, glaube ich doch, dass wir hier Zeuge des typischen Waisen-Denkens sind, das nicht nachvollziehen kann, dass hier eine Waise auf einen Pilger getroffen ist und das Ganze einfach nicht zusammenpasst. "Ich möchte einfach nur von jemandem geliebt werden", gestand mir eine andere Klientin – womit sie natürlich ein grundlegendes Bedürfnis zum Ausdruck brachte, das wir alle haben, doch wer oder was genau dieser "jemand" sein sollte, konnte sie mir nicht sagen. Dies klingt wie der Schrei der Waise in dunkelster Nacht. Der Pilger wünscht sich genauso wie die Waise, geliebt zu werden, muss aber für sich die Gewissheit spüren, dass die ihm dargebotene Liebe mit seinen Wünschen und Absichten in Einklang steht. Vor allem darf sie ihn nicht von seiner Seelensuche abhalten. Denn die Suche nach seiner Seele ist die eigentliche Mission des Pilgers.

Anders gesagt: Die Waise sucht immer nach Trost und Zuspruch vom Ego. Wie wir schon feststellten, ist es das Ego, das uns sagt: Unsere Identität wird dadurch bestimmt, wie andere uns sehen. Zu einem gewissen Teil ist unsere Identität das Ergebnis der Dinge, die wir haben, der Art von Freunden, mit der wir uns umgeben, und des Jobs, mit dem wir unseren Lebensunterhalt verdienen. Für das Waisen-Ego ist es äußerst schmerzhaft, die Wertschätzung anderer zu verlieren.

Der Pilger hat nicht so viel Vertrauen in das Ego, denn er hat für sich festgestellt, dass die Belohnungen des Egos ihn nicht wirklich zufriedenstellen. Er weiß, dass er mehr ist als seine Besitztümer, denn irgendwie hat er das Gefühl, dass sie ihm nicht genügen. In solchen Situationen kann der sich entwickelnde Pilger durch Abhängigkeiten oder gar Süchte aus der Bahn geworfen werden. Zunächst kann es den Anschein haben, als ob die gemeinsame Befriedigung von Süchten im Freundes- oder Bekanntenkreis hilfreich sein kann, sich in die Gruppe einzufügen und "dazuzugehören". Der von Langeweile oder Trübsal gequälte Jugendliche, dessen Stimmung sich erst nach umfassendem Alkoholkonsum aufhellt, verabreicht sich sozusagen seine eigene Medizin, die ihm helfen soll, den Schmerz des Nicht-Dazugehörens zu lindern. Sie können das Muster erkennen: Nach einer Weile nehmen Süchte eine Art eigener Identität an. Die Jagd nach Geld, nach dem nächsten Schuss – dies gibt dem Ego ein Ziel und liefert ihm gleichzeitig die Illusion, das Ego zu transzendieren. Diese Art des Waisen-Denkens – die Bindung an Süchte und Abhängigkeiten – nimmt den sich entwickelnden Pilger dann vollkommen ein, obwohl es eigentlich das Gegenteil zu bieten scheint. Kein Wunder, dass es so schwer ist, den Kreis der Sucht zu durchbrechen.

Ich habe nur wenig Erfahrung in der Arbeit mit Suchtkranken, doch mein Eindruck ist, dass Süchte, Abhängigkeiten und zwanghafte Verhaltensmuster überwunden werden können, wenn eine Person die Fähigkeit entwickelt, etwas Abstand vom eigenen Ego zu gewinnen und die Situation sozusagen "von außen" zu beobachten. Das "Ego, das sich selbst beobachtet", ist es, das uns unangenehme Fragen stellt. Von außen wird uns gesagt, bestimmte Dinge sollten wir im Leben unbedingt haben wollen. Das Ego, das sich selbst beobachtet, handelt nicht einfach nur auf der Basis von Reiz und Reaktion. Es schreit nicht einfach "Ja!" und folgt den gesellschaftlich akzeptierten Verhaltensmustern. Dass sich selbst beobachtende Ego fragt sich: "Nun, weshalb habe ich das Gefühl, dass dies einfach nichts für mich ist?" Dies erfordert Mut. Sich zu fragen "Ja, ist das denn schon alles?" kann eine beunruhigende Frage sein, und eine Antwort auf sie zu finden, kann geradezu furchteinflößend sein – vor allem, wenn alle anderen um einen herum in glücklicher und zufriedener Übereinkunft leben, dass das, was sie tun, doch prima ist. Wenn wir uns anschauen, wie Suchtprobleme entstehen, stellen wir fest: Niemand stellt sich irgendeines schönen Tages hin und sagt zu sich: "Ab heute werde ich Alkoholmissbrauch betreiben" – oder was immer die Droge seiner Wahl sein mag. Süchte und Abhängigkeiten haben fast immer eine soziale Komponente. Junge Menschen probieren Drogen aus, weil es zu einer bestimmten Zeit in einer bestimmten Clique "einfach dazugehört". Du fühlst dich deprimiert? Komm, nimm einen Drink und vergiss deine Sorgen! Das ist typisches Waisen-Denken. Doch für die Person mit dem sich selbst beobachtenden (und aufmerksamen) Ego ist dies keine wirkliche Abhilfe. Waisen tun, was alle anderen auch tun, selbst wenn es nicht wirklich funktioniert. Pilger hingegen bringen meistens genügend Mut auf, ihre eigenen Meinungen zu vertreten, was tatsächlich eine Form von Selbstliebe ist.

Wo also hat diese Selbstliebe, die Pilger in die Lage versetzt, das typische Waisen-Denken abzulehnen, ihren Ursprung – und weshalb spürt nicht jeder diese Selbstliebe in sich? Ich persönlich glaube, diese Selbstliebe ist in jedem von uns vorhanden, doch die "Waisen-Kultur", wie ich sie einmal nennen möchte, kann sie uns buchstäblich austreiben. Als Unschuldige haben wir uns selbst geliebt und respektiert. Irgendwann danach verlieren wir uns dann aber selbst, und der Grund dafür könnte sehr wohl sein, dass es in Massenkulturen wie unserer viel schwerer ist als je zuvor, sich gegen das Gruppendenken durchzusetzen. Die Massenkultur ist ein relativ neues Phänomen, das in der westlichen Welt vor 1750 nicht aufgetreten war. Bis dahin lebten die Menschen relativ stark an die Gesellschaft angepasst, denn zu jener Zeit war Anpassung gleichbedeutend mit Überleben. Die Gesellschaft war aber schon immer darauf angewiesen, dass ihre Mitglieder sich einigermaßen vorhersagbar verhalten, und dies trifft heutzutage mehr denn je zu. Die heutige US-amerikanische Gesellschaft verlangt zum Beispiel von potenziellen mittelständischen Angestellten immer mehr Ausbildungsjahre. Der vorherrschende Gedanke dabei ist, dass jeder, der einen anständigen Job mit Aufstiegsaussichten und Krankenversicherungsschutz bekommen und behalten möchte, mindestens zwölf Jahre Schule und fünf Jahre (im Landesdurchschnitt) Universität bis zum Bachelor-Abschluss absolvieren muss. Zählen wir noch zwei weitere Jahre bis zum Magister-Abschluss hinzu – plus mehrere Schulungs- und Fortbildungsseminare für unsere Lehrer, Ärzte und leitenden Führungskräfte. Ob man diese lange Ausbildungszeit als effiziente Maßnahme oder als enorme, aber unnötige Investition in einen sozialen Zweck ansieht, spielt weniger eine Rolle als die Tatsache, dass der im Allgemeinen etwa achtundzwanzig Jahre alte Absolvent eines Magisterstudiums ungefähr neunzehn bis zwanzig Jahre seines Lebens allein mit Schulung und Ausbildung verbrachte. Solche Menschen lernen zwangsläufig, sich anzupassen – und zwar genauso stark oder sogar noch stärker, als Menschen in anderen früheren Gesellschaften unter dem Druck der Kirche oder der jeweiligen Regierung es tun mussten. Jeder Student, der sich um die Zahlung seiner monatlichen Kreditraten kümmern muss, wird bestätigen, dass er oder sie gar keine andere Wahl hat, als mit der Masse konform zu gehen und das Geld zur Rückzahlung des Kredits und eventueller anderer Verbindlichkeiten zu verdienen. Die meisten Absolventen haben nicht die Möglichkeit, nach ihrem Studienabschluss oder ihrer Berufsausbildung verschiedene berufliche Wege oder Karrieremöglichkeiten auszuloten; finanzielle Belastungen und laufende Verpflichtungen zwingen viele von ihnen geradewegs zurück in den Waisen-Status.

Zusammenfassend könnte man sagen: Diejenigen, die die allgemein akzeptierte Gesellschaftsordnung infrage stellen, waren bisher gewöhnlich in der Minderheit, und das könnte in sich selbst der Grund sein, weshalb wir nach vielen Jahrtausenden der Menschheitsgeschichte uns immer noch in Verwirrung darüber befinden, wer wir sein sollten – und vor allem, was Liebe überhaupt sein könnte. Bisher waren es nicht genug Menschen, die die allgemein akzeptierte Gesellschaftsordnung mit Mut und Entschlossenheit infrage gestellt haben.

Einige weitere Betrachtungen zum Pilger: Ablehnung und Verweigerung als Lebensmuster

In den Augen anderer kann der Pilger widersprüchlich, abweisend, gefühlskalt und orientierungslos wirken, und wie wir schon feststellten, steckt hinter diesem Verhalten die intensive Suche nach einem Lebenssinn. Der Pilger mag sich einerseits nach Liebe sehnen und dann andererseits das Gefühl haben, sie zurückweisen zu müssen, oder er stellt sie so sehr auf die Probe, dass sein Partner dazu neigt, die Beziehung aufzugeben. Dies kann für alle Beteiligten ziemlich qualvoll sein. Manchmal scheint es, als ob der Pilger einfach nur wütend auf die Welt um sich herum ist, weil er nach höheren Werten strebt und diese nicht so schnell finden kann, wie er möchte.

Die Gesellschaft reagiert auf dieses Verhalten des Pilgers oft mit dem Impuls, ihn "aussortieren" zu wollen, indem sie ihn in die Rolle einer adoptierten Waise zurückdrängt. So scheinen zum Beispiel Männer oft den Wunsch zu verspüren, Frauen mit einer starken Persönlichkeit zu "zähmen", und Frauen drängen Männer häufig dazu, "herunterzukommen" beziehungsweise in einer Beziehung "anzukommen". Doch ein wahrer Pilger wird sich immer nach spirituellem Wachstum sehnen.

Ein Beispiel für diesen Wunsch nach "Zähmung" sehen wir auch im Verhalten von Polizisten und anderen Angehörigen der sogenannten "ausführenden Gewalt", wenn sie versuchen, aufgebrachte Demonstranten in ihre Schranken zurückzuweisen. Wenn unzufriedene Demonstranten auf Ordnungskräfte treffen, die – aus Sicht der Demonstranten – versuchen, sie zum Schweigen zu bringen, kann es zu einer Eskalation der Gewalt und regelrechten Straßenschlachten kommen. Jede Seite reagiert auf die jeweils andere auf recht vorhersagbare Weise. Wir könnten sogar so weit gehen zu behaupten, dass Unterdrücker Demonstranten hervorbringen, so wie der Demonstrant den Unterdrücker auf den Plan treten lässt. Eigentlich besteht zwischen ihnen kein wirklicher Unterschied. Dies ist ein Beispiel dafür, wie leicht der Pilger mit seinem Mut zum Hinterfragen der allgemein akzeptierten Umstände in eine Haltung bloßen Aufbegehrens und Revoltierens hineingezogen werden kann, was letzten Endes unweigerlich auf eine Pattsituation zwischen den Konfliktparteien hinausläuft. Nach außen sieht dies vielleicht aus wie die Handlung eines Krieger-Liebhabers, doch das trifft hier nicht zu. Der Pilger, der sich in dieses zwanghafte Aufbegehren und Revoltieren verstrickt, läuft Gefahr, wieder auf die Entwicklungsstufe der Waise zurückzufallen, die Gegenseite zu verleumden, Ränke gegen sie zu schmieden und eine Art "Rebellen-Mentalität" anzunehmen – was bedauerlich ist, denn schließlich geht es bei der Auseinandersetzung mit Ordnungskräften und anderen Instanzen der Staatsgewalt nicht darum, sich auf Kämpfe mit ihnen einzulassen; das hieße nur, das Spiel nach ihren Regeln zu spielen – und diese beherrschen sie sehr gut. Worum es wirklich geht, ist, sie zum Umdenken zu bewegen und zur Änderung ihres Verhaltens aufzufordern. Gandhis Strategie des gewaltlosen Widerstands zielte genau darauf ab; er brachte die britischen Kolonialherren dazu, ihre Handlungen und die Gründe dafür zu hinterfragen – mit Erfolg.

Nehmen wir ein weiteres Beispiel, diesmal aus dem häuslichen Bereich. Die junge Frau, die von ihren autoritär gesinnten Eltern gezwungen wird, den wohlhabenden Chef einer Firma zu heiraten, obwohl sie keine wirkliche Anziehung oder Zuneigung zu ihm spürt, würde sich zu recht aufgebracht, verärgert und gefangen fühlen. Ich erinnere mich noch an einen Fall, als mir eine Frau eine interessante Episode erzählte: Alle Menschen um sie herum wünschten sich, dass sie doch ihren Freund, der als Buchhalter in einem Steuerberaterbüro arbeitete, heiraten sollte – obwohl sie selbst das Gefühl hatte, dass er sich seinem persönlichen Wachstum nicht in dem Maße widmen würde, wie sie es in einer zukünftigen Partnerschaft für erforderlich hielt. Sie gab sich die größte Mühe, ihm ihren Gesichtspunkt in dieser Hinsicht zu vermitteln, und er bemühte sich ebenso sehr, ihre Sichtweise der Dinge nachzuvollziehen – doch er hielt weiter an seinen Maßstäben in Bezug auf das, was für ihn wichtig und bedeutsam war, fest. Ihre Auseinandersetzungen nahmen fortlaufend an Schärfe zu, bis es schließlich zur Trennung kam. Unmittelbar danach begann sie eine ganze Reihe von Affären mit Männern, die ihr intellektuell eindeutig nicht das Wasser reichen konnten. Sie betrachtete die traditionelle Gesellschaft und den Wunsch nach Reichtum als ihre Feinde. Einige Jahre später bekam sie ein Kind von einem Mann aus Tibet, mit dem sie sich noch nicht einmal in einer gemeinsamen Sprache verständigen konnte, und als irgendwann das zweite Kind unterwegs war, stellte sie fest, dass dieser Mann sie genauso kontrollieren und drangsalieren wollte, wie sie es aus früheren Beziehungen bereits kannte und wovon sie glaubte, es hinter sich gelassen zu haben. Sie wollte die Beziehung beenden, doch er weigerte sich, sie gehen zu lassen und drohte ihr sogar mit Konsequenzen. Schließlich gelang es ihr, mit ihren Kindern zu fliehen. Und so fand sie sich plötzlich in ihrem Elternhaus wieder, und obwohl ihre Eltern sie weiterhin unterstützten, geriet sie mit ihnen auf Schritt und Tritt in Streit um bestimmte Einstellungen und Standpunkte.

Eine ziemlich traurige Geschichte - doch was war eigentlich passiert? Ich glaube, die Frau war im Begriff, sich zu einer Pilgerin zu entwickeln. Doch nach einer sehr enttäuschend verlaufenen Beziehung beging sie den Fehler, sich selbst als eine Person zu definieren, die sich nur Feinden und Gegnern gegenübersah. Als sie sich einmal für diese Rolle entschieden hatte, glaubte sie, diese Rolle leben zu müssen. Der Punkt ist nur: Wenn unser Leben nur eine zwanghafte Reaktion auf das Verhalten anderer um uns herum ist, neigen wir dazu, nicht mehr vernunftbestimmt zu denken. Das ist der Punkt, an dem wir unter Umständen auf die Entwicklungsstufe der Waise zurückfallen können. Und das war auch, was dieser jungen Frau widerfuhr, als sie plötzlich wieder auf ihre Eltern angewiesen war. Durch die dramatischen Umstände, die sie für sich als alleinerziehende Mutter mit zwei Kleinkindern geschaffen hatte, fand sie keine Zeit, ihre Situation "von außen" zu betrachten und sich zu fragen, wie es überhaupt zu diesem Dilemma kommen konnte. Sie betrachtete sich selbst als "Versagerin" statt als Pilgerin, die lediglich vorübergehend vom Kurs abgekommen war, und reagierte zunehmend mit Verbitterung auf die herrschenden Umstände. Sie nahm sich ihre Fehlentscheidungen und die scheinbar hoffnungslos verfahrene Situation persönlich zu Herzen. Doch aus dieser Position ist es sehr schwierig, wieder auf die Entwicklungsstufe der Pilgerin zurückzufinden, denn dazu bedarf es einer gehörigen Portion Optimismus, statt vor den Umständen zu kapitulieren und sich selbst und seine Ziele aufzugeben.

Ich hoffe - und rechne eigentlich damit -, dass diese Frau ihren Weg zurück zur Entwicklungsstufe der Pilgerin findet und imstande sein wird, sich darüber hinaus weiterzuentwickeln. Doch vorerst muss sie einige größere Hindernisse überwinden. Sie muss Zugang finden zu dem, was ich zuvor schon als "das sich selbst beobachtende Ego" bezeichnet hatte, sodass sie sich selbst und ihre Situation in einem neuen Licht sehen kann.

Pilger können übrigens in ähnlicher Weise wie oben beschrieben Jahre damit verbringen, ihre Pilgerschaft auszusetzen, vor allem wenn sie Kinder aufzuziehen haben. Einige (wenige) schaffen es, wieder auf die Stufe des Pilgers zurückzufinden, indem sie ihr spirituelles Wachstum *als Eltern* beobachten. Doch dies ist natürlich sehr schwierig für Eltern, die eine schlecht bezahlte Arbeit haben, von der sie sowohl die monatlichen Hypothekenkreditraten als auch Lebensmittel, Bekleidung und alles andere für sich selbst und die Kinder bezahlen müssen.

So können wir feststellen, dass der rastlose Pilger für seine Umgebung eine ziemliche Belastung darstellen kann – zumindest für eine Weile. Mütter oder Väter, die sich mit ihrer Pilgerphase nicht ausgesöhnt haben, können bei der Erziehung ihrer Kinder immensen Schaden anrichten, wenn sie es sich gestatten, ihre Frustrationen in unkontrollierter Weise an ihren Nachkommen abzureagieren. Zornerfüllte, deprimierte, unzufriedene und verbitterte Eltern sind natürlich kein erzieherisches Vorbild für ihre Kinder. Kinder reagieren sehr empfindlich darauf, wie ihre Eltern *mit sich selbst und miteinander* umgehen. Sie sehen es, versuchen es nachzuahmen – und können damit ihrer Psyche unter Umständen beträchtlichen Schaden zufügen.

Im Schlafzimmer: Der rastlose Geist

Der Pilger kann in gewisser Hinsicht der ängstlichste Liebhaber von allen sein, denn er weiß, er ist auf der Suche – selbst wenn er nicht genau weiß, wonach – und wird deshalb von Ungewissheit geplagt. Ist dies wirklich der Mensch, mit dem ich zusammen sein möchte? Ist dies die körperliche Beziehung, die ich anstrebe? Was, wenn mir ein Fehler unterläuft? Wie gehe ich damit um, wenn mir ein noch attraktiverer potenzieller Partner über den Weg läuft? Diese Art von Zweifeln könnten sicher förderlich sein, doch sie üben eine hemmende Wirkung auf die freie, uneingeschränkte Verspieltheit aus, die mit wirklich gefühlvoller und erfüllender Sexualität einhergeht. Der Pilger kann unter Umständen ein abenteuerliches Sexualleben führen, doch der Grund dafür kann sein, dass der Pilger neue Möglichkeiten, neue Positionen oder neue Spielzeuge ausprobieren möchte, um "bloß nichts zu versäumen". Dies kann den Partnern sicher Spaß bereiten, doch wichtig ist hier nicht, *was* sie tun, sondern *der Geist*, mit dem sie es tun. Mit der Sexualität zu experimentieren kann lohnenswert und vergnüglich sein, doch sollte die Experimentierfreude nicht so weit gehen, den Partner zu betrügen oder ihn als beliebig und austauschbar zu behandeln.

Der Pilger kann mitunter so sehr in seinen eigenen Gedanken versunken sein, dass es überhaupt nicht zum Sex kommt – und wenn, ist er eher flüchtig und oberflächlich. Wenn dies auftritt, sehen wir gelegentlich einen inneren Widerspruch im Verhalten des Pilgers, denn er sehnt sich zwar nach einer leidenschaftlichen Beziehung, kann aber noch nicht so richtig an sie glauben. Wenn wir jung und die Hormone in Aufruhr sind, ist natürlich viel Leidenschaft im Spiel; deshalb muss der Pilger in verantwortungsbewusster und aufrichtiger Weise auf sich selbst hören, wenn er nicht sich und anderen schweres Leid zufügen möchte. Gerade für weibliche Pilger kann es dann schwierig sein, am Sex Vergnügen zu finden oder leicht zum Orgasmus zu kommen. In den meisten Fällen ist dies so, weil die Frau keine echte tragfähige Beziehung zu ihrem Partner spürt und sich deshalb nicht genug entspannen und fallen lassen kann, um Liebe und Sex zu genießen.

In geschichtlicher Hinsicht erwartete man vom Pilger, dass er während der gesamten Zeit seiner Pilgerschaft im Zölibat leben würde, und tatsächlich entscheiden sich manche Menschen in der Pilgerphase für ein Leben ohne Sex. Eine Frau beschrieb es so: "Ich lehnte es ab, auf die Suche nach einem Partner für Sex zu gehen, nur um mich nicht einsam zu fühlen. Ich wollte entweder jemanden finden, den ich wirklich lieben könnte – oder ich würde ein Leben wie eine Nonne führen." Dies ist der Punkt, an dem ein Mensch beginnt, den Unterschied zwischen der Libido einerseits und dem Wunsch nach einer ganzheitlichen Partnerschaft andererseits zu begreifen. Die Libido – der grundlegende Sexualtrieb – kann sich unbefriedigend anfühlen, wenn sie nicht mit einem Gefühl tieferer emotionaler Verbundenheit einhergeht. Dies ist für den Pilger nicht so leicht, denn er hat seine persönlichen Wertmaßstäbe für sich noch nicht definiert und betrachtet deshalb die Bindung an eine andere Person mit einer gewissen Portion Argwohn und Misstrauen. Zwei Pilger könnten auf der Suche nach einer Seelenverbindung sein, wenn sie sich treffen, dabei aber jeder für sich unterschiedliche Gefühle und Bedürfnisse haben und deshalb ihren Gefühlen vielleicht kein Vertrauen schenken. Diese Art von Kampf wird mitunter über Dinge ausgefochten, bei denen es darum geht, in welche Unternehmungen oder Aktivitäten jeder der beiden Partner Energie oder persönliche Ressourcen investieren möchte. So kann es zum Beispiel geschehen, dass einer der beiden Partner ein Haus kaufen und sesshaft werden möchte, der andere sich aber nicht sicher ist, ob sein beruflicher Lebensweg ihn nicht vielleicht noch in eine andere Stadt führt. Deshalb lehnt er den Hauskauf womöglich ab, oder er sabotiert das Vorhaben im Stillen. Äußerlich scheint sich ihre Auseinandersetzung um das Haus zu drehen, doch tatsächlich geht es darum, in wen oder was jeder der beiden Partner allgemein seine "Liebesenergie" investiert. Vielleicht verspüren beide den Wunsch zu wachsen und in ihrer Beziehung Aspekte ihrer selbst zu erforschen, doch kann dies darauf hinauslaufen,

dass jeder Partner den jeweils anderen als Hindernis für die eigene
Entwicklung empfindet. So kann es passieren, dass sich die beiden
genau in dem Moment trennen, wo sie sich mehr als je zuvor einander angenähert haben.

Im Gegensatz dazu ist für die Waise das bloße Vergnügen ihr
vorrangiges Ziel, und was immer ihr hilft, diesem Ziel näherzukommen, wird am meisten wertgeschätzt. Die unausgeglichene
Waise strebt dabei natürlich nach körperlichem Vergnügen und
kann deshalb leicht in Verwirrung geraten hinsichtlich dessen,
was eine stabile, tragfähige Beziehung wirklich ausmacht. Die ausgeglichene Waise strebt nach einer Kombination aus körperlichem
und emotionalem Vergnügen, und die Wahrscheinlichkeit, dass
zwei Waisen sich finden und dies für sich verwirklichen, ist relativ
groß. Zwei ausgeglichene Waisen können das Gefühl haben, ausreichend stark miteinander verbunden zu sein, auch wenn diese
Art der Verbundenheit sicher nicht dieselbe ist, die zum Beispiel
der Pilger anstrebt. Zwei Waisen können "gut miteinander klar-
kommen" und ein gewisses Maß an Verbundenheit spüren. Doch
dem Pilger genügt das nicht; er verlangt nach mehr. Der bloße
Sexualtrieb stellt ihn nicht mehr zufrieden, denn er scheint von
einer echten emotionalen Verbundenheit losgelöst zu sein. Und
diese innere Unzufriedenheit löst sich nicht auf, bis der Pilger
sich zum Krieger-Liebhaber weiterentwickelt.

Wie wir mit der Energie des Archetypen
in Kontakt treten können

Um mit der Energie des Pilger-Archetypen in Kontakt zu
treten, sie zu erforschen und in ihrer Gesamtheit zu spüren, ist
es vielleicht hilfreich, sich vorzustellen, wie es sich anfühlt, auf

einer Reise zu sein. Der Pilger ist ein Reisender, der an einem Ziel ankommen möchte. Können Sie sich an eine Zeit erinnern, als Sie sich auf eine Reise begaben, die für Sie erfolgreich verlief? Was hatten Sie damals mitgenommen? War es schwer, alles im Koffer unterzubringen? Hatten Sie damals zu viel oder zu wenig mitgenommen? Nach welchen Kriterien hatten Sie ausgewählt, was auf der Reise dabei sein sollte und was nicht? Denken Sie einen Moment über diese Fragen nach. Erstellen Sie noch einmal eine Liste dieser Dinge. In gewisser Weise verkörpern nämlich die Dinge, die wir auf eine Reise mitnehmen, die von uns hochgehaltenen Werte – Werte, von denen wir erwarten, dass sie durch das Reiseerlebnis in ihrer Gültigkeit bestätigt werden. Wenn der Inhalt Ihres Koffers überwiegend aus Partykleidung besteht, legt dies nahe, dass Spaß bei gesellschaftlichen Anlässen wohl die zentrale Erfahrung ist, die Sie auf Ihrer Reise machen wollen. Wenn Sie Kleidung und Ausrüstung für eine Wanderung einpacken, deutet dies wiederum auf den Wunsch nach anderen Reiseerlebnissen hin. Wenn Menschen von einer Reise oder aus einem Urlaub zurückkehren, hört man sie mitunter sagen: "Ich will mehr davon in meinem Leben!" Oder aber auch: "Da fahre ich nie wieder hin!" In jedem Fall haben sie etwas über sich selbst gelernt. Jede Reise ist in gewissen Aspekten auch eine Pilgerschaft. Was können Sie aus Ihrer lernen?

Wenn Sie so über Ihre Reisen nachdenken, fragen Sie sich auch, wie Sie mit Schwierigkeiten umgegangen sind, die bei diesen Reisen vielleicht aufgetreten sind. Eine der besten Methoden, mit der Energie des Pilger-Archetypen in Kontakt zu treten, ist, sich auf eine Reise zu konzentrieren, die Ihnen körperlich einiges abverlangt hat. Wie fühlten Sie sich, als Sie den Berg hinaufstiegen? Wie fühlte es sich an, als Sie den Gipfel erreichten? Was entgegneten Sie jenen Menschen, die Einwände gegen die von Ihnen geplante Marschroute erhoben? Egal, ob Sie einen

Dreißig-Kilometer-Fußmarsch auf einen Berggipfel, eine dreitägige Autoreise durch einen Nationalpark oder eine Suche nach Ihren Lieblings-Antiquitäten auf einem Flohmarkt unternehmen – das Prinzip ist praktisch dasselbe. In jedem Fall haben Sie sich bestimmten Hindernissen und Herausforderungen gestellt und sie auf Ihre eigene persönliche Weise in Angriff genommen.

Manche Menschen halten die Erinnerung an Zeiten, zu denen sie sich mit dieser Energie verbunden gefühlt haben, aufrecht, indem sie bestimmte Fotos von sich an die Wand hängen: Bilder, die sie auf einem gerade erklommenen Berggipfel zeigen oder bei der Teilnahme an Marathons, Triathlons, Kanu- oder Raftingtrips, Hochsee-Angelfahrten – natürlich mit dem "kapitalen Brocken", den sie gerade aus dem Wasser gezogen haben. Andere wiederum hängen Landkarten von besuchten Orten an die Wand oder stellen Souvenirs von exotischen Orten, an denen sie waren, ins Regal. Ein Mann, mit dem ich in meiner Beratungspraxis gearbeitet habe, trug eine Perlenkette, auf die ein kleiner Schildkrötenpanzer aufgezogen war. Bei einer Reise in die Kalahari hatte er diese Kette von einem Buschmann im Tausch gegen eine alte Tweedjacke erhalten. In meinem Bücherregal liegt, für mich immer gut sichtbar, ein zerfledderter, schmuddeliger Reiseführer über Indien, und jedes Mal, wenn ich ihn berühre und aufschlage, erinnert mich dies an meine dreimonatige Reise in dieses atemberaubende Land – und ich trete wieder mit der Energie und Entschlossenheit des Pilgers in mir in Kontakt. Ich erinnere mich dann an die unsägliche Armut, an anstrengende Bahnfahrten in völlig überfüllten Abteilen bei brütender Hitze, aber auch an majestätische Tempel und außergewöhnliche Kunstwerke. Dies alles forderte mich auf, darüber zu reflektieren, wer ich glaubte zu sein – und das war nicht immer eine angenehme Erfahrung.

Wir können diese Energie jedoch nur spüren, wenn wir uns genügend Raum und Zeit zugestehen, um die Erfahrung in allen

Einzelheiten zurückzurufen. Vielleicht ist es auch erforderlich, darüber zu meditieren. Manchmal kann es auch nützlich sein, jemand anderem unsere Beweggründe für bestimmte Unternehmungen oder Aktivitäten darzulegen – besonders wenn wir von anderen belächelt und mit der Frage konfrontiert werden: "Warum würde sich jemand auf *so etwas* einlassen wollen?" Wichtig ist, dass wir die Energie wirklich spüren und Freude an ihr empfinden.

Der Pilger im Tarot

Die Tarotkarte, die den Archetypen des Pilgers am besten verkörpert, ist Karte Nummer 9, "Der Eremit". Nun, Sie können sich vorstellen, dass der Archetyp des Einsiedlers nicht unbedingt der Idealpartner für Menschen ist, die eine innig-vertraute Beziehung anstreben! Die Karte selbst ist im Grunde eine Warnung. Der Eremit wird oft mit einer Lampe abgebildet, und in vielen Werken zum Tarot wird dies so gedeutet, dass er auf der Suche nach innerer Erleuchtung ist. Es zeigt auch die begrenzten Lichtverhältnisse bei nächtlichen Spaziergängen, wenn man nur wenige Meter weit schauen kann – gewissermaßen ein Symbol dafür, dass der Pilger auch ohne einen voll entwickelten langfristigen Plan zurechtkommen muss. Manchmal wird der Eremit mit einer Mönchskutte und -kapuze abgebildet, und auch das ist, wie bei allen anderen Detaildarstellungen im

Der Eremit

Tarot, kein Zufall. Mit der Kapuze verschleiert der Eremit seine wahre Identität (denken Sie an Aschenputtel), ist aber auch nicht mehr imstande, alles um ihn herum leicht zu erblicken und das Bild als Ganzes zu sehen. Er ist nach innen gekehrt, um sich geistigen statt materiellen Reichtümern zuzuwenden; es geht ihm nicht mehr um Selbstdarstellung. Echte Pilger machen sich übrigens wenig Gedanken über die Kleidung, die sie tragen. Beachten Sie auch, dass der Eremit zu Fuß geht – eine Kutsche oder ein Pferd kommen für ihn nicht infrage! Andere Figuren im Tarot werden mit Streitwagen und Rössern abgebildet, doch der Pilger muss die Fußarbeit selbst verrichten. Es gibt keine Abkürzungen – er muss die Dinge in die eigene Hand nehmen.

Beachten Sie, dass ein Eremit nicht unbedingt *körperlich* auf Pilgerschaft ist. Hier geht es eher um eine *innere*, eine *spirituelle* Entdeckungsreise. Wir können Pilger sein, ohne je das Haus zu verlassen.

"Der Eremit" ist eine der sehr wenigen Karten im Tarot, die eine nächtliche Szene wiedergeben. Der Pilger ist zwar beschäftigt mit Suchen, Nachsinnen und Hinterfragen, doch er ist nicht imstande zu sehen, was gewöhnlich bei vollem Tageslicht für jeden sichtbar wäre. Er hat seinen weiteren Weg noch nicht voll ausgeleuchtet, und das Gefühl des Alleinseins und der Ungewissheit in der Dunkelheit entspricht genau dem Gefühl, das der Pilger gegenüber dem Leben allgemein empfindet. Der Pilger muss deshalb lernen, sich auf sein inneres Gefühl der Stärke zu verlassen – genau wie Aschenputtel. Vielleicht wird der Pilger deshalb auch mit einem Wanderstock abgebildet, denn er scheint noch nicht stark genug zu sein, ohne ihn auszukommen. Dies wird uns auch durch die benachbarte Karte im Tarotdeck angezeigt, die Nummer 8 mit der Bezeichnung "Die Kraft". Der Hinweis hier ist klar und eindeutig: Wenn der Pilger Zugang zur Kraft seines Geistes hat, kann er die Transformation zum Krieger-Liebhaber vornehmen.

Vielleicht ist Ihnen schon aufgefallen, dass wir uns bei den Tarotkarten, mit denen wir uns bisher befasst haben, von den Karten mit den höheren Nummern zu denen mit den niedrigeren Nummern vorwärtsbewegen, dabei aber auch zu den höheren spirituellen Entwicklungsstufen voranschreiten, und dies wird auch weiterhin der Fall sein. Dies ist ein weiterer Faktor, der nahelegt, dass das Tarot eigentlich eine vielschichtigere Version der sechs Archetypen darstellt – unterteilt in individuelle Symbolfiguren sowie deren Gegensätze und ihre Eigenschaften, die sie im Verlauf ihres Wachstums erlangt haben. Die grundlegenden Ideen sind jedoch im Wesentlichen dieselben.

Beispiele aus dem realen Leben und aus Filmen

In unserer Alltagswelt kann es mitunter schwierig sein, Pilger als solche zu erkennen, denn sie tun nicht immer Dinge, die darauf hindeuten, dass sie eine Wandlung durchmachen. Bill Gates zum Beispiel war lange Zeit "nur" ein wohlhabender Geschäftsmann, bis er sich an einem bestimmten Punkt für gemeinnützige Projekte engagierte. In der Geschäftswelt war er ein wirklicher Monarch, doch als er begann, einen Teil seines Vermögens zum Beispiel für die Bekämpfung der Malaria einzusetzen, wandelte er sich zu einem Mann, der sich eines öffentlichen Anliegens annahm und mit großem Engagement für die Ausmerzung dieser Krankheit kämpfte. Für viele war er wohl ein Musterbeispiel für unternehmerischen Ehrgeiz, doch tatsächlich war er ein Pilger, der für sich auslotete, wie er seine Talente zum Nutzen anderer einsetzen konnte. Da er zu jenem Zeitpunkt bereits eine herausragende Persönlichkeit mit vielen Kontakten zu anderen bekannten Personen des öffentlichen Lebens war, war er in der Lage, in sehr kurzer Zeit seinen Einfluss geltend zu machen. Als er sich erst einmal auf seine Mission begeben hatte, war es deshalb für ihn leichter, zum Monarchen aufzusteigen. Seine Lebensgeschichte erinnert uns daran, dass – auch wenn eine Person außerordentlich erfolgreich sein mag – dies vielleicht noch nicht alles ist, was sie wirklich erreichen kann. Bono von der Rockgruppe "U2" befand sich in derselben Situation. Er war mit seiner Band unglaublich erfolgreich, bevor er beschloss, seine herausragende Stellung dafür einzusetzen, den Ärmsten der Armen zu helfen. Als erfolgreicher Rockstar bewegte er sich innerhalb der für einen Entertainer üblichen Grenzen, doch als er sich zum Philanthropen weiterentwickelte, befand er sich in einer ganz neuen Position, aus der heraus er über die gewöhnlichen geografischen und kulturellen Grenzen hinweg seine gemeinnützigen Projekte verfolgen konnte.

Es ist interessant, herausragende Personen des öffentlichen Lebens unter dem Aspekt zu beobachten, ob sie sich an einem bestimmten Punkt ihrer Karriere aus ihrer "Komfortzone" herausbewegen oder nicht. Ich hoffe nach wie vor, dass Paris Hilton irgendwann mal mehr aus sich machen wird als bisher. Als sie zu einer Gefängnisstrafe verurteilt worden war – von der sie nur dreiundzwanzig Tage statt der vollen Haftzeit von fünfundvierzig Tagen "abgesessen" hat –, fragte ich mich, ob sie nun endlich einen Gesinnungswandel durchmachen und die Waisenphase hinter sich lassen würde. Zu jenem Zeitpunkt streute sie sich reumütig die sprichwörtliche biblische Asche auf ihr Haupt, und es gab einige mediale Aufregung darüber, dass sie im Gefängnis in der Bibel gelesen und so offensichtlich "zu Gott gefunden" hätte. Doch bisher scheint dies lediglich mein persönliches Wunschdenken zu sein, denn es hat nicht den Anschein, dass sie sich von der Waisen zur Pilgerin weiterentwickelt hat.

Auch in Filmen finden wir oft Beispiele hierfür. Denken Sie nur an *Der mit dem Wolf tanzt*[3] von und mit Kevin Costner, der insgesamt sieben Oscars gewann. Costner spielt in diesem Film den Nordstaaten-Offizier Leutnant John Dunbar, der 1864 im Amerikanischen Bürgerkrieg sein verwundetes Bein zu verlieren droht. Doch statt sich der scheinbar unabwendbaren Amputation zu unterziehen, sattelt er sein Pferd, reitet zwischen die gegnerischen Fronten und versucht, sich vom Feind erschießen zu lassen, um den Qualen zu entgehen. Doch mit seinem Ritt provoziert er einen Schusswechsel, der die bis dahin herrschende Pattsituation zwischen Nord- und Südstaatenarmeen löst – und die Nordstaatenarmee gewinnt die darauffolgende Schlacht. Unbeabsichtigt wird Dunbar dadurch zum Kriegshelden. Als solcher wird er vom persönlichen Leibarzt des Generals, dem er unterstellt ist, behandelt, und sein Bein wird gerettet. Er darf wählen, wo er eingesetzt werden soll, und entscheidet sich für einen entlegenen Außenposten im Indianergebiet (im heutigen South Dakota). Vordergründig ist er ein Kriegsheld – doch das nur durch reinen Zufall, und als er schließlich den verlassenen und verwahrlosten Außenposten erreicht, befindet er sich gewiss in der Rolle der Waise. Es kommt zu einer langsamen Annäherung an den in diesem Gebiet lebenden Indianer-Stamm der *Sioux* und schließlich zu einer Freundschaft mit ihnen, und Dunbar fühlt sich allmählich mehr zu den Indianern als zur Armee hingezogen. Tatsächlich war er bis zu diesem Zeitpunkt ein Pilger, der nach etwas auf der Suche war, an das er glauben konnte, und er findet dies in seinem Respekt für die *Sioux*. Als er *Steht mit einer Faust* (die Tochter von weißen Siedlern, die von den *Sioux* aufgenommen und als eine der ihren aufgezogen wurde) ehelicht, erklärt er nicht nur seine Loyalität gegenüber den *Sioux*, sondern gegenüber allem, was unabhängig von Rasse, Hautfarbe oder Identität das Beste und Liebevollste im Menschen ist. Er entwickelt sich zu einem echten Krieger-Liebhaber – und wird nun von den Angehörigen seiner früheren Kultur, vor allem von seinen Soldatenkameraden, nicht mehr als ihnen zugehörig, sondern als Deserteur und Verräter empfunden. Da er befürchtet, als solcher unablässig gejagt zu werden, beschließt er, zusammen mit seiner Frau den Stamm zu verlassen, um diesen nicht zu gefährden und so den Frieden zu wahren.

Wir können überall von Pilgern umgeben sein und sie doch nicht erkennen, da sie sich im Zwischenzustand des Werdens statt im Grundzustand des Seins befinden. Und manchmal sind sie sich selbst dessen gar nicht bewusst. Leutnant Dunbar mag glauben, er sei nur neugierig, doch in Wirklichkeit macht er eine enorme Wandlung durch, was seine Moralvorstellungen betrifft. Sein Notizbuch, in dem er die Bräuche und Gewohnheiten der *Sioux* detailliert aufzeichnet, ist der deutlichste Hinweis darauf, dass er ein echter Forscher und Entdecker ist und nach Verständigung und Erkenntnis strebt. Und während er andere auf diese Weise beobachtet, hinterfragt er auch sich selbst und seine Wertvorstellungen.

Kapitel 7

Der Krieger-Liebhaber

———— ༄ ༄ ————

Der Krieger-Liebhaber ist die Entwicklungsstufe des Menschen, auf der er entscheidet, wofür er kämpfen und sich rückhaltlos einsetzen will – denn man kann nur ernsthaft und aufrichtig für etwas kämpfen, das man wirklich liebt, und man kann nur jemanden voll und ganz lieben, wenn diese Person es wert ist, für sie zu kämpfen und sich vorbehaltlos für sie einzusetzen. Eine der frühesten Beschreibungen des Krieger-Liebhabers in der Weltliteratur findet sich in der Tragödie *Antigone*[1] des griechischen Dichters Sophokles. Seit seiner Uraufführung im Jahre 442 v. Chr. wurde dieses Stück immer wieder inszeniert und dabei auch mehrmals umgeschrieben. Es ist klar, dass dieses Stück eine wichtige Botschaft beinhalten muss, wenn es Generation für Generation in seinen Bann ziehen konnte, und das Kernthema des Stücks – Widerstand gegen Tyrannei und Willkür – wird so schnell wohl auch nicht an Aktualität verlieren.

Antigone erscheint auf der Bühne und weiß bereits, dass sie mit einer nahezu unlösbaren Situation konfrontiert wird: Sie muss den Leichnam ihres ursprünglich verbannten, dann aber zurückgekehrten Bruders Polyneikes bestatten, um nicht den Zorn der Götter auf sich zu ziehen – denn eines ihrer Gebote ist, dass verstorbene Familienmitglieder von den Überlebenden ein würdevolles Begräbnis erhalten müssen. Folgt sie jedoch diesen geltenden Sitten und Normen, verstößt sie gegen eine Entscheidung ihres Onkels, König Kreon, der nach dem Tod ihrer beiden Brüder Eteokles und Polyneikes die Herrschaft über Theben übernommen hat und Polyneikes wegen Verrats seiner Heimat keine ordentliche Bestattung mehr zugesteht. Antigone läuft deshalb Gefahr, wegen ihres Verstoßes von Kreon zum Tode verurteilt zu werden.

Sie äußert allerdings gegenüber den Göttern weder Protest noch Beschwerden, denn sie hat bereits für sich entschieden, das zu tun, was sie für richtig hält, statt sich irgendwelchen willkürlichen Anweisungen ihres Onkels zu beugen. Lieber zieht sie sich den Zorn Kreons als den Zorn der Götter zu. Die Situation wird zusätzlich noch dadurch verkompliziert, dass sie mit Kreons Sohn Haimon verlobt ist; wenn sie beschließt, sich Kreon zu widersetzen, hat dies unweigerlich zur Folge, dass sie sich nicht wie geplant mit Haimon vermählen kann. An dieser Stelle könnte Antigone die Rolle der Waise annehmen und die Anordnung ihres zukünftigen Schwiegervaters einfach akzeptieren – doch dann müsste sie gegen ihr eigenes moralisches Empfinden und ethisches Gewissen verstoßen und das tun, was "legal" ist, statt das zu tun, was sie für richtig hält.

Wir können hier deutlich erkennen, dass sich Antigone den höchsten moralischen und ethischen Maßstäben verpflichtet fühlt – und in dem Moment, in dem Haimon sie in ihrer Entscheidung unterstützt, können wir ebenso erkennen, dass ihre Beziehung zu ihm *sowohl* von aufrichtiger Liebe *als auch* von selbstloser Courage geprägt ist.

Sophokles bringt damit zum Ausdruck, dass der Krieger-Liebhaber in sich selbst zu einer Balance zwischen Widerstandskraft und Herzensgüte, zwischen männlichen und weiblichen Energien kommen muss und dass diese Balance den Archetypen keinesfalls zu einem weichlichen oder unentschlossenen Charakter macht.

Kreon seinerseits ist zu eingebildet und überheblich, als dass er die von Antigone vorgebrachten Gründe für die Einwände seines eigenen Sohns nachvollziehen, geschweige denn verinnerlichen könnte. Stattdessen sieht er im Verhalten seines Sohns eine unverzeihliche Respektlosigkeit gegenüber ihm als König – und damit einen Angriff auf sich persönlich.

Seine Rachsucht macht ihn zu einem engstirnigen und bösartigen Menschen – eine Waise, die sich hinter ihrem Rang und Titel versteckt. Er ordnet an, Antigone lebendig in einer Höhle einzusperren – ihr Todesurteil. Die Kreons dieser Welt scheinen immer zu versuchen, abweichende Meinungen zu unterdrücken.

Entsetzt über die Strafmaßnahme seines Vaters eilt Haimon zur Höhle, nur um festzustellen, dass er zu spät gekommen ist; Antigone hat sich bereits erhängt, um dem Hungertod zu entgehen. Aus Liebe zu Antigone begeht auch er Selbstmord. Kreon verliert somit seinen Sohn und seine zukünftige Schwiegertochter – und damit all seine Hoffnung auf eine dynastische Thronfolge –, und auch seine Frau Eurydike, die ihm die Schuld am Tod seines Sohns gibt, nimmt sich das Leben, womit er vollkommen isoliert und auf sich allein gestellt ist.

Wir können sehen, wie in dieser Tragödie zwei unterschiedliche Lebenseinstellungen, nämlich das Leben nach ethisch-moralischen Prinzipien einerseits und ein Leben in *Hybris*, in Selbstüberhebung, Hochmut und Willkür andererseits, aufeinanderprallen – und wir können auch sehen, was geschieht, wenn dem Archetypen des Krieger-Liebhabers keine Freiheit gewährt wird. Im Fall der Antigone-Tragödie ist das Ergebnis eine vereitelte Erbfolge.

Antigone und Haimon erscheinen als ausgeglichene männliche und weibliche Charaktere, und weder dem einen noch dem anderen fehlt es an Courage oder Entschlossenheit – was zeigt, dass sie auch von ihrem *inneren* Wesen her ausgeglichen sind. Beide debattieren mit Kreon respektvoll, aber auch mit Nachdruck, um an sein Mitgefühl und seine Kompromissbereitschaft zu appellieren. Kreon erscheint dagegen ziemlich kleingeistig und engstirnig: Er zieht es vor, sich an Polyneikes' bereits verwesendem Leichnam zu rächen, statt die neu entstandene Situation wahrzunehmen und auf die Belange der beteiligten Personen einzugehen.

Obwohl Antigone der Triumph verwehrt bleibt, den Hollywood-Regisseure so gern bei Verfilmungen von Stoff dieser Art in Szene setzen, ist ihr vergeblicher Versuch, Kreon umzustimmen, doch ein eindrucksvolles Beispiel für die Macht des Vorbilds – auch wenn sie sich mit ihrem Anliegen gegenüber dem König nicht durchsetzen kann. Seit der Uraufführung dieser bewegenden Tragödie ist der Name "Antigone" in unserer Kultur zu einem Sinnbild für Courage und Beherztheit geworden. Man kann seinen Partner lieben und gleichzeitig immer noch das tun, was man letzten Endes als richtig oder wahr empfindet.

Um die Herausforderungen, die sich dem Krieger-Liebhaber in seiner Entwicklung stellen, noch besser zu verstehen, können wir auch einen Blick auf die Figur des Ödipus werfen.

In Sophokles' dramatischer Bearbeitung des Ödipus-Mythos *König Ödipus* ist der Hauptdarsteller eine Waise, die sich als Pilger auf die Reise begibt, denn: Das von ihm befragte Orakel sagte voraus, dass er seinen Vater töten und seine Mutter zur Frau nehmen wird. Und so bricht er in seiner Verzweiflung in die Ferne auf, um zu verhindern, dass sich die Prophezeiung erfüllt.

Eine passive Waise hätte vielleicht angesichts des Orakelspruchs nur mit den Schultern gezuckt und sich in ihr Schicksal ergeben. Ödipus jedoch ist über die Weissagung entsetzt und läuft davon, um sein Schicksal selbst in die Hand zu nehmen – die wahre Motivation eines jeden Pilgers. An einer Weggabelung im Gebirge trifft er jedoch seinen ihm unbekannten leiblichen Vater Laios, mit dem er in einen Streit gerät, der für seinen Vater tödlich endet. Damit hatte sich der erste Teil der Vorhersage des Orakels verwirklicht.

Ödipus erhält später zur Belohnung für die Lösung des Rätsels der Sphinx seine leibliche Mutter Iokaste zur Frau.

Doch noch einmal zurück zur Begegnung mit seinem Vater: Im griechischen Sophokles-Originalvers ist die Kernaussage "wo drei Wege aufeinandertreffen". An einer Weggabelung hat man drei Möglichkeiten: Man kann den Weg, den man gekommen ist, zurück- oder auf einer der beiden Gabelungen weiter vorangehen. Ödipus nimmt den Weg, der ihn zur schicksalhaften Begegnung mit seinem Vater führt. Dieser beginnt zwar mit den Aggressionen – er versucht, Ödipus mit Brachialgewalt vom Weg zu vertreiben, um schneller voranzukommen –, doch musste Ödipus deshalb unbedingt seinen Vater und dessen Begleiter töten? Laios war ein König und als solcher wie viele andere Monarchen auch sehr von sich selbst eingenommen. Aus Ödipus' Reaktion wird ersichtlich, dass er sich persönlich angegriffen fühlt: "So darf mich *niemand* behandeln!", scheint er zu sagen. Er wird zum Pseudo-Krieger, und durch seine Gewalttat fördert er für sich eher ein Gefühl falschen Stolzes, als dass er sich um Verständigung mit seinem Vater bemüht. So macht er sich unwissentlich zu einer echten Waise.

Ähnlich wie Ödipus glauben viele Menschen, dass gewaltsame, im Ego wurzelnde Handlungen sie zu Krieger-Liebhabern machen, doch tatsächlich schießen sie völlig am Ziel vorbei und führen nur zur "Verwaisung". Persönlichkeiten des öffentlichen Lebens sind häufig die offensichtlichsten Beispiele dafür. Der US-amerikanische Unternehmer Donald Trump spielte in der Fernseh-Reality-Show *The Apprentice*[2] (im deutschen Fernsehen unter dem Titel "Big Boss" ausgestrahlt) den allmächtigen, milliardenschweren Unternehmenschef, der Mitarbeiter beim geringsten Anlass fristlos entlässt – doch Trump selbst ist wohl kaum den erfolgreichsten Geschäftsleuten der Welt zuzurechnen, und in *The Apprentice* erscheint er als ziemlich geistloser Wichtigtuer. Die Show selbst ist eine grauenhafte Parodie auf tatsächliche Geschäftspraktiken; ich erwähne dies hier, weil es den Anschein hat, dass viele Menschen glauben, die Show sei eine korrekte Wiedergabe der Realität. Vermutlich streben sie nach Lebensumständen, wie sie in dieser Show gezeigt werden, doch sie haben keine Ahnung, was es braucht, um ein wirklicher Krieger-Liebhaber zu werden.

Ein weiteres, wohl noch weniger schmeichelhaftes Beispiel ist der frühere US-Präsident George W. Bush. Die Meinungen über seine politischen Leistungen gehen vielleicht weit auseinander, doch als er mit einem Kampfjet auf einem US-amerikanischen Flugzeugträger landete und dem Cockpit in voller Fliegermontur entstieg – und im Hintergrund deutlich sichtbar das Banner "Mission Accomplished" ("Auftrag erfüllt") zu sehen war –, war es den meisten Menschen klar, dass dieser Akt der Hybris, der zur Schau gestellten Selbstüberhebung, ganz offensichtlich nichts anderes war als eine gezielte PR-Aktion. Die kriegerischen Handlungen im Irak gingen noch Jahre weiter, und viele Menschen fragten sich, was denn der "Auftrag" war, der angeblich "erfüllt" wurde. Die Wirkung dieser PR-Aktion ging vollkommen nach hinten los, und Bush erntete für seine naive Ruhmsucht und abgehobene Selbstdarstellung nur Hohn, Spott und Gelächter. Er und sein verantwortlicher Planungsstab hatten noch lange Zeit nach dieser Aktion an der Häme, mit der sie überschüttet wurden, zu "knabbern". Merke: Der wahre Krieger-Liebhaber stolziert nicht auf dem Deck eines Flugzeugträgers umher wie ein Klassentyrann auf dem Schulhof.

Doch kehren wir noch einmal zurück zum Ödipus-Mythos. Nachdem Ödipus seinen Vater getötet und das Rätsel der Sphinx gelöst hat, heiratet er die nun verwitwete Iokaste – seine leibliche Mutter. Auch wenn diese eheliche Partie vielleicht auf Anziehung beruht, so ist es doch auf keinen Fall eine gesunde oder förderliche

Anziehung! Iokaste ist offensichtlich eine Frau mit hohem gesellschaftlichem Status, die sicher einen Anspruch darauf erhebt, einen Mann mit ebenso hohem gesellschaftlichem Status zu ehelichen. Doch ein Blick auf ihre inneren Qualitäten zeigt, dass Iokaste nichts Herausragendes bewerkstelligt hat – außer sich mit zwei Königen nacheinander zu vermählen.

Der Hinweis ist klar: Wenn man danach strebt, ein Krieger-Liebhaber zu sein, ist es zwingend erforderlich, sich einen Lebenspartner zu suchen, der von der persönlichen Entwicklung her – und nicht nur aufgrund des Status' – ebenbürtig ist. Jeder erwartete, dass Ödipus Iokaste ehelichen würde, und das tat er auch. Es erinnert mich an all die gut situierten, wohlhabenden Familien mit ausgezeichneten gesellschaftlichen Kontakten, die ihre Söhne und Töchter auf genau dieselbe Weise verkuppelten – manchmal mit nicht so glücklichem Ausgang. Iokaste ist im Grunde eine Art Trophäe. Erinnern wir uns: Als die Wahrheit in Bezug auf Ödipus' tatsächliche Identität ans Tageslicht kommt, erhängt sie sich – ein deutlicher Hinweis darauf, dass sie nicht über die innere Stärke verfügt, um mit der Situation und der Schande in den Augen der Öffentlichkeit umzugehen. Ödipus seinerseits blendet sich selbst – was symbolisch für sein Bedürfnis steht, nach innen zu schauen –, und so kann seine Suche nach dem tieferen inneren Sinn (die Aufgabe des Pilgers) wirklich beginnen.

Der Übergang vom Pilger zum Krieger-Liebhaber ist riskant, und Ödipus kann uns hier als passendes Beispiel dienen, wie wir uns selbst zum Narren halten können, wenn wir glauben, wir hätten es geschafft, obwohl in Wirklichkeit überhaupt keine Entwicklung stattgefunden hat. Das Beispiel von Antigone wiederum führt uns vor Augen, dass wir darauf vorbereitet sein müssen, eine Niederlage einzustecken – und dass es wichtigere Dinge gibt, als seine eigene Haut zu retten. Für die meisten von uns wird dies sicher nicht bedeuten, dass wir tatsächlich unser Leben riskieren, doch es könnte zum Beispiel unsere berufliche Karriere gefährden, wenn das, woran wir glauben, im Gegensatz oder Widerspruch zu unserem Umfeld steht. Mutige Enthüllungsjournalisten sehen sich bei ihrer Suche nach der Wahrheit und der Berichterstattung darüber immer wieder Repressalien ausgesetzt, wie in den 1950er Jahren der US-amerikanische Journalist Ed Murrow bei seiner medialen Auseinandersetzung mit Senator Joseph McCarthy.

Wie notwendig es ist, die Aspekte des Kriegers und des Liebhabers innerlich zum Ausgleich zu bringen, wird auf ergreifende Weise in Botticellis prachtvollem Gemälde *Venus und Mars*[3] aus dem Jahre 1485 dargestellt. Im Gemälde liegt Mars zur Rechten und schläft tief und fest – vielleicht vor Erschöpfung nach einem harten Tag voller Kämpfe oder vor Ermattung nach einer intensiven Liebesnacht. Venus liegt halb aufgestützt zur Linken und blickt ziemlich gelangweilt drein, und ihre Enttäuschung darüber, dass der virile Kriegsgott ihr nicht mehr Aufmerksamkeit widmet, ist unübersehbar. Wir erkennen hier das Klischee, wonach der Mann unmittelbar nach dem Sex in tiefen Schlaf fällt und – sobald er bekommen hat, was er wollte – die Frau und ihre Bedürfnisse vollkommen ignoriert. Natürlich können wir nicht mit Sicherheit sagen, dass Venus und Mars sich tatsächlich zuvor dem Liebesspiel hingegeben haben; Venus trägt dafür eigentlich zu viel Kleidung, und ihr Gesichtsausdruck lässt nicht unbedingt darauf schließen, dass sie gerade wilden, leidenschaftlichen und erfüllenden Sex hatte. Mars dagegen trägt nur sehr wenig. Was immer die beiden zuvor miteinander getan oder nicht getan haben mögen – wir können nur mit ziemlicher Gewissheit feststellen, dass das Gemälde die beiden nicht in liebevollem Einklang zeigt. Natürlich könnte es sein, dass Botticelli lediglich ein wunderschönes Paar malerisch festhalten wollte, doch vielleicht gibt es noch mehr, was uns das Bild vermitteln will. Es bedarf keiner größeren Vorstellungskraft, in der Darstellung der Venus die typische, gelangweilte Frau des italienischen Mittelalters zu erkennen, die sich von ihrem machtvollen, aber vollkommen auf die Politik fixierten Mann vernachlässigt fühlt. Für ihn ist sie lediglich eine "willkommene Beigabe", mit der er - wenn sie attraktiv ist - gesellschaftlich "punkten" und Eindruck machen kann. Das Bild zeigt im Grunde genommen auch das Versagen von Mann und Frau, zu gegenseitigem Verständnis zu gelangen und miteinander zu kooperieren. Dieses eindrucksvolle Gemälde ist eine sehr einprägsame Darstellung des unausgeglichenen Kriegers, dem es nicht gelingt, in Kontakt mit dem Liebhaber zu kommen. Wenn dem zielgerichteten Streben des Kriegers der Aspekt des innerlich ausgeglichenen Liebhabers fehlt, findet sich der Krieger in der Rolle des rastlosen Kämpfers wieder - und der Liebhaber ist dann nur noch ein auf die Sinne fixierter Genussmensch. Jede Hälfte des Archetypen braucht die jeweils andere.

Wenn wir das Bild auf uns einwirken lassen, erkennen wir in ihm ein leidenschaftliches Plädoyer für die Notwendigkeit des Zusammenschlusses dieser beiden Gegenpole. Zu dem Zeitpunkt, als Botticelli sein Gemälde schuf, war Italien zerrissen durch bewaffnete Konflikte unterschiedlichster Art, die ganze Städte in Schlachtfelder verwandelten. Die Gesellschaft jener Zeit liebte Luxus und sinnliche Genüsse, und manche Menschen gingen sogar so weit, auch nicht vor Gewalt zurückzuschrecken, um ihren Leidenschaften zu frönen - womit die Entfremdung zwischen den beiden Archetypen bestehen blieb. Es ist ein ergreifendes Gemälde voller Trauer über eine nicht zustande gekommene Verbindung und ein Sinnbild für die Übel und Missstände, die zu Botticellis Zeiten herrschten - und leider auch in unserer heutigen Zeit.

Eine ähnliche Geschichte, jedoch in etwas anderer Verkleidung, findet sich im 1876 erschienenen Roman *Daniel Deronda*[4] von George Eliot, als Gwendolyn Harleth, die Tochter einer plötzlich verarmten, aber nach wie vor standesbewussten Familie, einen wohlhabenden Aristokraten heiratet. Nach außen sieht es aus wie eine Märchenhochzeit – doch es ist klar, dass die beiden keine Liebe füreinander empfinden. Stattdessen ist es die Verbindung ihres Freundes und Beraters Daniel mit der mittellosen Mirah, die eindrucksvoll zeigt, wie zwei Menschen sich gegenseitig anziehen und im religiösen Glauben als auch in Bezug auf ihre moralischen Vorsätze vereint sein können. In ihrem größten Romanerfolg, *Middlemarch*[5], befasst sich Eliot mit demselben Stoff, als die idealistische und naive Dorothea Brooke den deutlich älteren, wohlhabenden Gelehrten Casaubon heiratet, nur um später festzustellen, dass er lediglich ihre Unterstützung bei der Veröffentlichung seiner wissenschaftlichen Arbeit sucht und sie eigentlich überhaupt nicht liebt. Doch jedermann im Städtchen Middlemarch glaubt, dass sie ein perfektes Paar abgeben. Als Casaubon stirbt und Dorothea ihre Liebe zu Will Ladislaw entdeckt, beschließt sie, ihn zu heiraten – auch wenn sie dadurch das enorme Erbe verliert, das Casaubon ihr hinterlassen hat, da er es an die Bedingung geknüpft hatte, dass sie nach ihm keinen anderen Mann mehr ehelichen dürfe. Dorothea und Will heiraten aus Liebe, und aus dieser Liebe heraus sind sie sich ihrer gesellschaftlichen Verpflichtung zur Verbesserung der allgemeinen Umstände bewusst – vor allem gegenüber jenen Mitgliedern der Gesellschaft, die sich nicht in einer solch glücklichen Lage wie sie befinden. In ihrer auf Gegenseitigkeit beruhenden Liebe sind die beiden schließlich imstande, ihre gemeinsamen Visionen in Bezug auf eine bessere Welt zu verwirklichen – und das zum Nutzen und Vorteil ihres weiteren gesellschaftlichen Umfelds. Sie entwickeln sich zu friedvollen Kämpfern für den Fortschritt. Liebe und ein weiter als üblich reichendes soziales Engagement sind die unverkennbaren Attribute des Krieger-Liebhabers.

George Eliot hebt diesen Punkt mit einem weiteren Liebespaar in ihrem Roman noch einmal hervor: Doktor Lydgate und Rosamond Vincy. Er ist ein brillanter Arzt und arbeitet an Fortschritten in der Medizin; sie ist eine sehr attraktive und auch sozial engagierte Frau. In ihren ersten Ehejahren ist der Archetyp des Liebhabers in ihnen stark ausgeprägt, doch im Laufe der weiteren Jahre stellen wir fest, dass Lydgate immer mehr Zeit mit der Behandlung vorwiegend reicher Patienten verbringt, um seiner Frau den Lebensstandard zu sichern, nach dem sie verlangt, und immer weniger Zeit mit medizinischer Forschung und Entwicklung, was sein eigentliches Ziel ist. Lydgate nennt seine Frau sein *little basil plant*, sein "Basilikumpflänzchen", in Anspielung auf das Gedicht *Isabella oder der Basilikumtopf* von John Keats. In diesem Gedicht steckt Isabella den abgetrennten Kopf ihres ermordeten Liebhabers, den sie nicht mitnehmen durfte, in einen Blumentopf, um ihn zu verbergen, und bepflanzt den Topf mit Basilikum. Als Lydgate einmal gefragt wurde, weshalb er seine Frau "Basilikumpflänzchen" nennt, erwidert er, dass Basilikum sich von den Gehirnen toter Männer ernährt – eine schockierende Antwort, die verdeutlicht, dass er erkannt hat, wie seine Frau seine beruflichen Ambitionen durchkreuzt und sein Lebensziel zerstört hat. Und doch scheint er nicht imstande zu sein, daran irgendetwas zu ändern, denn er betrachtet sich selbst als bereits dahingeschieden. Dies ist ein erschütterndes Beispiel dafür, wie es dem Krieger-Liebhaber nicht gelingt, zu Ausgleich, Einsicht und Erkenntnis zu gelangen: Dem Liebhaber wurde es gestattet, den Krieger zu überwältigen. Lydgate sinkt im Laufe der Zeit herab auf ein Niveau, auf dem er seiner Frau die Schuld für praktisch alles zuweist – und er selbst begibt sich damit auf die Stufe der Waise. Die Sexualität kann zwar faszinierend sein, aber auch den Archetypen unausgeglichen zurücklassen. Hier sollten wir uns bewusst werden, dass der Krieger ganz bestimmte persönliche Grenzen definieren und setzen muss. Der Krieger-Liebhaber ist vielleicht auf eine gewisse Balance angewiesen, doch um diese Balance in angemessener Weise aufrechtzuerhalten, braucht es die Entschlossenheit des Kriegers, wie wir sie bei Antigone erkennen können. Bei bestimmten wichtigen

Anliegen und Absichten werden einfach keine Kompromisse gemacht.

Wenn wir verstehen wollen, wie der Krieger-Liebhaber "tickt", können wir uns Bilder von Männern und Frauen betrachten, die sich mutig kämpfend für eine bestimmte Sache einsetzen. Und diese Bilder können wir als Metapher zur Reflexion einer spirituellen Realität nutzen. Dasselbe können wir mit dem Bild des Liebhabers tun.

In unserer Kultur gilt der Soldat als eine disziplinierte, gut ausgebildete und praktisch veranlagte Person, die im Umgang mit Waffen und anderen Kriegsgerätschaften erfahren ist; von ihm oder ihr wird nach Leistung des Soldateneides mutiger und unerschrockener Einsatz erwartet. In fast jedem Roman oder Film, der sich mit dem Militär beschäftigt, kommt es zu einem Punkt, an dem der Krieger eine Bestandsaufnahme hinsichtlich der ihm zur Verfügung stehenden Waffen vornehmen und entscheiden muss, wie er sie einsetzt. Gewöhnlich geschieht dies unmittelbar vor der entscheidenden Konfrontation mit dem Feind. Die Geheimwaffe wird in Stellung gebracht, die Schwertklinge geschärft und das Schlachtross erhält eine Extraportion Hafer. In mittelalterlichen Romanen über Ritter und Burgfrauen nennt man dies "die Bewaffnung des Ritters", und sie wird oft in liebevollem Detail beschrieben. Es ist ein Brauch, der bis zum heutigen Tag in Hollywoodfilmen anzutreffen ist. Im Film *Der Soldat James Ryan* inspiziert zum Beispiel der kleine Trupp US-amerikanischer GIs die ihnen verbliebenen Waffen, um zu entscheiden, wie sie diese zusammen mit ihren Fertigkeiten am besten einsetzen. Als Szene, die die Zuschauer daran erinnern soll, in welch gefährlicher Situation sie sich befinden, funktioniert dies gut. Doch es gibt hier noch etwas anderes zu berücksichtigen. Nehmen wir dieses Beispiel als einen bildlichen Ausdruck dafür, was wir alle tun müssen, wenn wir Krieger sein wollen: Wir müssen nach innen schauen und uns selbst begegnen, um zu entscheiden, was unsere besten und stärksten Ressourcen sind – und *wie wir sie sinnvoll und intelligent einsetzen*. Dies ist von entscheidender Bedeutung, denn die im Leben ausgetragenen Kämpfe werden nicht unbedingt von denen gewonnen, die mehr Waffen oder finanzielle Mittel zur Verfügung haben; sie werden gewonnen oder verloren je nachdem, wie die beteiligten Kriegsparteien die ihnen zur Verfügung stehenden Ressourcen einsetzen. Denken Sie in diesem Zusammenhang nur an die Präsenz der US-Armee im Irak, und Sie werden verstehen, was ich meine. Überlegene Technik und Feuerkraft sind für sich allein niemals ausreichend, um siegreich aus einem Konflikt hervorzugehen.

So wie ein Soldat seine Waffen und Gerätschaften kühl und besonnen reinigt, justiert und auf ihre Eignung hin beurteilt, so muss auch der Krieger genügend Abstand vom "Kriegsgeschehen" haben, um sich seine mentalen Stärken bewusst zu machen und zu entscheiden, wie er sie optimal einsetzt.

Der Aspekt des Liebhabers ist dazu da, den Krieger zu mäßigen. Schließlich liegt es uns fern, in den Auseinandersetzungen des Alltagslebens unseren Gegner zu vernichten; im Idealfall gewinnen wir ihn für unsere Seite, sodass wir ihn nicht bis zum letzten Mann bekämpfen müssen! Denken wir in diesem Zusammenhang nur an die Losung des Weißen Hauses, dass die Invasion des Iraks dazu dienen sollte, die "Herzen und Köpfe der Iraker" zu gewinnen. Diese Wortwahl entstammt eigentlich der Sprache der Liebe und des Liebeswerbens. In diesem Fall können wir feststellen, dass der Aspekt des Liebhabers empathisch, idealistisch und mitfühlend ist – und dass der Liebhaber im Gegenzug ebenso geliebt werden möchte.

Diese beiden Rollen des Kriegers und des Liebhabers wurden zur besseren Differenzierung traditionell voneinander getrennt. Der kühne Ritter erlegt zunächst den Drachen, bevor er die Jungfrau heiratet, die er gerettet hat – eine etwas zu simplifizierende Sichtweise. Shakespeares Komödien können uns hier vielleicht weiterhelfen, denn in ihnen müssen die Männer – die sich oft just zuvor in bewaffneten und gewaltsamen Konflikten befanden – von den Frauen, die sie lieben, erzogen und "gezähmt" werden. Nach Shakespeares Sichtweise sind es die Männer, die gezähmt, und die Frauen, die angehört werden müssen, bevor Friede und Harmonie herrschen können. Die Zwillingsaspekte des Männlichen und Weiblichen müssen sich gegenseitig anerkennen und zu einer Einheit verschmelzen. In Shakespeares Theaterstück *Wie es euch gefällt* muss Orlando zunächst der verkleideten Rosalind zuhören, um herauszufinden, wer sie als Person tatsächlich ist. Wäre sie nicht verkleidet gewesen, hätte er sich ihr lediglich wie einem Liebesobjekt genähert, das nur geschickt umworben werden muss, um ans Ziel zu kommen.

Auch in der Sage von König Artus und seiner Tafelrunde muss Ritter Galahad[6] bei seiner Suche nach dem Heiligen Gral zunächst einmal eine ganze Reihe von Jungfrauen retten und sogar eine von ihnen heiraten – jedoch mit der Ausnahme, dass in seinem Fall die Ehe nicht vollzogen wird, bis er den Gral gefunden hat. Manche sahen darin die übliche, im Christentum vorherrschende Ablehnung von Sexualität und körperlicher Liebe, und das ist sicher eine mögliche Interpretation der Ereignisse. Doch wir können es auch als eine Art Metapher betrachten, die darauf hindeutet, dass Ritter Galahads Rolle als Liebhaber sich zeitgleich mit seiner Suche nach Reinheit als Krieger entwickeln muss; es kann nicht nur das eine oder nur das andere geben. Auf seiner mühevollen Suche nach den Gral erlebt Ritter Galahad, wie seine Fähigkeit zur Hingabe und sein Einfühlungsvermögen immer weiter wachsen. Erst wenn er den Gral gefunden hat und hinter sein Geheimnis gekommen ist, wird er in der Lage sein, wahre irdische Liebe auf ganz neue Weise zu erfahren. Er kämpft um den Gral und um seine Frau. Es ist eine Art Mahnung, dass die Suche nach sexueller Liebe viele von uns zumindest vorübergehend dazu verleiten

kann, die Suche nach unserer eigenen persönlichen Wahrheit ein-
zustellen. Den weisesten Schluss, den wir hieraus ziehen können,
ist zu erkennen, dass beide Aspekte des Selbst zusammen entwickelt
werden müssen und dass sie sich gegenseitig anregen und fördern
können, ja, sogar müssen.

In der Alltagswelt können wir dies manchmal bei Paaren sehen,
die sich Zeit – etwa beim täglichen Abendessen – für ein Gespräch
miteinander nehmen und sich über ihren Arbeitstag und das, was
ihnen am meisten am Herzen liegt, austauschen. Sie spüren dabei
vielleicht, dass das Gespräch mit ihrem Partner ihnen zu mehr
Einblicken, Erkenntnissen und Weisheit verhilft. Dies habe ich
in ähnlicher Weise auch bei Schriftstellern, Künstlern, Ärzten
und Therapeuten beobachten können. Mitunter scheint es, als
ob man eher einem Geschäftstreffen als einem gewöhnlichen Gespräch beiwohnt, denn die Partner arbeiten als Team effektiv zusammen. Sie lieben, was sie tun, und sie bringen diese Liebe auch
gegenüber ihrem geliebten Partner zum Ausdruck – und sie erlauben dieser Liebe zu wachsen. – Wie finden wir also diese andere
Person, und wie kämpft man um die Person, die man liebt?

Der erste Schritt ist vielleicht der grundlegendste: Wir finden
eine Person, die unserer Liebe würdig ist, statt lediglich auf die
sexuelle Attraktivität oder Verfügbarkeit eines möglichen Partners
zu reagieren. Der Krieger-Liebhaber trifft eine bewusste Wahl, wen
er oder sie lieben wird, und diese Entscheidung beruht nicht auf
Gründen der Zweckmäßigkeit oder Bequemlichkeit. Vielmehr ist
dieser Entscheidung bereits eine intensive Einschätzung der
Situation vorausgegangen – auch im Hinblick darauf, ob man mit
dem potenziellen Partner eine gewisse Seelenverwandtschaft spürt.
Wenn wir wissen, dass wir nach jemandem suchen, der uns ebenbürtig oder sogar überlegen ist, dann sollten wir auch detaillierte
Überlegungen anstellen, an welchen Merkmalen wir diese Person
erkennen werden, sodass wir sie nicht übersehen, wenn sie uns über

den Weg läuft. Genauso wichtig ist, dass wir uns über unsere Gefühle bewusst werden, die wir in Gegenwart einer Person empfinden, die uns fördern und voranbringen wird. Jemand, der uns anspornt, mehr aus uns zu machen, als wir sonst vielleicht täten, könnte uns sonst nämlich so sehr überraschen, dass wir geneigt sein könnten, uns prompt zurückzuziehen. Soldaten spüren eine gewisse Nervosität vor ihrem Kampfeinsatz, ähnlich wie Sportler unmittelbar vor einem Wettkampf. Sie wissen dies natürlich und bereiten sich entsprechend vor, sodass sie nicht in Panik geraten, wenn der Moment der Wahrheit gekommen ist.

Viele Menschen fühlen sich zu potenziellen Partnern hingezogen, die ihnen nicht das Wasser reichen können, weil sie glauben, sie könnten dann in der Beziehung den Ton angeben. Der US-amerikanische Psychologe und Autor John Bradshaw[7] drückt es so aus: Jedes Mal, wenn Sie sich in einem Raum umschauen und feststellen, dass sie sich zu jemandem hingezogen fühlen, besteht die sehr große Wahrscheinlichkeit, dass Sie auf die Schwachpunkte dieser Person reagieren. Vielleicht sendet diese Person Signale aus von der Art: "Ich habe keine großen Erwartungen. Ich bin ein ganz lieber Mensch. Jegliche Boshaftigkeit ist mir fremd." Nun, unter dem Aspekt der menschlichen Fortpflanzung wäre dies sicher eine willkommene Botschaft; auf jeden Fall ist es ein Rezept für eine nette, kuschelige Romanze ohne Bedrohungen für die Beziehung. Doch was ist mit den Menschen, von denen wir uns bei der Begegnung mit ihnen herausgefordert fühlen? Damit meine ich nicht irgendein grob ausfallendes Verhalten wie etwa hysterisches Schreien oder das Herumwerfen von Gegenständen – das ist eine andere Art von Herausforderung. Ich beziehe mich hier vielmehr auf Menschen, die bei unserer Interaktion mit ihnen von uns fordern, vollkommen bewusst, präsent und authentisch zu sein. Oft reduzieren wir dies jedoch auf die oberflächliche Phrase "Gegensätze ziehen sich an", denn es ist nicht allzu schwer, vollkommen präsent und aufmerksam zu sein, wenn wir uns mit einem Menschen konfrontiert sehen, der völlig anders "gestrickt" ist als wir. Doch hier geht es um etwas noch Grundlegenderes. Es fällt uns sicher leicht, Menschen zu lieben und beizustehen, die sich bequem und problemlos in unser Leben und unsere Weltanschauung einfügen – und wir handeln wie Waisen, wenn wir uns so verhalten. Doch was geschieht, wenn wir beschließen, mit jemandem eine verbindliche Liebesbeziehung einzugehen, der oder die uns nicht in unserer von Bequemlichkeit geprägten Geisteshaltung unterstützt? Jemand, der oder die uns nicht mit unseren behaglichen Lebenslügen einfach davonkommen lässt?

Das Gedicht *Mandalay*[8] des britischen Dichters und Literaturnobelpreisträgers Rudyard Kipling aus dem Jahre 1898 erinnert uns hieran auf humorvolle Weise; in diesem Gedicht erinnert sich ein aus der Londoner Vorstadt stammender Soldat an die Zeit, als er sich in einem romantischen Anflug in den Fernen Osten und vor allem Burma (Myanmar) verliebt hatte. Er kehrt völlig verzaubert von seinem Einsatz aus dieser Region zurück und stellt fest, dass er sich in England nicht mehr heimisch und "dazugehörig" fühlt. Seine ganze Liebe gilt nun dem Fernen Osten und seinem "hübscheren, süßeren Mädchen in einem saubereren und grüneren Land". Seine Erfahrungen stellen sein bisheriges Weltbild völlig auf den Kopf und alles infrage, was er bisher für richtig und wahr hielt. Während er den Londoner Hausmädchen bei ihrem Geplapper über ihre Freunde zuhört, knurrt er wütend vor sich hin:

Auch wenn ich mit 50 Hausmädchen von Chelsea zum Strand spaziere und sie viel von Liebe reden, doch was verstehen die schon (davon)? Mit ihren feisten Gesichtern und schmuddligen Händen – Himmel! Was verstehen die schon? Ich hab ein hübscheres, süßeres Mädchen in einem saubereren und grüneren Land! Auf dem Weg nach Mandalay ...

Die Liebe ist nicht einfach nur eine Einladung zur Aufnahme einer Hypothek mit Festzinsraten oder zur Schaffung einer gemeinsamen Vorruhestandsregelung; eher gleicht sie dem Befehl eines militärischen Ausbilders, hinauszugehen und sich dem Leben zu stellen, um an etwas zu arbeiten, für dessen Gelingen es keine absolute Garantie gibt – dafür aber jede Menge Herausforderungen, die die Grenzen unserer Geduld und Toleranz ausloten.

Kiplings Soldat bereut es, Mandalay und sein "hübscheres, süßeres Mädchen" zurückgelassen zu haben; er fühlt sich in seiner Heimatstadt London isoliert und sinnt über die entfernte Möglichkeit nach, ins Land seiner Träume zurückzukehren. Könnte er sich jetzt einfach auf den Weg dorthin machen? Wäre er nie dem Marschbefehl zurück nach England gefolgt, hätte die Militärpolizei ihn mit Sicherheit dort aufgespürt und vielleicht sogar als Deserteur erschossen. Würde er andererseits, nach England zurückgekehrt, seinen Dienst quittieren und wieder nach Burma aufbrechen (wenn er es sich finanziell leisten könnte), würde man von ihm sagen, er wäre dort wohl schon zuvor "heimisch geworden". Nun, in Kiplings Gedicht bringt der Soldat nicht den Mut auf, dem Wunsch seines Herzens zu folgen; er ist gefangen zwischen seinen Sehnsüchten nach einem fernen Land und seinem Selbstverständnis als Engländer. Doch einen kurzen Moment lang erlebte er etwas, das seine Cockney-Seele zu dichterischen Versen beseelte:

Wenn dich der Osten einmal gerufen hat,
hast du keinen Sinn mehr für etwas anderes ...
Auf dem Weg nach Mandalay,
wo die fliegenden Fische spielen
und die Dämmerung wie ein Donner
von China her über die Bucht hereinbricht.

Wie leicht es doch ist, die Liebe zu verlieren, wenn wir an althergebrachten Sichtweisen festhalten, scheint Kipling mit seinem Gedicht sagen zu wollen. Der "Cockney" ist ein Soldat – ein Krieger – und ein Liebhaber gewesen, doch er hat die Gelegenheit versäumt, in dieser Position zu bleiben. Ist es der Ferne Osten, der ihn ruft, oder ist es die Erinnerung daran, wer er war, bevor er nach England zurückkehrte? Wenn dies in Ihren Ohren so klingt, als sei die Liebe etwas Furchterregendes, möchte ich Ihnen antworten: Ja, das kann an dieser Stelle durchaus so sein. Leicht und bequem ist die Liebe nur, wenn Sie sich für die Waisen-Variante entscheiden. Und bei allem Respekt erscheint es mir auch so, als ob viele Menschen sich genau diese Form der Liebe wünschen. Menschen, die sich als Waisen zusammengeschlossen haben, um allzu große Verstimmungen in ihrem Leben zu vermeiden, stellen mitunter fest, dass dieses Arrangement ihnen hilft, im Leben mutiger und entschlossener zu Werke zu gehen. Gemeinsam können Sie dann erforschen, wer sie als Individuum und als Paar sind; Wachstum kann auf vielerlei Weise erfolgen. Wenn es dann jedoch tatsächlich zu Wachstum kommt, kann es für ein "Waisenpaar" schwierig werden, damit umzugehen.

Hier ist ein Beispiel, was ich damit meine. Eine Frau, die vor langer Zeit einen meiner Schreibkurse besucht hatte, kam eines Tages in mein Büro und fragte mich, ob ihr Ehemann gemeinsam mit ihr einige Stunden am Kurs teilnehmen dürfe. Da die allgemeinen Ausbildungsrichtlinien nichts dagegen einzuwenden hatten und ich der Ansicht war, dass seine Teilnahme wohl niemandem schaden würde, stimmte ich zu – doch nicht ohne sie zu fragen, was denn eigentlich seine Motive für die Teilnahme seien. Die Antwort der Frau versetzte mir einen Schock. Sie sagte mit besorgtem Unterton: "Er sieht all die Veränderungen an mir, seit ich den Kurs besuche – und er will wissen, was dahintersteckt." Und so saß ihr Mann einige Abende mit ihr zusammen im Kursraum, schweigend, in sich gekehrt und mit sorgenvoller Miene. Drei Wochen später suchte mich die Frau wieder in meinem Büro auf. "Es tut mir leid, aber ich muss den Kurs abbrechen", sagte sie mit tonloser Stimme. Erst wollte sie nicht damit herausrücken, was diesen plötzlichen Gesinnungswandel herbeigeführt hatte, doch schließlich gestand sie mir, dass ihr Mann sich mit der Person, zu der sie sich entwickelt hatte, überhaupt nicht wohlfühlte; sie hinterfragte nun vieles und fing allgemein an, selbstständig zu denken – worüber sich ihr Mann tatsächlich beklagte und wofür er einzig und allein ihren Kurs verantwortlich machte. Ihre letzten Worte, bevor sie mein Büro verließ, waren: "Hätte ich mit dem Kurs weitergemacht, hätte ich meine Ehe aufs Spiel gesetzt."

Dies ist vielleicht ein ungewöhnliches Beispiel, doch seit diesem Gespräch mit meiner Kursteilnehmerin ging mir das Ganze nicht mehr aus dem Kopf: Eine Ehe, in der einer der beiden Partner ein verängstigter Wirrkopf und der andere eine "solide Dienstleisterin" für ihn ist, die sich auch noch in dieser Rolle gefällt – nun, dies klingt für mich schon ein wenig nach einer Waisen-Ehe. In ihrer ursprünglich existierenden Form konnte es in dieser Beziehung einfach keinen Platz für Wachstum geben – und genauso war es dann auch. Die Frau – in ihrer Entwicklung auf dem Weg von der Waise zur Pilgerin – wollte den Verlust ihrer Beziehung nicht riskieren und fiel so prompt wieder auf die Stufe der Waise zurück.

Sich in einer Beziehung wohlzufühlen und es bequem zu haben, bedeutet in den meisten Fällen keine wirkliche Veränderung und Entwicklung dieser Beziehung; sich unwohl zu fühlen und es nicht bequem zu haben, bedeutet hingegen meistens, dass Sie mit neuen Umständen konfrontiert werden, die entsprechend eingeschätzt und aus denen Lektionen gelernt werden müssen. Doch verstehen Sie mich hier bitte nicht falsch: Ich bin kein Befürworter von Unannehmlichkeiten um ihrer selbst willen. Was ich hier vielmehr hervorheben möchte, ist, dass man sich an Veränderungen und Wachstum anpassen kann. Wachstum muss nicht unbedingt gewaltsam oder chaotisch verlaufen; es wird gleichsam von selbst erfolgen, wenn wir es zulassen. Und selbst wenn nicht, wird es trotzdem geschehen – wie Gras, das sich seinen Weg zwischen den Fugen von Steinplatten bahnt. Auf dem Weg des Krieger-Liebhabers ist deshalb ständige Wachsamkeit geboten, damit stetiges Wachstum und Freude möglich sind. Es gibt immer Neues zu lernen. Und warum sollte ein Paar nicht mit Freude darangehen, einige Jahrzehnte zusammen zu verbringen, um sich die vielen faszinierenden Aspekte des Lebens zu erschließen und dadurch ihr Bewusstsein und ihre Vertrautheit miteinander auf ein neues Niveau anzuheben? Doch Beispiele dafür sind rar gesät.

Beispiele für Entwicklungen in die gegensätzliche Richtung sind uns allen bekannt: Da ist das Paar, das die Kinder großgezogen und dabei erstklassige Arbeit geleistet hat – und dann beschließt, sich scheiden zu lassen und getrennte Wege zu gehen. Bei der Aufgabe, ihre Kinder großzuziehen, waren sie vielleicht tatsächlich Krieger-Liebhaber. Und wenn sie es danach ablehnen, eine Ehe weiterzuführen, von der sie das Gefühl haben, sie habe sich "verschlissen", zeigt das ihren Mut und ihre Bereitschaft zu einem Neuanfang. Doch der Punkt ist: Sie haben es nicht geschafft, *in ihrer gegenwärtigen Beziehung* zu Krieger-Liebhabern zu werden. Vielleicht müssen sie wieder auf Pilgerschaft gehen, um in ihrer nächsten Beziehung zu Krieger-Liebhabern zu werden – oder sie entscheiden sich für eine bequeme Waisen-Beziehung. Eine Frau, mit der ich in meiner Beratungspraxis einige Zeit gearbeitet und die gerade eine chaotische Scheidung hinter sich gebracht hatte, drückte es so aus: "Ich möchte jetzt einfach nur noch eine lockere bequeme Beziehung, in der alles geregelt und sicher ist." Und genau das fand sie dann auch – mit einem zwanzig Jahre älteren Mann, der ihren Kindern ein ruhiger, warmherziger Stiefvater war und den sie als jemanden beschrieb, "mit dem sehr leicht auszukommen ist". Ein sicherer Hafen für ein sturmgepeitschtes Schiff, könnte man sagen.

An dieser Stelle müssen wir das Offensichtliche hervorheben. Der Krieger-Liebhaber kann alleine nicht voll er oder sie selbst werden. Es bedarf dazu einer lebendigen Beziehung zu einem anderen Menschen, und es muss nicht unbedingt eine sexuelle Beziehung sein. Männer können Männern als Mentor zur Seite stehen, Frauen können Frauen beraten und helfen – wenn dies für alle Beteiligten funktioniert. Doch das ist leider nicht immer der Fall. Ein Krieger-Liebhaber mit einer Waise als Partner sieht sich in der Beziehung vielleicht mit zu wenig Herausforderungen konfrontiert, als dass er in dieser Beziehung glücklich und zufrieden sein könnte. Dann setzen beim Krieger-Liebhaber Rastlosigkeit, Ablehnung und mitunter sogar verletzende Aggressivität ein; der Krieger randaliert, und der Liebhaber "welkt dahin". Echte Krieger-Liebhaber scheinen jedoch als Paar zusammenzuarbeiten; sie widmen sich in ihrer Beziehung der Wahrheit und auch der gemeinsamen Zukunft.

Der für uns vielleicht verwirrendste Aspekt hierbei ist, dass diese Muster spirituellen Wachstums sich in unserer Kultur nicht in einfacher, geradliniger Weise präsentieren und vollziehen. Wir finden sie in unserer Literatur und in all den Volkssagen, doch warum werden sie im übrigen Leben nicht klarer und deutlicher herausgestellt? In unserer Kultur gibt es immer noch den Geist eines Brauchs, der es dem Menschen ermöglichte, die verschiedenen Entwicklungsstufen von der Waise über den Pilger bis zum Krieger-Liebhaber zu durchlaufen. Mit der Zeremonie der Erstkommunion weist die katholische Kirche auf einen uralten Initiationsritus hin, in dem der junge, heranwachsende Mensch nach einer Phase der religiösen Unterweisung und Selbstprüfung schließlich als vollwertiges Mitglied in den Kreis der religiösen Gemeinschaft aufgenommen wurde. Vom neuen Kommunikanten wurde erwartet, dass er sich für die Glaubensgrundsätze und -überzeugungen seiner Kirchengemeinde einsetzt – ohne Zweifel oder Unschlüssigkeiten. Im Judentum gibt es übrigens einen ähnlichen Übergangsritus mit der sogenannten Bar Mitzwa.

Betrachten wir nun das "Ritual" des Junggesellenabends, in dem noch Spuren dieses Übergangsrituals aus früheren Zeiten zu finden sind. Im 18. Jahrhundert feierte man dies noch mit einem abendlichen Festmahl, das der angehende Bräutigam als Abschiedsfeier für seine Freunde veranstaltete. Es war allen klar, dass der alte Freund nicht mehr wie früher Zeit mit seinesgleichen verbringen könnte, wenn er erst mal "unter der Haube" war. Der Junggesellenabend war deshalb für die jungen Wilden die letzte Gelegenheit, gemeinsam noch einmal "die Sau rauszulassen" – bevor der Bund der Ehe an die Stelle der alten Männerfreundschaften und Kameradschaften trat. An ihre Stelle trat nun eine andere Form der Bindung, wie sie in der symbolischen Geste der "Übergabe der Braut" an die Familie des Bräutigams bei der Hochzeit zum Ausdruck kommt. Heutzutage ist die Rede des Trauzeugen bei einer Hochzeit oft Anlass für Gelächter und Belustigung, und doch liegen die Ursprünge dieser Ansprache in dem Wunsch der Freunde des Bräutigams, dem gerade neu entstandenen Bund der Ehe ihren Segen zu geben – und somit zum Ausdruck zu bringen, dass sie diesen Wandel der Beziehungen nicht nur akzeptieren, sondern auch willkommen heißen. Braut und Bräutigam sind zwar immer noch die Kinder ihrer Eltern, doch nun schicken sie sich an, selbst Eltern zu werden – mit allen Herausforderungen und Beanspruchungen, die damit einhergehen.

Die Sache ist eigentlich recht einfach: Das Loslassen alter Bindungen – ebenso wie das Loslassen alter Verletzungen – verlangt von uns eine Änderung der Einstellung. Beim Junggesellenabend geht es für den Bräutigam genau um diese Form des Loslassens, auch wenn es heutzutage den Anschein hat, dass er diesen Abend

oft eher als Anlass sieht, sich noch einmal gründlich mit seinen
alten Kumpeln zu betrinken, bevor für ihn der neue Lebensabschnitt beginnt. Die Trauungszeremonie ist einerseits ein großes
Fest, andererseits aber auch der Punkt in einer Beziehung, an dem
beide Partner sich bereit erklären, die wohl anspruchsvollsten
Aufgaben und Verantwortlichkeiten auf sich zu nehmen – persönlich, gesellschaftlich und finanziell. Die Scheidung ist im Vergleich dazu ein erst in jüngerer Zeit aufgetretenes Phänomen; sie
lässt uns leicht vergessen, wie groß das Ausmaß an Bindung ist,
das durch den Bund der Ehe tatsächlich entsteht. Vielleicht
glauben wir, dass es bei einer Heirat ausschließlich um Liebe geht,
und vielleicht liegen wir damit auch richtig. Doch untersuchen
wir diese Ansicht genauer (wenn wir dies bewusst tun wollen), erkennen wir, dass der Bund der Ehe zwischen zwei Menschen auch
eine Art öffentliche Anerkennung des Wachstums dieser Menschen
darstellt – und der Verantwortlichkeiten, denen sie sich damit stellen. Betrachten wir dies als eine symbolische Handlung, ist es
nicht allzu schwer, darin eine Reihe von Entwicklungsschritten
zu sehen: Jeder der beiden Partner war zunächst eine Waise; jeder
von ihnen war auf Pilgerschaft, auf der Suche nach einem geeig-
neten Partner, und beide haben dabei auch über sich selbst und
ihre wahre Identität nachgedacht. Wenn der Pilger sich bereiterklärt,
für sein Leben Verantwortung zu übernehmen und sich mit
jemand anderem für den Rest ihres gemeinsamen Lebens zusam-
menzuschließen, nimmt er den nächsten Entwicklungsschritt
zum Krieger-Liebhaber, der sich bewusst und hingebungsvoll seinem Partner und der Beziehung zu ihm widmet.

Beachten Sie auch, dass es bei einer Trauungszeremonie um
die gemeinsame *Zukunft* der Beteiligten geht. Es wird nicht
gefragt: "Liebst du diese Person?" Die eigentliche Frage ist, ob die
beiden bereit sind, eine Verpflichtung, ein konkretes Engagement
für die Zukunft, ja sogar "bis dass der Tod euch scheidet", einzu-

gehen. Heutzutage formulieren viele Menschen ihre eigenen Ehe-
und Treuegelöbnisse. Ich sehe darin eine positive Entwicklung,
denn damit sagen sie im Grunde: Dies ist, wozu ich mich vertrag-
lich verpflichte, und hier ist mein Versprechen, diese Vereinbarung
einzuhalten. Definitionsgemäß muss der Krieger eine Art von
Bündnistreue gegenüber einer Gruppe oder Gemeinschaft schwö-
ren; der Liebhaber tut im Grunde dasselbe auf der Ebene des persönlichen Engagements für eine Partnerschaft.

Zum Krieger-Liebhaber gibt es deshalb verschiedene Aspekte,
und am einfachsten ist es, diese in Bezug auf die Paarbeziehung
zu beleuchten. Als Ehegatte wird diese Person für ihren Partner
alles geben, was sie kann – keine Halbheiten. Diese Person wird
für ihren Partner kämpfen und gemeinsam mit ihm für die Dinge,
die sie lieben und in Ehren halten, eintreten – vor allem für die
Kinder. Doch genauso wie kein Soldat allein siegreich sein kann,
ist auch dieses Paar auf gegenseitige Unterstützung angewiesen.
Sie stärken sich gegenseitig den Rücken, und jegliches Ausscheiden
aus diesem Arrangement stößt beim anderen auf Unglauben, Fas-
sungslosigkeit, Zorn und Schmerz. Doch wir sollten uns bewusst
sein, dass diese Krieger- und Liebhaber-Aspekte über die Zeit hinweg dazu tendieren, sich zu festigen; einer von beiden übernimmt
die Rolle des Ernährers, des energischen Tatmenschen, der "dort
draußen" die Geschäfte regelt – und der andere erzieht zu Hause
die Kinder praktisch im Alleingang. Dies ist für beide nicht zu-
friedenstellend, denn es drückt jeden der beiden in eine bestimmte
Rolle – und eine Rolle ist gewöhnlich etwas Statisches, Begrenztes,
das letztendlich der Domäne der Waise entspricht. Ein echter
Krieger-Liebhaber strebt immer nach Wachstum; Stillstand oder
Stagnation sind für ihn keine Optionen. Krieger-Liebhaber, die
zusammenarbeiten, geben sich gegenseitig den nötigen Hand-
lungs- und Entscheidungsspielraum und können tatsächlich
sowohl als Freunde als auch als Liebhaber zusammenwirken. Sie

bitten ihren Partner um etwas und gehen davon aus, dass sie es erhalten; sie geben ihrem Partner etwas, weil sie wissen, dass sie sich in gleichem Maße auch etwas von ihm wünschen können. Vor allem aber wissen sie, dass sie – wenn sie zusammenwachsen und sich weiterentwickeln wollen – sich gegenseitig helfen müssen, ihre innere Balance zwischen Krieger und Liebhaber zu bewahren, und gewöhnlich zeigen sie dabei viel Hingabe und Engagement. Sie finden sich nicht mit Stillstand oder Leerlauf in der Beziehung ab, genauso wenig wie Soldaten sich damit abfinden können, tage- oder wochenlang tatenlos in der Kaserne herumzusitzen und auszuharren. Dies ist der Archetyp, der das Leben als "Tal der werdenden Seelen" betrachtet, wie es der englische Dichter John Keats[9] einmal formuliert hat – ein Ort, an den wir uns hinauswagen müssen, sodass unsere Seele wachsen und sich zu voller Blüte entfalten kann.

Wie können wir dies am besten veranschaulichen? Nun, nehmen wir als Beispiel einen guten, kompetenten Lehrer. Gewöhnlich ist er jemand, der seinen Schülern liebe- und respektvoll begegnet und sie nach besten Kräften mit seinem Fachwissen unterstützt. Gute Lehrer finden tatsächlich Vergnügen daran, ihre jeweiligen Fächer zu unterrichten, ebenso wie sie gern mit ihren Schülern zusammenarbeiten, um ihnen den Stoff zu vermitteln. Doch der wirklich herausragende Lehrer drängt seinen Schülern den Stoff nicht auf; stattdessen versucht er, bei ihnen das Interesse für die Materie und eine gewisse Eigeninitiative zu wecken. Ganz offensichtlich gibt es zwischen Lehrer und Schüler ein Machtungleichgewicht: Der Lehrer ist älter, hat mehr Lebenserfahrung – und einen Lehrplan, den er mit den Schülern durcharbeiten muss. Doch der wirklich herausragende Lehrer arbeitet auf liebevolle Weise mit seinen Schülern und hält genug Distanz zu ihnen, um ihnen zu gestatten, außerhalb der Schule ihr eigenes Leben zu führen und sich ihre eigenen Gedanken zu machen. Und oft wird er sich auch freimütig dazu bekennen, wie viel er seinerseits von seinen Schülern lernt. Denn das Lehramt ist beileibe keine Einbahnstraße des Wissens, in der eine einzige Person alle Antworten parat hat.

Stellen Sie sich nun zwei wirklich gute Lehrer vor, die sich gegenseitig unterrichten und dabei für einen freien und ungehinderten Austausch von Ideen, Gedanken und Gefühlen sorgen – und obendrein noch respektvoll, human und freisinnig miteinander umgehen; das wäre das Krieger-Liebhaber-Paar in Aktion.

Der Begriff "Lehren" allein wird unseren Betrachtungen hier natürlich nicht vollkommen gerecht. Denken Sie daran: Der Krieger muss sein Ziel entschlossen verfolgen und dabei seine Emotionen kontrollieren, wohingegen der Liebhaber spielerisch agieren und überschwängliche Emotionen mehr wertschätzen kann als Vernunft oder Logik. Die Herausforderung besteht darin zu wissen, wann wir welchen Aspekt angemessen und zweckmäßig einsetzen. Dies ist die perfekte Kombination von Körper und Seele, Fantasie und Pragmatismus, Logik und Emotion. Der Schweizer Psychologe Carl Gustav Jung wies darauf hin, dass dies für alle Menschen die eigentliche Lebensaufgabe sei – nämlich imstande zu sein, diese scheinbar gegensätzlichen Aspekte unseres Selbst zu integrieren, sodass wir als ganzheitliches Wesen leben können. Wenn der Lehrer nicht nur lehrt, sondern auch lernt, wenn der Liebhaber mit Entschlusskraft handelt, ohne dabei anmaßend oder vereinnahmend zu sein, wenn der Krieger Mitgefühl zum Ausdruck bringen kann, ohne dumm oder albern zu erscheinen – dann haben wir das notwendige Gleichgewicht erreicht.

Ganz offensichtlich lässt sich so etwas nicht in einem Wochenendseminar lernen. Männer sind vom Mars (Krieger) und Frauen von der Venus (Liebhaberinnen), oder? Nein. Eine unausgewogene Entwicklung und die Polarisierung von Rollen führt zu dieser Art von künstlicher Trennung, und es ist unsere Lebensaufgabe, zu einem ganzheitlicheren Konzept als diesen künstlichen

Rollenbildern zu finden. Die allgemeine Popularität von John Grays Workshops und Büchern[10] ist ein deutlicher Beleg dafür, dass wir in unserer Gesellschaft aus den Augen verloren haben, worum es beim ausgeglichenen Krieger-Liebhaber-Archetypen tatsächlich geht, und wir versuchen verzweifelt, diesen Archetypen mit eiserner Lebensenergie für uns wiederzuentdecken.

Betrachten wir den Archetypen mal von einer anderen Seite: Der weise Heerführer wird sicher einige Zeit dafür aufbringen herauszufinden, was wohl der nächste strategische Schritt des Feindes sein könnte. Und zu diesem Zweck wird er Informationen sammeln, Spähtrupps und Spione einsetzen und sich in die mentale Lage des gegnerischen Heerführers versetzen. Diese Art von Krieger muss sich sowohl über die eigenen Motive und Ziele als auch über die des Feindes im Klaren sein. Nun, wenn wir diese Charakteristika auf die "zivile" Welt übertragen, wie etwa auf eine auf Gegenseitigkeit beruhende Beziehung, dann können wir einen echten Vergleich ziehen. Stellen Sie sich eine liebevolle Beziehung vor, in der jeder Partner wirklich ein offenes Ohr für den jeweils anderen hat – sowohl in Bezug auf das, was ausgesprochen wird, als auch in Bezug auf das, was unausgesprochen bleibt. Stellen Sie sich eine Beziehung vor, in der jeder Partner weiß, wie gefährlich es sein kann, an vorgefassten Meinungen über den jeweils anderen festzuhalten. Denken Sie an das enorme Maß an Gegenwärtigkeit und Achtsamkeit, das dies erfordert. Beide Partner müssten völlig präsent und sich vollkommen bewusst sein hinsichtlich dessen, was gerade in jedem Moment geschieht, und das trifft auch auf die Vergangenheit und die Zukunft mit ihren möglichen Entwicklungen zu. Doch ein trauriger Umstand dabei ist: Obwohl wir eigentlich wissen, wie wir diesbezüglich vorzugehen haben, lenken wir doch immer wieder eine Unmenge unserer Aufmerksamkeit nur auf diejenigen Menschen, die wir als unsere Feinde, als Opposition oder als Terroristen betrachten. Unsere Gesellschaft ist

extrem effektiv darin, die unausgeglichene Krieger-Rolle auszule-
ben, die – weil sie eben nur eine Rolle ist – zwangsläufig nur einen
weiteren Aspekt der Waise darstellt. Natürlich sollten wir wachsam
sein und Ausschau halten nach Menschen, die – aus welchem
Motiv auch immer – unsere Existenz bedrohen oder gar vernichten
wollen; doch mit derselben Achtsamkeit sollten wir auch unsere
Beziehungen zu den Menschen pflegen, die wir lieben.

Leider stellen wir auch keine allzu hohen Erwartungen an eine
Beziehung als solche. Das Bild, das unsere Gesellschaft von einer
"glücklichen Ehe" zeichnet, ist gekennzeichnet von Anspruchslo-
sigkeit und der Abwesenheit jeglicher Herausforderungen. Das
wunschlos zufriedene Paar, das über die Jahre eine Art "stenogra-
fische" Kommunikation für sich entwickelt hat, werkelt in einer
Art "Leben-und-leben-lassen" bis zur goldenen Hochzeit vor sich
hin. Das ist sicher bewundernswert, doch das Problem ist: Solange
wir uns nicht der harten Arbeit bewusst sind, die geleistet werden
muss, um an diesen Punkt zu kommen, laufen wir Gefahr, den eigentlich wichtigen Punkt zu übersehen. Wir können den Archetypen
des Krieger-Liebhabers nur voll zum Ausdruck bringen und in unserer Beziehung ganz wir selbst sein, wenn wir alle Hindernisse auf
dem Weg dorthin überwunden haben: die unvermeidbaren Kämpfe,
Auseinandersetzungen, Meinungsverschiedenheiten, Missverständ-
nisse, Frustrationen – als auch die Momente grenzenloser Freude
und spontaner Begeisterung für die schönen Dinge des Lebens.

Wenn wir uns dieses Bildes, dieser Metapher des Krieger-Liebhabers, bewusst werden und es uns in unserer Beziehung vergegenwärtigen, kann uns dies eine große Hilfe sein, zu diesem
Punkt der Balance innerhalb des Archetypen zu gelangen.

Bedenken Sie auch, wie dieses Bild uns als Warnung dienen
kann, dass missbräuchliches Fehlverhalten auf dieser Stufe zum
Bruch einer bis dahin liebevollen Beziehung führen kann, selbst
wenn beide Partner beschließen zusammenzubleiben. Denken Sie

an die Gedenktage zu Ehren der Kriegsveteranen, wenn alle ehemaligen Soldaten an einem Tisch sitzen und ihre Ehefrauen ein paar Meter entfernt an einem anderen. Dies ist manchmal eine Reflexion des Mangels an Kommunikation zwischen den Partnern in Bezug auf bestimmte Punkte. Wie kann der alte Kriegsveteran – der wie fast alle Soldaten, die im Kampfeinsatz an der Front waren, vielleicht immer noch unter einer posttraumatischen Belastungsstörung leidet – seine Gefühle und Eindrücke aus jener Zeit seiner Frau gegenüber zum Ausdruck bringen? Glaubt man den Berichten einzelner Betroffener, ist dies außerordentlich schwierig. Doch wenn der Veteran über seine seelischen Verwundungen offen und frei zu denen sprechen kann, die ihm wirklich nah zu sein versuchen, dann besteht für ihn die Chance, die Aspekte des Kriegers und des Liebhabers vollständig miteinander zu vereinen.

Weshalb sprechen Soldaten also nicht über ihre Kriegserfahrungen, und was gibt es hier für uns zu lernen? Nun, ich glaube, die Erfahrungen des Kriegers sind Aspekte der dunklen Seite seines Selbst. Im Krieg wird er unmittelbar mit der Furcht vor Schmerzen, dem Verlust von Gliedmaßen und einem gewaltsamen Tod konfrontiert. Er muss auch der Tatsache ins Auge schauen, dass sein möglicher Tod an der Front für die allgemeine Entwicklung der Dinge völlig bedeutungslos ist – überhaupt, dass er sich womöglich für die falsche Sache eingesetzt hat und seine grundlegenden Entscheidungen für das eigene Leben sich als selbstmörderisch erweisen. Er muss der Möglichkeit ins Auge sehen, dass es jemanden wie Gott nicht gibt, ebenso wenig wie Gutherzigkeit, Wohlwollen und einen allgemeinen Lebenssinn, der die Menschen rund um die Welt vielleicht eint – und dass Grausamkeit und Tod stärker sind als die Liebe und das Leben. Er wagt sozusagen einen verstohlenen Blick in die Hölle. Dann muss er mit diesem Wissen um sich selbst als jemand, der Todesängste gespürt hat und selbst auch andere töten wollte, leben und irgendwie zurechtkommen. Vielleicht hat er sogar feindliche Soldaten getötet und muss für den Rest seines Lebens mit dieser Tatsache leben. Kein Wunder, dass diese jungen Burschen der "größten Generation aller Zeiten"[11] nach ihrer Heimkehr von der Front so aussahen, als würden sie von bösen Geistern verfolgt und gequält. In dem 1949 produzierten Filmklassiker *Twelve O'Clock High* (dtsch. Titel: *Der Kommandeur*)[12] über Bomberbesatzungen im Zweiten Weltkrieg gibt Gregory Peck als Brigadegeneral Savage ein schauriges Beispiel dafür. In einer denkwürdigen Szene hält er eine Ansprache vor den ihm unterstellten Soldaten und gibt ihnen dabei einen makabren Rat: Ihre Aufgabe, Bombereinsätze zu fliegen, würde ihnen wesentlich leichter fallen, wenn sie sich mit der Einstellung anfreunden könnten, "bereits tot" zu sein. Der Krieger muss den Tod kennen – und zwar hautnah. Wie kann man aus solch einem Horrorszenario in die Alltagswelt zurückkehren? Der US-amerikanische Schriftsteller Robert Bly[13] schreibt, dass die alten Kelten- und Wikinger-Krieger mithilfe ihrer Familienmitglieder komplizierte Rituale der "Abkühlung" durchliefen, die ihnen halfen, ihre Erfahrungen auf dem Schlachtfeld in die Alltagswelt zu integrieren. Leider bleibt uns Bly die Quellenangaben dazu jedoch schuldig. Angesichts der täglich wachsenden Zahl traumatisierter Kriegsveteranen aus dem Irak wären diese Informationen allerdings sehr nützlich, denn heutzutage scheint es kein geeignetes Verfahren zu geben, mit dem diese Soldaten wieder in die Alltagswelt zurückkehren und ihre Erlebnisse dort verarbeiten können.

Da die Grausamkeiten des Krieges vor den Zivilisten natürlich nicht Halt machen, sind auch Frauen Opfer solcher traumatischen Geschehnisse. Dazu kommt für sie die Kindsgeburt, die nicht nur äußerst schmerzhaft, sondern bis vor gar nicht allzu langer Zeit auch ziemlich gefährlich sein konnte. Doch der Vergleich hinkt hier natürlich etwas, denn die Frau wird für ihre Strapazen und die drohende Gefahr ihres eigenen Todes mit einem Kind, mit neuem Leben und Liebe, belohnt.

Diese Erfahrung der Hilflosigkeit ist für den Krieger-Liebhaber tatsächlich der wichtigste Test. Jede Person, ob männlich oder weiblich, die diesen Weg nimmt, muss für eine Weile buchstäblich die Hölle erdulden – wie der Soldat, der dem Tod ins Auge schaut. Der US-amerikanische Schriftsteller Stephen Crane nannte dies in seinem Werk *Die rote Tapferkeitsmedaille*[14], in dem er die Erfahrungen eines jungen Soldaten im amerikanischen Bürgerkrieg schilderte, den "Großen Tod". Einige Jahrzehnte später schrieb die US-amerikanische Schriftstellerin Sonia Sanchez ihr Gedicht *Just Don't Never Give Up on Love*[15] (dtsch. etwa: Gib niemals auf, wenn es um die Liebe geht), in dem eine ältere farbige Frau eine ähnliche Phase erschütternder Verzweiflung durchmacht, die sie als "Schlachthaus" beschreibt. Ich glaube, der Titel von Sanchez' Gedicht berührt mindestens eines der Themen, mit denen wir uns hier befassen: Jeder Mensch kann jederzeit auf vielerlei Weise dem Tod ins Auge blicken; wichtig ist dabei, die Lektion zu lernen, dass der Tod instinktiv von uns nur deshalb gemieden und abgelehnt wird, weil wir nicht die wertvollen spirituellen Lektionen erkennen, die er uns lehren kann.

Unsere geläufigste Erfahrung mit dem Tod ist sicher, wenn ein geliebter Mensch von uns geht. Es ist eine Erfahrung, die man nicht vergisst und deren Verarbeitung eine große Herausforderung darstellen kann. Wenn ein Elternteil stirbt, sehen wir uns alle mit einem Umstand konfrontiert, der zwar rein intellektuell nachvollziehbar ist – nämlich dass die ältere Person natürlich irgendwann sterben und uns verlassen muss –, und doch tun wir uns hinsichtlich der Veränderungen, die dies mit sich bringt, emotional sehr schwer. So wusste ich zum Beispiel, dass mein Vater nicht mehr lange zu leben hatte, denn er war schon einige Zeit schwer krank. Doch als sein Tod dann eintrat, fühlte ich mich doch gewissermaßen "nackt". Er hatte in meinem Leben einen großen Platz eingenommen – und nun war er nicht mehr da. Die Dinge, die wir in unserer Beziehung nicht mehr zum Abschluss bringen konnten, musste ich nun allein in Angriff nehmen; ich konnte niemandem mehr etwas vorwerfen und mich auch nicht in Ausflüchten oder Rechtfertigungen ergehen.

Seine Anschauungen zum Tod warfen für mich auch einige unangenehme Fragen zu diesem Thema auf. Als es mit seiner Gesundheit bergab ging, sein Gedächtnis allmählich nachließ und er nur noch ein Schatten seiner selbst war, war ich gezwungen, mir dieselben Fragen zu stellen, die er sich zuvor sicher gestellt hatte: Ohne meinen Körper, mein Gedächtnis, meine Besitztümer, meine Errungenschaften – wer bin ich dann eigentlich noch? Ich kam zu dem Schluss, dass wir beim Tod auf einen essenzielleren Teil unseres Selbst reduziert werden – und dass dieses Selbst Liebe empfangen und geben möchte. Wenn der Tod näher rückt, möchten wir alle jemanden an unserer Seite haben, der unsere Hand hält und uns den Todesschweiß von der Stirn wischt, denn zu diesem Zeitpunkt gibt es nichts mehr, was zählt oder wichtig ist – außer den Menschen, die wir geliebt haben. Alle Streitereien, jeglicher Groll oder Missmut über Vergangenes – dies spielt nun alles keine Rolle mehr. Nur das Bedürfnis nach Liebe bleibt. Vielleicht gibt es deshalb so viele Berichte und Erzählungen über Menschen, die im Sterben liegen und andere, bereits verstorbene Familienmitglieder an ihrem Bett stehen sehen – oder Gespräche mit verstorbenen Freunden führen. Ob Sie nun glauben, dass dies wiederkehrende Geister sind, oder ob es sich dabei einfach nur um Sinnestäuschungen handelt, denen die im Sterben liegende Person unterliegt, ist wahrscheinlich längst nicht so wichtig wie die Erkenntnis, dass wir alle an unserem Lebensende das Bedürfnis nach Liebe spüren.

Auch den Tod eines Kindes oder Freundes zu erleben, kann eine erschütternde Erfahrung sein – und vielleicht noch viel verwirrender als der Tod eines Elternteils. Es kann dazu führen, dass wir sogar in Zweifel ziehen, ob das Universum ein guter Ort ist.

Wir müssen dann unserem Alleinsein ins Auge sehen, ja vielleicht fühlen wir uns sogar unwichtig und bedeutungslos. Wir sehen dann nur noch eine Welt, die sich im Chaos zu befinden scheint; wir sind verängstigt und zutiefst verzweifelt. Was wäre, wenn es auf dieser Welt nichts anderes gäbe als Schmerz und Kummer? Der Krieger weiß, dass das Leben so oder so weitergehen muss, und die beste Antwort in solchen Situationen ist, sich dem Liebhaber-Aspekt des Selbst zuzuwenden. Ohne Liebe ist das Leben sinnlos; deshalb müssen wir der Liebe unser Vertrauen schenken. Die Liebe ist scheinbar schwach, doch wir wissen, dass sie den Tod überdauert. Und nicht nur den Tod – sie überdauert alles. Die Liebe umfasst tatsächlich alles und besänftigt sogar das Höllenfeuer. Zu wissen, dass die Liebe alles ist, was es gibt, kann uns das Leben noch einmal extra versüßen. Die Liebe heilt die Wunden des Kriegers.

Die Herausforderungen für den Krieger-Liebhaber: Die "besondere" Beziehung

Die Entwicklungsstufe des Krieger-Liebhabers hat ihre eigenen, mitunter unerwarteten Fallstricke. Es ist für ein Paar durchaus möglich, dass beide für sich selbst zu einer Balance des Krieger-Liebhabers gelangen, dann aber in einem Gefühl der "Besonderheit" stecken bleiben, das mit dem Wissen einhergehen kann, sich in einer außergewöhnlichen Partnerschaft zu befinden. Jede Beziehung, in der die Partner eng verflochten sind, erscheint auf den ersten Blick vielleicht außergewöhnlich, doch es kann leider passieren, dass sie dabei keinen Raum für irgendjemand anderen lässt. Beziehungspartner können in eine dermaßen starke Co-Abhängigkeit geraten, dass sie mögliche Interaktionen mit anderen außerhalb der Beziehung ablehnen; im Vergleich zu dem, was sie in ihrer Beziehung haben, erscheint ihnen alles andere minderwertiger. Und natürlich hätten sie recht damit, so zu denken. Der Bund zweier Krieger-Liebhaber ist sehr eindrucksvoll. Doch das bedeutet nicht, dass die nichtsexuellen Beziehungen, die jeder der beiden mit anderen haben kann, nicht erwägenswert wären. Ironischerweise ist es gerade die Wertschätzung der außergewöhnlichen Umstände in ihrer Partnerschaft, die dazu führen kann, dass die beiden die Augen davor verschließen, was es "sonst noch so geben könnte". Diese Art der Isolation birgt möglicherweise Gefahren, denn das Paar kann dazu neigen, stolz auf die Errungenschaften in seiner Beziehung zu sein und andere Menschen oder Beziehungen zu kritisieren oder abzuwerten. Wenn das Krieger-Liebhaber-Paar das nicht bedenkt, kann diese Sichtweise ihrer Beziehung zu einer Art gemeinsamem Egotrip werden. Die Partner gratulieren sich gegenseitig dafür, dass sie so besonders sind, dass sie in ihrer Beziehung doch viel weiter fortgeschritten sind als andere. Nun, dies kann sich schnell als lediglich eine andere Version der Sicht der Waise entpuppen, bei der das Paar seine Beziehung dafür wertschätzt, dass sie anderen zeigt, wie "besonders" sie ist, statt dafür, was sie als lebendige Einheit erreichen kann. In meiner Beratungspraxis habe ich Paare kennengelernt, die ungeheuer stolz auf ihre Beziehung waren und auf den ersten Blick aussahen wie Krieger-Liebhaber. Doch bei näherer Betrachtung stellte sich heraus, dass die Beziehung in Wirklichkeit außerhalb der vier Wände ihres Wohn- und Lebensraums nichts wirklich Nennenswertes bewirkte. Schließlich kämpft der wahre Krieger-Liebhaber nicht nur um die Medaillen, sondern um eine gute Sache, die wichtiger ist als die persönliche Belohnung oder Bestätigung. Er setzt sich dafür ein, dass die Welt ein besserer, menschlicherer Ort wird. Wenn man dies aus den Augen verliert, kann die Beziehung zu einer Art "kuscheliger Verschwörung" mutieren, in der die Partner sich selbst und dem anderen für die gemeinsamen Errungenschaften auf die Schulter klopfen – und das ist genau so, wie die Waise die Dinge handhabt.

Wenn wir eine besondere Beziehung dieser Art führen, kann es geschehen, dass wir uns wichtig fühlen, denn wir bedeuten unserem Partner etwas – und das gefällt unserem Ego. Es mag Aspekte an uns selbst geben, die wir nicht besonders an uns schätzen, doch unser Partner hilft uns, darüber hinwegzusehen. Weshalb brauchten wir sonst einen Partner zur Rückversicherung? Und so beginnen wir, unsere Besonderheit um ihrer selbst willen als wichtig zu betrachten; wir grenzen uns von anderen ab, die nach unserer Einschätzung nicht so "besonders" sind wie wir. Doch denken Sie bitte daran: Wenn wir Urteile dieser Art fällen, handeln wir nicht aus Mitgefühl – und Mitgefühl ist ein wesentlicher Bestandteil im Leben des ausgeglichenen Krieger-Liebhabers. Was die meisten von uns in solch einer Situation nicht tun, ist, die Informationen, die wir erhalten, aufzunehmen und entsprechend zu verwenden. Es gibt also Dinge, die wir an uns selbst nicht mögen – doch unser Partner hilft uns, damit "irgendwie klarzukommen"? Das sind wissenswerte Informationen. Die Aufgabe, die sich uns dann stellt, ist: Wie kann ich mich in Bezug auf *alle* Aspekte meines Selbst wohlfühlen, ohne auf jemand anderen angewiesen zu sein, der mir tröstende Schmeicheleien ins Ohr säuselt? Wenn ich mich selbst mit all meinen Fehlern und Unzulänglichkeiten lieben kann, wird mir dies helfen, nicht nur meinen Partner zu lieben, sondern auch andere Menschen, die Liebe, Hilfe und Zuspruch benötigen. Wenn ich mit mir selbst im Frieden bin, kann ich für jede andere Person, die ich treffe, präsenter – mehr "da" – sein, und nicht nur für meinen Partner. Das Leben des Krieger-Liebhaber-Paars ist nicht auf die eigenen vier Wände beschränkt, auch wenn sich die Liebe in der Beziehung zunächst im eher privaten Bereich entwickelt. Die Krieger-Liebhaber-Beziehung verlangt nach Wachstum, so wie der Mensch Bewegung braucht, um gesund zu bleiben. Ohne ein solches Wachstum, ohne kontinuierliche Entwicklung, verkümmert die Beziehung zur Bedeutungslosigkeit.

Besondere Beziehungen gehen manchmal auf ziemlich traurige Weise zu Bruch. Da das Ego den Wunsch hat, als einzigartig angesehen zu werden, kann es geschehen, dass zwei Menschen, die sich nach Bestätigung und gegenseitiger Rückversicherung sehnen, unter diesen Umständen zusammenkommen und eine Art "unehrlichen Pakt" eingehen. Ihr Denkansatz scheint dabei folgender zu sein: 'Wenn ich über deine Schwächen hinwegsehe und dir stattdessen Schmeichelhaftes sage, musst du dasselbe für mich tun.' Das Problem dabei ist: Jeder der beiden weiß, dass die Beziehung eigentlich gar nicht so eindrucksvoll ist, wie sie gern glauben würden, wenn der jeweils andere so unsicher und hilfsbedürftig ist – und das führt zu Groll und Verbitterung. Paare in einer solchen Art von Beziehung beginnen dann, diese wechselseitige Bedürftigkeit immer mehr zu hassen, während sie sich gleichzeitig ihrer Liebe versichern und vorgeben, diese Art von Rückversicherung nicht zu benötigen. Die Beziehung stabil und gefestigt zu halten, erfordert dann immer mehr Zeit und Anstrengung, und sie tendiert immer mehr zur Ausschließlichkeit in dem Maße, dass es keinen Raum mehr für andere gibt. Selbst Kinder, Freunde oder Eltern spielen dann kaum noch eine Rolle und werden manchmal nicht mal mehr wahrgenommen.

Selbst in besonderen Beziehungen zwischen Krieger-Liebhabern besteht also die Gefahr, dass die Partner in Verhaltensmuster zurückfallen, wie sie für Waisen typisch sind.

Einige weitere Betrachtungen:
Die Balance halten

Die Situation, in der der Krieger-Liebhaber sich befindet, kann ihm extrem viel abverlangen, denn die Beziehung von zwei Menschen

auf dieser Entwicklungsstufe wandelt sich während ihres Reifungs-
prozesses von anfänglicher Begeisterung für das "Projekt" fast vollständig zu stiller Duldung des "Pakts". Der Krieger-Liebhaber
reagiert zunächst ausgelassen und überschwänglich, wenn ein Pilger
sich als solcher erklärt und sagt, wofür er bereit ist, zu leben und
zu sterben. Dies kann einerseits ein Moment voller Stolz und Courage sein – und andererseits ein Moment starker Angst und Beklem-
mung. Braut und Bräutigam beschließen in leicht beschwingter
Stimmung bei der Hochzeit, füreinander die besten und fürsorg-
lichsten Ehepartner zu sein, doch zu jenem Zeitpunkt ist ihnen
noch gar nicht bewusst, wie sehr dieser neue Lebensabschnitt sie
und ihren Charakter auf die Probe stellen wird.

In diesem neuen Lebensabschnitt wird der Krieger-Liebhaber
eine für ihn unerwartete Tiefe der Gefühle spüren. Die beiden
Partner werden – zu ihrer Überraschung – in sich selbst Energie-
reserven finden, die sie nie zuvor für möglich gehalten hätten; da
werden kranke Kinder gesund gepflegt, ausgepumpte Partner wieder
aufgebaut – und nebenbei noch der berufliche Alltag bewältigt.
Der Krieger-Liebhaber wird deshalb einerseits die ganze Kraft
seiner persönlichen Liebe für eine andere Person spüren und andererseits zur Erkenntnis der wichtigen Wahrheit gelangen, dass
nun nicht mehr eine einzelne Person der Empfänger und Nutznießer
dieser Liebe ist, sondern die ganze Familie. Mama und Papa
arbeiten nicht nur den ganzen Tag lang hart für Klein-Peter. Sie
tun es für alle Kinder und für ihren Partner, und wenn das bedeutet,
sich selbst häufiger an die zweite oder gar letzte Stelle zu setzen –
nun, dann tun sie das einfach. In jedem Fall äußert sich die Treue
zunächst als eine persönliche Bindung an jemanden oder etwas –
die Bindung der Partner an den jeweils anderen, die Bindung des
Soldaten an seine Kameraden, die Bindung eines Menschen an ein
bestimmtes Ziel –, und sie wächst, bis sie sich zu einer liebevollen
Bindung an die Familie, an eine Armeeeinheit oder das angestrebte

Ideal entwickelt hat. Und von dort aus nimmt es einen weiteren Entwicklungsschritt. Die liebevollen Eltern fühlen sich nicht mehr nur mit der kleinen Familieneinheit verbunden, sondern auch mit dem sozialen Umfeld und dem, was für die Gesellschaft gut und förderlich ist. Der treu ergebene Soldat spürt eine Bindung an das Ziel, das die Armee als solche verkörpert. Und der Idealist fühlt sich an seine Ideale gebunden, die er zum Nutzen aller in die Realität bringen möchte.

Der englische Dichter Richard Lovelace (1618-1658) hat dies in außergewöhnliche Verse gekleidet: *To Lucasta: on Going to the Wars* (dtsch.: "Abschied des Cavaliers")[16] ist eigentlich ein Liebesgedicht, doch man könnte auch noch mehr aus ihm herauslesen. Hier ist es:

Sag' mir nicht, dass ich lieblos bin,
flieh' aus der Klosterruh
vom keuschen Busen, stillen Sinn
ich Krieg und Waffen zu.
Ja! Eine Liebste such' ich neu:
den Feind im Schlachtgefild!
Und halte fest mit stärk'rer Treu'
ein Schwert und Ross und Schild.
Doch auch von dir verdienet Preis
ein Wankelmuth, wie der!
Nicht könnt' ich lieben dich so heiß,
liebt ich nicht Ehre mehr.

Als Bekundung der Liebe zu einer Frau erfüllt das Gedicht sicher seinen Zweck. Doch wenn wir davon ausgehen, dass Lucasta eine fiktive Figur war, können wir es als ein Porträt betrachten, was ein Mann seiner Geliebten schriebe, wenn er sich aufgrund der besonderen Umstände dazu verpflichtet fühlt, seinem König zu Hilfe zu eilen und für ihn in den Krieg zu ziehen – und deshalb seine Geliebte verlassen muss. Die letzten vier Verszeilen des Gedichts enthalten eigentlich die Kernaussage: Die Tatsache, dass der Kavalier das Prinzip der Rechtschaffenheit so sehr liebt und in Ehren hält, dass er dafür seine Geliebte verlässt, beweist eigentlich, wie sehr er sie *wirklich* liebt. Ein klarer Hinweis: Ein Mann ohne moralisches Empfinden für die größeren Belange des Lebens ist zu wahrer, tiefer Liebe nicht imstande. Aus dem Blickwinkel des Dichters nährt eine Liebe die andere; die Liebe zu Lucasta gestattet dem Kavalier, Loyalität zu erfahren, doch diese Loyalität muss einem größeren, wichtigeren Anliegen weichen – auch wenn er sich nichts sehnlicher wünscht, als mit seiner Geliebten zusammen zu sein. Dies wiederum gestattet ihm, persönliche Liebe noch stärker wertzuschätzen. Die eine Liebe nährt die andere, und keine ist ohne die andere vollkommen. Und dies scheint mir eine ziemlich genaue Beschreibung dessen zu sein, was der Krieger-Liebhaber in seiner Entwicklung und Reifung durchleben muss, um die Balance zu finden und zu halten.

Dieses Thema greift Lovelace auch in einem anderen Gedicht auf, *To Althea, from Prison* (dtsch.: "Der Cavalier im Gefängnis"), welches – einmal mehr – sich um die Liebe zu drehen scheint, doch tatsächlich seine Loyalität gegenüber König Charles zum Ausdruck bringt. Bekannt ist das Gedicht für seine oft zitierten letzten beiden Verszeilen:

Die Mauer macht den Kerker nicht,
den Käfig nicht das Gatter.

Bedenkt man, dass Lovelace zu dem Zeitpunkt, als er dieses Gedicht schrieb, höchstwahrscheinlich selbst inhaftiert war – gefangen hinter Kerkermauern und Eisengittern – und dass der Mann, dem seine Loyalität galt – König Charles – ebenfalls in Haft war, dann sind dies wirklich tapfere Worte. Dies ist eine bewegende Beschreibung des Krieger-Liebhabers, der der Niederlage ins Auge sieht und erkennt, dass es wichtigere Dinge gibt, als einen Sieg davonzutragen. Im Angesicht der Niederlage zeigen manche Menschen mehr Courage und Integrität als beim Siegestriumph. Der US-amerikanische Literaturwissenschaftler Harold Bloom[17] sagte einmal, der Zweck der literarischen Kunst sei für den Leser, "der Seelengröße ins Auge zu sehen". Nun, bei diesen beiden Gedichten steht die Seelengröße von Richard Lovelace wohl außer Zweifel.

Die englischen Dichter des 17. Jahrhunderts waren bekannt dafür, ihre Werke so zu verfassen, dass die oberflächliche Bedeutung eines Gedichts immer nur ein Teil seines wahren Wertes und Nutzens war, und ich glaube nicht, dass wir den Sinn solcher Gedichte verdrehen, wenn wir sie auf die beschriebene Weise betrachten. Lovelace schrieb über den Krieger-Liebhaber-Archetypen aus eigener praktischer Erfahrung, und er ruft dabei auf wundervolle Weise in uns wach, wie sich das Leben auf dieser Entwicklungsstufe anfühlt.

Wir könnten also sagen: Wenn der Krieger-Liebhaber eine persönliche Liebesbeziehung eingegangen ist, dann muss diese Beziehung weiter wachsen – und zwar über die "besondere" und ausschließliche Verbindung mit dem für ihn so wichtigen Partner hinaus. Diese Liebe wird bis an ihre Belastungsgrenze geprüft. Und dabei kann es geschehen, dass sie tatsächlich auseinanderbricht. Doch sie wird sich erneuern und aus dieser Prüfung umso stärker hervorgehen. Und wir lernen, dass die Liebe zwar nicht den Tod aufhalten oder Niederlagen verhindern kann, doch sie kann den beiden eine neue Bedeutung verleihen, sodass sie nicht mehr solch einen unverhältnismäßigen Einfluss wie bisher ausüben können. Vielleicht wollte Jung[18] genau dies zum Ausdruck bringen, als er sagte, dass es eine unserer Lebensaufgaben sei, Freundschaft mit dem Tod zu schließen. Tun wir dies, dann können wir zum Zeitpunkt unseres nahenden Todes ohne Reue, Ängste oder Groll aus dem Leben scheiden und uns dem natürlichen Sterbeprozess überlassen.

Die Entwicklungsstufe des Krieger-Liebhabers ist von allen Stufen, die wir bisher betrachtet haben, die komplexeste. Wenn wir unsere Lehren aus ihr gezogen haben, sind wir bereit, uns zur nächsten Stufe des Monarchen weiterzuentwickeln. Auch auf dieser Stufe betrachten wir die Liebe aus dem Blickwinkel einer Paarbeziehung, doch hier auf der Ebene von König und Königin, denn diese Zwillingsaspekte des Männlichen und Weiblichen sind eine unabdingbare Voraussetzung zur Weiterentwicklung auf eine noch höhere Stufe.

Im Schlafzimmer: Offen und authentisch bleiben

Die sexuelle Vereinigung zweier Krieger-Liebhaber kann sehr erregend sein. Krieger-Liebhaber werden sich allerdings nicht wahllos mit jedem möglichen Partner auf Sex einlassen – das ist nicht Teil ihrer Natur. Für den Krieger-Liebhaber ist der Sexualpartner die Person, für die er sich rückhaltlos einsetzt und die er als Wesen voll und ganz liebt, denn die Sexualität des Partners ist für ihn ein wesentlicher Bestandteil dessen, was die Person als Ganzes ausmacht. Dies äußert sich in der Partnerschaft in Respekt und guten Umgangsformen; Außenstehende könnten darin sogar eine Form von Prüderie sehen. Der Krieger-Liebhaber hat keine Affären; vielmehr möchte er eine echte, vertrauensvolle Beziehung zu seinem Partner aufbauen, und er nimmt sich die entsprechende Zeit dafür. Dies gilt nicht nur für die Anfangsphase einer Beziehung, sondern jedes Mal, wenn er mit seinem Partner sexuelle Intimitäten austauscht.

Da beide Partner füreinander aufgeschlossen und sich auch jeweils ihrer selbst bewusst sind und da sich ihre sexuelle

Vereinigung in einem liebe- und vertrauensvollen Rahmen vollzieht, kann sich die sexuelle Erfahrung stark von der auf anderen Stufen unterscheiden. Zum einen wissen viele Liebespaare nicht, wie sie sich sexuell in diesem Geist wirklicher Verbundenheit vereinen können. In einigen Paar- und Sexualtherapie-Ansätzen geht es bei den grundlegenden Einführungsübungen darum, die Energien zwischen zwei Menschen zu harmonisieren. Auch bei vielen auf Yogaübungen beruhenden Therapieformen ist dies der Ausgangspunkt. Dieser "Abgleich" mit dem eigenen Partner kann auf vielerlei Weise erfolgen, doch einer der effektivsten Ansätze ist die Harmonisierung des Atemrhythmus' beider Partner, sodass sie sozusagen "synchron schwingen". Wenn wir dies als körperlichen Ausdruck eines Geisteszustands auffassen, können wir sagen, dass die Partner einwilligen müssen, sich zunächst aufeinander und auch auf sich selbst einzustimmen. Der Prozess, sich selbst beim Ein- und Ausatmen zuzuhören und sich in derselben Weise mit dem Atem des Partners zu befassen, spiegelt das Geben und Nehmen der sexuellen Vereinigung wider. Dies mag sich vielleicht banal anhören, doch Atemübungen dieser Art sind sowohl ein bildlicher Ausdruck als auch eine konkrete körperliche Handlung. Tatsächlich sind viele Partner nicht in harmonischem Einklang miteinander, und oft fehlt ihnen auch das Bewusstsein dafür, was sie zur Änderung der Situation tun können, sodass sie sich am Ende in der Beziehung gefangen fühlen. In meiner Beratungspraxis habe ich viele Paare kennengelernt, auf die das zutraf. Im Schlafzimmer sind sie dann zwar "körperlich anwesend", doch oft noch gedanklich mit etwas beschäftigt oder auch einfach nur völlig übermüdet. Sie stellen dann bestimmte Erwartungen an ihren Partner – selbst wenn diese ziemlich unrealistisch sind. Wenn ich diesen Paaren aufmerksam zuhöre, wie sie die Situation in ihrer Beziehung beschreiben, fällt mir manchmal auf, dass sie über ihr Sexleben in einer Weise sprechen, als wären bestimmte

Ansprüche und Forderungen an sie damit verbunden. Ich höre dann von ihnen Bemerkungen wie: "Er scheint von mir zu erwarten, dass ich ..." Oder: "Sie will immer dann Sex, wenn ich keine Lust habe ..." Oder: "Sie verlangt Dinge von mir, die ich einfach nicht machen möchte." Und eine der wohl traurigsten Bemerkungen ist: "Er nimmt sich einfach keine Zeit für uns ..." In all diesen Fällen höre ich aufmerksam zu, um herauszufinden, ob einer der beiden Partner oder beide an die sexuelle Vereinigung mit vorgefassten Ansichten herangehen – Ansichten in Bezug darauf, wer sie nach ihrer eigenen Auffassung oder in den Augen des Partners sein sollten. Viele Menschen sind auch der Ansicht, dass sich die Liebe auf eine ganz bestimmte Weise äußern *muss* (je nachdem, welche Bücher, Filme oder Fernsehprogramme sie zu dieser Ansicht gebracht haben). Als Folge davon hegen sie höchst unrealistische Erwartungen an den Partner, und für alle Beteiligten wäre es tatsächlich eine große Erleichterung, wenn sie sich frei genug fühlen könnten, all diese Erwartungen loszulassen. Bei meiner Arbeit mit einem Paar, das seine Beziehungsprobleme mit mir lösen wollte, stellte ich an einem bestimmten Punkt fest, dass der Mann sich vom burschikosen "Wildfang"-Charakter seiner Freundin angezogen fühlte – doch im Schlafzimmer sollte sie für ihn immer noch das anschmiegsame Playboy-Modell abgeben. Sein vorgefasstes Bild davon, wer sie seiner Ansicht nach sein sollte, stand in völligem Gegensatz zu ihrer tatsächlichen Persönlichkeit, und es war für ihn offensichtlich sehr schwer, sich von dieser Vorstellung zu lösen. Seine Freundin wiederum wollte von ihm, dass er sich endlich mal wieder bewegen und Sport treiben sollte, denn er hatte in den Monaten zuvor kräftig zuge- nommen. Vor allem war es ihr wichtig, dass er sie attraktiv fand, doch aufgrund seiner vorgefassten Ansichten, wie sie für ihn zu sein hatte, war er dazu nicht in der Lage. Dies führte dazu, dass sie sich von ihm nicht mehr geschätzt und respektiert fühlte, womit er in ihren Augen jegliche Attraktivität verloren hatte. Interessant dabei war, dass er ihr zu Beginn ihrer Beziehung sagte, dass er sie sehr attraktiv finde, obwohl das nicht ganz der Wahrheit entsprach. Er hegte für sich die stille Hoffnung, dass sie für ihn an Attraktivität gewinnen würde, wenn sie ihn im weiteren Verlauf der Beziehung noch stärker liebte. Dies ist nur ein einfaches Beispiel für die Art von "Zusatzgepäck", das viele Menschen in ihrer Beziehung mit ins Schlafzimmer schleppen. In obigem Beispiel war der Mann einfach nicht in der Lage, er selbst zu sein oder sich der tatsächlichen Situation, mit der er konfrontiert war, bewusst zu werden.

Der wahre Krieger-Liebhaber macht sich die Mühe und nimmt sich die Zeit herauszufinden, wer die andere Person zu diesem bestimmten Zeitpunkt ist. Dann tut er dasselbe in Bezug auf sich selbst und akzeptiert die Gegebenheiten. Wenn diese Akzeptanz (und wirkliche Akzeptanz ist gleichbedeutend mit Liebe) in urteilsfreier Weise die Beziehung bestimmt, wird es für beide Partner möglich, bisher unausgesprochene Gefühle, Wünsche und Begehrlichkeiten zusammen zu erforschen. Körperliche Unzulänglichkeiten spielen keine Rolle mehr, wenn wir das Gefühl haben, dass unser Partner uns als ganzheitliches Wesen sieht und daran Freude empfindet. An diesem Punkt lösen sich Schüchternheit und Reserviertheit in Luft auf. Die Notwendigkeit zu "funktionieren" oder "gut im Bett zu sein" ist nicht mehr Teil der Gedankenwelt des Krieger-Liebhaber-Paars, denn solche Einstellungen ziehen eine quantitative statt einer qualitativen Bewertung der Beziehung nach sich – und wie wir bereits wissen, ist es die Waise, die dem große Bedeutung beimisst. Waisen neigen manchmal dazu, die Anzahl der Male zu zählen, die sie Sex hatten, oder die Anzahl der Orgasmen dabei, und über diese Dinge lassen sie oft die geistige Verbindung, die sie in ihrer Beziehung zueinander schon hergestellt haben, außer Acht.

Schließlich ist es etwas ganz anderes, mit einem Menschen die Sexualität zu teilen und zu erfahren, als einfach nur "Sex zu haben" – vor allem, weil Sex nicht etwas ist, das man besitzen kann; man kann also nicht im wörtlichen Sinne Sex "haben". Das Erleben eines bestimmten Ereignisses ist etwas, das nur in jenem bestimmten Augenblick erfolgen kann. Als ich in meiner Tageszeitung las, dass es unter Jungvermählten eine Art "Trend" gibt, ihre ersten gemeinsamen sexuellen Aktivitäten als Mann und Frau auf Video aufzunehmen, fand ich es interessant, dass diese jungen Menschen sich nicht mehr so sehr damit befassten, was sie zum Zeitpunkt ihrer sexuellen Aktivitäten tatsächlich taten, sondern vielmehr damit, eine Art "physisches Artefakt" für die Zukunft zu schaffen – vermutlich um zu einem späteren Zeitpunkt ihre Aufnahmen anzuschauen, wenn sie das Bedürfnis danach verspürten. Es liegt mir fern, ein Urteil über die sexuellen Vorlieben anderer Menschen zu fällen; ich möchte hier nur darauf hinweisen, dass eine emotionale Erfahrung auf diese Weise in ein physisches Objekt umgewandelt werden kann – auf dieselbe Weise, wie das Teilen und Erfahren der Sexualität mit einem anderen Menschen sich in profanes "Sex haben" wandeln kann. Waisen sind vielleicht auf Videos oder DVDs als Erinnerungshilfe und Rückversicherung angewiesen; Krieger-Liebhaber wissen, dass der wirklich wichtige Teil des Liebeslebens nicht im rein körperlichen Akt besteht. Für den Krieger-Liebhaber ist der Sexualakt der Punkt, an dem zwei Menschen sich miteinander verbinden und dabei das Gewöhnliche und Alltägliche transzendieren. Sie wissen, dass etwas Wichtiges zwischen ihnen geschehen ist und dass sie sich durch die Öffnung für den jeweils anderen verletzlich gemacht haben – aber vom Partner akzeptiert wurden.

Wenn es zu dieser Vereinigung kommt, erfolgt eine interessante Transformation: Das Gefühl der Sicherheit und des Vertrauens, das das Krieger-Liebhaber-Paar in seiner Beziehung spürt, gestattet dem lange verborgenen Archetypen des Unschuldigen, zum Vorschein zu kommen. Einige Menschen beschrieben dies mir gegenüber als "wieder wie ein Kind sein", und es markiert den Punkt, an dem der reine, liebevolle Unschuldige freikommt, um sich einmal mehr vorzuwagen. Der Krieger-Liebhaber ist imstande, auf die äußerst starke Kraft dieses Archetypen zuzugreifen – und zwar ohne die Verletzlichkeiten und Beschränkungen, die der Unschuldige auf seiner Entwicklungsstufe noch fürchtet. Tatsächlich kann der Krieger-Liebhaber die positiven Eigenschaften der Waise und auch die des Pilgers für sich nutzen. Er wird das Gefühl der Sicherheit schätzen, dem die Waise so viel Bedeutung beimisst, und er wird das aufrichtige Forschen und Fragen des Pilgers anerkennen – doch er wird keinem dieser beiden Archetypen gestatten, Macht über sein Selbst zu erlangen.

Wie wir mit der Energie des Archetypen in Kontakt treten können

Wenn wir die Energie des Krieger-Liebhabers in unserem eigenen Leben erfahren und spüren möchten, ist es nützlich, sich an Menschen zu erinnern, mit denen wir zuvor in einen Konflikt geraten waren und zu einem späteren Zeitpunkt wieder Frieden schließen konnten. Gibt es solche Menschen in Ihrem Leben? Falls ja, stellen Sie sich diese Person vor Ihrem geistigen Auge vor, um sich an die Kraft zu erinnern, die Sie beim Kämpfen aufbringen, als auch an die Notwendigkeit, trotz eines Konflikts offen und liebevoll zu bleiben. Ein Mann berichtete mir, dass ein Junge, mit dem er damals zusammen im Kindergarten war und den er am meisten hasste, später zu der Person wurde, der er am meisten Vertrauen und Liebe schenken konnte – selbst wenn es Jahre brauchte, um an diesen Punkt zu kommen. Bilder aus der Zeit der Schule oder Universität können manchmal denselben Zweck erfüllen; sie zeigen uns, mit wem wir letztendlich Freundschaft geschlossen haben – und weshalb.

Sie können sich zum Beispiel auch eine Zeit aussuchen, als Sie andere dazu bewegen mussten, etwas so zu tun, wie Sie es für am besten hielten; und obwohl es vielleicht Vorbehalte oder Einwände dagegen gab, waren Sie imstande, Ihren Standpunkt durchzusetzen und gegenüber Ihren Skeptikern freundlich zu bleiben. Wie fühlte sich dies für Sie an? Waren Sie in der Lage, offen und empfänglich für andere Meinungen und Standpunkte zu bleiben? Denken Sie daran: Für den Krieger-Liebhaber ist es nie einfach nur eine Frage, was als Endprodukt herauskommt, sondern ob Menschen in der Lage waren, zielgerichtet zusammenzuarbeiten.

Noch ein Beispiel: Vor einiger Zeit zeigte mir ein Mann das Foto eines wunderschönen Oldtimers, für dessen Kauf er fast seine gesamten Ersparnisse aufgewendet hatte. Seine Freunde hielten ihn für verrückt, doch er vertraute seiner Intuition – und einige Jahre später verkaufte er den Wagen mit Riesengewinn, denn in der Zwischenzeit war diese bestimmte Marke ein sehr begehrtes Liebhaberobjekt geworden. Er erinnerte sich daran, wie er – trotz aller Einwände seiner Freunde – an seinem Vorhaben festhielt, und wie er mit dem Gewinn, den er mit dem Wagen erzielte, sein Leben völlig neu gestalten konnte. Er hatte es einfach abgelehnt, sich so zu verhalten wie früher, als er noch dem Gruppendruck nachgegeben hatte.

Ein anderer Mann erinnerte sich daran, wie schwer es für ihn und seine Frau gewesen war, ein anständiges Auskommen zu haben, denn sie waren beide Schriftsteller und verdienten mit ihren Werken nur sehr wenig Geld. Er erinnerte sich gern an jene Zeit, denn sie machten beide das, wozu sie sich berufen fühlten, und führten ihr Leben so, wie sie es für richtig hielten. Und auch wenn dabei unterm Strich kein Bestseller herauskam, bereuten sie keine Minute ihres bisherigen Lebens. Dies ist die Kraft des Krieger-Liebhabers. Was immer Sie als Beispiel aus Ihrem eigenen Leben heranziehen möchten: Konzentrieren Sie sich auf die Energie und Kraft, die dieses Erlebnis Ihrer Seele gab. Wenn Sie dies tun, reaktivieren Sie die Kraft dieses Archetypen und können sie für sich nutzen.

Aus meinen Workshops weiß ich allerdings, wie schwierig das sein kann. Ich lasse die Teilnehmer dann folgende Übung durchführen: Schließen Sie sich mit einem Teilnehmer zusammen, den Sie noch nicht kennen, und geben Sie sich gegenseitig einige Minuten Zeit, über eine frühere Handlung nachzudenken oder sich an eine bestimmte Zeit zu erinnern, zu der Sie sich gut fühlten. Sobald beide Teilnehmer sich an ein konkretes Geschehen erinnern, bitte ich sie darum, dem jeweils anderen davon zu erzählen – und zwar für genau zwei Minuten. In dieser Zeit ist es demjenigen, der zuhört, nicht gestattet, sein Gegenüber zu unterbrechen, Kommentare abzugeben oder sich Notizen zu machen. Nach Ablauf der zwei Minuten hat die Person, die zugehört hat, ebenfalls zwei Minuten Zeit, das Gehörte mit eigenen Worten wiederzugeben. Und auch hier gilt wieder das Gebot: keine Unterbrechungen, keine Kommentare. Anschließend erhält die Person, die als Erstes zwei Minuten sprach, Gelegenheit zu beurteilen, ob die Person, die zuhörte, dass Gesagte richtig verstanden hat oder nicht. Dann werden die Rollen getauscht. Zum Schluss der Übung bitte ich die Teilnehmer, den anderen Anwesenden mitzuteilen, ob – und wenn ja, was – ihnen bei dieser Übung aufgefallen ist. Es ist immer wieder interessant festzustellen, wie viele Menschen bei dieser Übung das Gefühl haben, sie könnten eigentlich auf nichts in ihrem Leben stolz sein. Oder sie befürchten, bei dieser Übung als Aufschneider oder Wichtigtuer angesehen zu werden. Und ich bin ebenfalls überrascht, dass viele Teilnehmer voll des Lobes für ihr Gegenüber sind, sich so geöffnet zu haben.

Wenn die Übung gut läuft – und gewöhnlich ist das der Fall –, gestattet sie es jedem Teilnehmer, etwas zum Ausdruck zu bringen, worauf er oder sie stolz ist; und dafür wird er vom Zuhörer bestätigt. Dabei kommen oft erstaunliche Handlungen zum Vorschein, bei denen Mut, Tapferkeit und Klugheit im Übermaß vorhanden waren – doch die Erinnerung daran war nahezu verschüttet.

Die Übung fordert uns dazu auf, unsere eigenen erfolgreichen Handlungen neu zu überdenken, und oft wird sie sowohl von Gelächter als auch von Tränen begleitet, wenn Menschen sich daran erinnern, wie wagemutig und scharfsinnig sie tatsächlich einmal waren. Und sie stellen fest, dass sie sich mit dem, was sie getan haben, gut fühlen. Sie finden Zugang zu ihrer eigenen Courage und dem Gefühl, etwas Wertvolles getan zu haben – und fast immer geschah dies aus Mitgefühl. So lernen sie, in Kontakt mit der Energie des Krieger-Liebhaber-Archetypen zu treten, sie zu spüren und wieder für sich zu beanspruchen. Es ist gut, die Übung von Zeit zu Zeit zu wiederholen, denn wie so viele andere Dinge neigt auch unser Mutniveau dazu zu sinken, wenn es uns an entsprechenden Herausforderungen mangelt. Eine gute Frage, die Sie sich selbst stellen können, ist: Haben Sie für sich persönliche Normen und Standards aufgestellt, mit denen Sie sowohl Ihr Mutniveau als auch Ihr Ausmaß an Mitgefühl für andere aufrechterhalten können? Wenn jemand Sie verbal angreift oder verletzt, können Sie dann genug Mut und Mitgefühl aufbringen, um die Person ohne Groll oder Aggressionen zu bitten, ob es nicht möglich sei, ihr Verhalten zu ändern? Die meisten von uns sind dazu *nicht* imstande.

Der Krieger-Liebhaber im Tarot

Im Tarot scheinen drei Karten den Weg zum Krieger-Liebhaber zu reflektieren, nämlich die Karten 6, 7 und 8, und interessanterweise unterteilen sie diesen Archetypen in sich gegenseitig ergänzende Aspekte. Karte Nummer 8 trägt den Namen "Die Kraft". Sie zeigt eine weibliche Figur – vielleicht als Darstellung der Natur –, die einen Löwen zähmt. Dies ist eine Wiedergabe der Stärke und Sanftheit des "weiblichen" Aspekts des Selbst, der die eher "männliche" Energie des offensichtlich männlichen Löwen zähmt und zum Ausgleich bringt.

Karte Nummer 7, "Der Wagen", zeigt einen triumphierenden Soldaten auf einem Wagen, der von zwei Sphingen – eine weiß, eine schwarz – gezogen wird. In den Farben Schwarz und Weiß finden wir wieder die Balance, und es ist klar, dass der Soldat Kontrolle über die Sphingen und ihren potenziell destruktiven Charakter ausübt. Er verkörpert also die zivilisierende Kraft moralischer Stärke. Es herrscht allgemeine Übereinkunft darüber, dass diese Karte rationale, logische und männliche Attribute sowie die Abwesenheit des Emotionalen widerspiegelt.

Karte Nummer 6, "Die Liebenden", zeigt zwei unbekleidete Menschen, höchstwahrscheinlich Adam und Eva, mit dem Baum der Erkenntnis im Garten Eden. Wir erkennen auch die Schlange, die sich hinter der weiblichen Figur um den Baum windet, und einen weiteren Baum, wahrscheinlich den Baum des Lebens, hinter der

Der Wagen

männlichen Figur. Über ihnen in der Mitte sehen wir einen Engel, der die beiden zu segnen scheint. Das flammende Schwert der Vertreibung ist hier allerdings nicht zu finden. Auffällig an der Karte ist die Balance und Symmetrie, mit der sie gestaltet ist. Dies ist das Bild zweier Liebender, die rein, einander ebenbürtig und noch nicht aus dem Paradies vertrieben worden sind; der Engel segnet sie für ihre freimütige Aufrichtigkeit.

Betrachten wir diese Karten zusammen, können wir sehen, dass die Karte "Die Kraft" eine Wiedergabe der weiblichen Energie ist. "Der Wagen" stellt natürlich die männliche Energie dar, und "Die Liebenden" bringen Balance und Reinheit zum Ausdruck. Wir erinnern uns daran, dass Adam und Eva – zumindest für eine Weile – einander treu waren und auch Gott treu dienten. Sie wurden auch mit der Herrschaft über alle Tiere auf der Erde betraut. Sie brauchten sich nicht anzustrengen, Kontrolle über die anderen Geschöpfe auszuüben, denn sie hatten bereits "das Sagen". Die drei Karten scheinen zu beschreiben, was der Krieger-Liebhaber im Rahmen seiner Entwicklung vollbringen muss

Die Liebenden

Die Kraft

– Schritt für Schritt. Die weibliche Figur zähmt den Löwen, tötet ihn aber nicht; sie verkörpert die Kontrolle der Emotionen und die Notwendigkeit einer direkten Verbindung zur Welt der Instinkte und Gefühle. Der Soldat zügelt und nutzt die Kraft der mythischen Sphingen, von denen man annahm, sie wären böse Geister. Man könnte also sagen, dass die Karte eine Form von Geistesstrenge verkörpert, die das Vorherrschen rein destruktiven Denkens in ihre Schranken weist. Die Liebenden werden als unschuldiges, reines Paar gezeigt, das im Einklang mit Gottes Willen lebt. Die Karte "Die Liebenden" ist von diesen drei Karten die "höchste" und weist darauf hin, dass das Konzept dieser drei Karten einen Entwicklungsprozess darstellt.

Diese Karten folgen im Tarotdeck direkt aufeinander, und jede von ihnen stellt eine Eigenschaft dar, die leicht in ihr Gegenteil verkehrt werden kann. Sie scheinen auszudrücken, dass Kraft nicht die einzige Methode ist, um Wildheit und Unzivilisiertheit zu zügeln; dass Triumph sehr leicht in Tyrannei und Arroganz umschlagen kann und dass aus Liebe Maßlosigkeit und Selbstherrlichkeit werden kann (erinnern Sie sich daran: Adam und Eva beleidigten Gott, weil sie sich zu anmaßend verhielten). Der gemeinsame Nenner dieser drei Karten ist, dass sie sich mit der Balance zwischen Macht und Emotion befassen. Als solches scheinen die drei Karten die Situation des Krieger-Liebhabers sehr gut zu reflektieren.

Menschen, die sich schon länger mit dem Tarot befassen, wird vielleicht auffallen, dass meine Deutungen der hier aufgeführten Karten etwas von den allgemeinen Auffassungen, was die Interpretation der Karten angeht, abweichen. Die Bedeutung der Tarotkarten ist abhängig davon, in welcher Position sie sich in einem bestimmten Legeschema während einer Lesung befinden, und auch davon, welches Tarotdeck zum Einsatz kommt. Außerdem müssen wir natürlich der Tatsache Rechnung tragen, dass jedes Individuum, das die Karten befragt, sich in einer bestimmten

Lebenssituation befindet, aufgrund derer die Bedeutung der Karten variieren kann. Mir liegt es fern, hier die Weisheit erfahrener Tarot-Kartenleger infrage zu stellen; worauf es mir ankommt, ist, darauf hinzuweisen, dass diese Karten auf einer anderen Bedeutungsebene ganz anders als üblich interpretiert werden können. Die Aufgabe, die ich mir dabei gestellt hatte, war, die Bilder auf den Karten den archetypischen Entwicklungsstufen zuzuordnen, mit denen wir uns hier beschäftigen, und es scheint doch recht klar zu sein, dass es hier genügend Analogien und Übereinstimmungen gibt, was die wesentlichen Eigenschaften und Qualitäten dieser Archetypen betrifft.

Beispiele aus dem realen Leben

Im realen Leben lassen sich Beispiele für den Krieger-Liebhaber nicht immer so leicht finden. Der Grund dafür ist, dass Menschen, die ein breites öffentliches Interesse genießen, sich nur für eine kurze Zeit auf dieser Entwicklungsstufe aufhalten, bevor sie zur nächsthöheren Stufe des Monarchen voranschreiten. Wenn wir genau hinschauen, können wir jedoch einige Beispiele für Krieger-Liebhaber finden. Angelina Jolie war und ist gewiss eine sehr erfolgreiche, aber auch mit Problemen belastete Schauspielerin, deren markanteste Kennzeichen wohl ihre Tätowierungen, ihre Messerkollektion und ihr konfuses Privatleben sind. Doch an einem bestimmten Punkt trat sie aus dem Schema der typischen Hollywood-Schauspielerin heraus und begann, Interesse an Waisenhäusern in aller Welt zu entwickeln und auch selbst Waisenkinder zu adoptieren. Dies schien zeitlich zusammenzufallen mit ihrer Liebesaffäre mit Brad Pitt, der ihr Engagement zwar unterstützt, sich aber weniger auffallend für gemeinnützige Projekte einsetzt. Könnte man behaupten, dass eine funktionierende Liebesbeziehung, die offensichtlich eine dauerhafte Zuneigung zwischen diesen beiden Menschen hervorgebracht hat, Mrs. Jolie in die Lage versetzte, nicht nur durch ihre Kinofilme, sondern auch durch ihre Öffentlichkeitsarbeit stärker ins Bewusstsein der Menschen zu rücken? Die ausführliche Medienberichterstattung über die Unstimmigkeiten mit ihrem Vater Jon Voight hatten sicher dazu geführt, dass sie sich in der Vergangenheit wie eine Weise gefühlt haben mag, doch nun scheint es, als ob sie ihre früheren Verletzungen überwunden hat und ihre Erfahrungen daraus in produktiver Weise einsetzt. Zusätzlich zu den drei leiblichen Kindern haben die beiden auch noch drei Kinder adoptiert. Es ist nicht einfach, die wahren Motive für solch ein Engagement nachzuvollziehen, doch bei Mrs. Jolie können wir meiner Ansicht nach ziemlich sicher sein, dass sie nicht egozentrischer Natur sind. In der Presse wurde ihr immer wieder vorgeworfen, dass ihre Adoptionen nur eine Art PR-Kampagne gewesen wären und dass hinter ihrem sozialen Engagement eigentlich nur der Wunsch stehe, gönnerhaft und "trendy" zu erscheinen. Doch die Tatsache, dass das Paar nun die Verantwortung für das Wohlergehen von insgesamt sechs Kindern übernommen hat, spricht eine deutlich andere Sprache. Mrs. Jolie hat für alle sichtbar unter Beweis gestellt, dass aus einer persönlichen Liebe zwischen zwei Menschen ein über das Gewöhnliche hinausgehendes soziales Engagement erwachsen kann: Als ehemalige Sonderbotschafterin des UNO-Hochkommissariats und Sondergesandte des UN-Flüchtlingskommissars António Guterres setzt sie sich rund um die Welt für humanitäre Projekte ein. Andere Künstler und Prominente wie etwa Madonna sind mittlerweile ihrem Beispiel gefolgt und haben ebenfalls Kinder adoptiert.

Ein noch kontroverseres Beispiel ist Bill Clinton. Als er seine Affäre mit Monica Lewinsky hatte, kamen eine Reihe von Archetypen auf ziemlich unerwartete Weise zum Vorschein. Clinton beging einen großen Fehler: Er erkannte nicht, wer Monica wirklich war oder was sie möglicherweise tun würde. Er war so sehr von sich selbst als Präsident eingenommen – die Monarchenrolle schlechthin –, dass er versäumte, sie als ein menschliches Wesen zu sehen, das aufgrund seiner emotionalen Verletzungen womöglich rachsüchtig reagieren könnte. Er glaubte, mit allem davonkommen zu können, und wenn das Ego auf diese Weise zum Vorschein tritt, führt dies sehr schnell zur Herabwürdigung des Monarchen-Archetypen.

Bill Clinton hatte unter Beweis gestellt, dass er ein kompetenter Politiker war, der seinem Land dienen wollte. Von der Entwicklungsstufe her war er schon ein Krieger-Liebhaber, und als er eine Person von internationalem Ansehen wurde, schien er wie ein Monarch zu sein. Doch zumindest eine der Personen, für deren Wohlergehen er als Monarch verantwortlich war, behandelte er in herablassender und geringschätziger Weise. Gleichzeitig war er seiner Frau gegenüber untreu, ohne daraus je irgendeinen Vorteil oder Nutzen gezogen zu haben. Die Folgen der Affäre waren weitaus schlimmer, als sich irgendjemand hätte vorstellen können: Während die präsidiale Exekutive in diesen Skandal verwickelt und von ihm vollkommen eingenommen war, wurde zum Beispiel nichts unternommen, um das Blutbad auf dem Balkan zu stoppen.

Monica, so berichteten die Medien, hegte die Hoffnung, dass der Präsident sich von seiner Frau scheiden lassen und eine Beziehung mit ihr beginnen würde. Nun, dies ist ein typisches Beispiel extremen Waisendenkens: Der Prinz kommt auf seinem weißen Schimmel dahergeritten, hebt sie aufs Pferd und reitet mit ihr davon – und alles wäre perfekt. Nun, sie war jung, naiv und wurde von Clinton und später von dessen Gegnern schlicht ausgenutzt; man sollte ihr also hinsichtlich der Affäre keine Vorwürfe machen. Das wirklich Traurige daran war jedoch: Clinton sah sie nicht als die Person, die sie war; hätte er dies getan, hätte er auch gewusst, dass sie eine verletzliche Waise war, und sich erst gar nicht auf sie eingelassen. Doch sein Ego machte ihn blind gegenüber den Menschen, die ihn umgaben, und so mangelte es ihm an Urteilsvermögen und echtem Mitgefühl. In gewisser Weise könnte dies jedem passieren, der als eine Art Held gefeiert wird. Ob es um Profi-Basketballer geht, die sich auf Sex mit jungen Frauen einlassen und sich dann aufgrund von Vaterschaftsklagen vor Gericht wiederfinden, oder Präsidenten, die im Oval Office Sex praktizieren – die Umstände sind ziemlich ähnlich, auch wenn die Folgen natürlich in beiden Fällen ganz andere sind. Menschen, die in einem bestimmten Bereich ihres Lebens Monarchen sind, werden leicht zur Zielscheibe von Waisen, die ein schönes und bequemes Leben anstreben.

Monica Lewinsky hat übrigens nach dieser Affäre recht wenig getan, um aus ihrem plötzlichen Prominentenstatus Kapital zu schlagen. Sie versuchte sich im Internethandel mit der Vermarktung selbst entworfener Handtaschen und war damit relativ erfolgreich, weil sie mit dem Label *The Real Monica Inc.* ihren Namen verband; später verschwand sie dann aber aus der öffentlichen Wahrnehmung. Vielleicht entwickelt sie sich eines Tages zu einer wirklich interessanten Person des öffentlichen Lebens, doch vorläufig verharrt sie auf der Stufe der Waise, und es spricht nicht viel dafür, dass sich dies auf absehbare Zeit ändern wird.

Bill Clinton hätte diese Affäre beinahe das Amt gekostet. Wir können sehen, wie er als Krieger-Liebhaber für eine gewisse Zeit zum Monarchen aufstieg, bevor der Skandal an die Öffentlichkeit gelangte und er auf die Stufe des Pilgers zurückfiel, als er sein Leben neu überdenken musste. Seine Frau Hillary andererseits machte für alle deutlich sichtbar eine Phase des Wachstums und der Entwicklung durch. Sie ließ sich nicht von irgendwelchen Neidern und Kritikern, die sie zu Fall bringen wollten, beirren und wurde Senatorin für den US-Bundesstaat New York. Bei den Vorwahlen zur Präsidentschaftswahl 2008 kandidierte sie für die Demokratische Partei, unterlag dann aber Barack Obama. Seit 2009 ist sie US-Außenministerin. Dieses Engagement als Politikerin für ihr Land zeigte, dass sie zumindest eine Krieger-Liebhaberin ist, und als Bill sich ihr bei verschiedenen Anlässen anschloss, um sie bei der Sammlung von Wahlkampfspenden zu unterstützen, konnten wir feststellen, dass sie sich ihrem Ehemann gegenüber loyal verhielt, obwohl sie leicht hätte Gefahr laufen können, als gehörnte Ehefrau lächerlich gemacht zu werden. Die mitfühlende Liebhaberin hatte die Kriegerin in ihr nicht untergraben. Dies zeigte, dass sie sich ihr eigenes Urteil bilden konnte und nicht in unkontrollierter Weise ihren Emotionen nachgab. Sie machte allen deutlich, dass sie ihrem Land dienen möchte, und ließ sich nicht von diesem Ziel abbringen. Und sie hat gezeigt, dass sie trotz der Affäre ihres Ehemannes bereit war, ihm die Treue zu halten und die Beziehung fortzuführen. Sie setzt ihre Fähigkeiten klug ein, vor allem wenn es darum geht, mit anderen einen politischen Konsens zu finden – Personen, deren spezielle Meinung oder Ausrichtung sie vielleicht nicht teilt, deren allgemeine politische Grundhaltung sie jedoch akzeptiert. Es sieht tatsächlich so aus, als ob sie sich viele Eigenschaften der ausgeglichenen Monarchin angeeignet hätte.

Bill Clinton sah sich nach der Affäre gezwungen, sein Leben in gewissem Maße neu zu gestalten. Er entschied sich, seine bemerkenswerten Fähigkeiten als Diplomat zur Verbesserung von Beziehungen zwischen anderen Nationen einzusetzen. Nach seiner Zeit als Pilger hat er sich selbst auf vielerlei Weise wiederentdeckt. Es hat den Anschein, als ob er wieder zur Stufe des Krieger-Liebhabers aufsteigt – und von da aus weiter. Seine erneute Treue zu Hillary und seine engagierte Arbeit zeigen sein Mitgefühl und seine Courage – trotz der öffentlichen Kritik, der er sich stellen musste. Die Zukunft wird zeigen, wie er in die Annalen der Geschichte eingehen wird.

Eine der besten Quellen, um den Krieger-Liebhaber in Aktion zu sehen, sind Memoiren von Menschen, die diese Entwicklungsstufe bereits durchlaufen haben. Der US-amerikanische Schauspieler, Drehbuchautor und Filmemacher Dennis Watlington, der mit einem Emmy und anderen bedeutenden Preisen ausgezeichnet wurde, beschreibt in seinen Memoiren mit dem Titel *Chasing America*[19], wie er aus ärmlichsten Verhältnissen in Harlem, New York, kam und nach Jahren der Heroinabhängigkeit und Kriminalität sich schließlich selbst rehabilitierte und auch mit einer Portion Glück zu einem erfolgreichen und erfüllten Leben fand. Er ist ein gern gesehener Gast an Schulen und Colleges in innerstädtischen Problembezirken, wo er die Schüler an seiner Lebensgeschichte teilhaben lässt. Ein Satz, den die Schüler dabei häufig von ihm hören, ist: "Was immer ihr angestellt habt – ich war mindestens so schlimm wie ihr." Dadurch kann er den Schülern auf glaubhafte Weise vermitteln, dass es für sie einen Weg aus ihrem Dilemma gibt, egal was in ihrem Leben bis dahin geschehen ist. Er beschreibt sich selbst als "Krieger für den Frieden", und das trifft wohl auch genau auf ihn zu, wenn er den "Problemkids" einen Ausweg aus ihrer Situation zeigt. In seinen Memoiren und Vorträgen spricht er oft über die Zeit seiner Inhaftierung in den 1960er-Jahren, als er das erste Mal den Beatles-Song "All You Need is Love" hörte. Bis zu jenem Zeitpunkt, so sagte er, hätte er immer gedacht, Liebe sei etwas für dumme und naive Leute – vor allem Weiße. Doch: "John Lennon machte mir klar, dass man sowohl ein Mann sein als auch lieben kann. Man muss nicht unbedingt gemein und hinterhältig sein, um als Mann zu gelten. Ich konnte nicht glauben, dass ich das vorher nie so gesehen hatte." Liebe, die er zuvor noch als Zeichen der Schwäche gedeutet und deshalb verachtet hatte, hatte sich ihm als starke Heilkraft offenbart – und daran hat sich für ihn bis heute nichts geändert.

Wenn Dennis Vorträge hält oder aus seinen Memoiren liest, wird dem Zuhörer sehr schnell klar, dass es ihm fernliegt, mit seinen damaligen Nöten und Entbehrungen zu kokettieren. Vielmehr ist er daran interessiert, jungen Menschen den Weg zu einer eigenverantwortlichen und produktiven Zukunft aufzuzeigen. Er verfolgt mit seinem Engagement weder persönliche Interessen noch stochert er in den Wunden der Vergangenheit, denn er weiß aus eigener Erfahrung, dass dies zu nichts Gutem führt. Es ist bemerkenswert zu sehen, wie er sein persönliches Leidensschicksal in ein außergewöhnliches soziales Engagement umgewandelt hat, um jungen Menschen zu helfen, die dieser Hilfe offensichtlich am meisten bedürfen – egal ob sie schwarz oder weiß sind. Er sagt dazu: "In den letzten hundert Jahren sind wir sehr weit gekommen, was die Aufhebung der Rassendiskriminierung betrifft. Lasst uns weiter für Chancengleichheit kämpfen – und lasst uns die dunkle Vergangenheit vergessen."

In der Arbeit mit sozial benachteiligten Schülern und Studenten ist Dennis ein Krieger-Liebhaber; er übt eine starke Wirkung auf seine Zuhörer aus und ermutigt sie immer wieder, couragiert in die Zukunft zu blicken und alte Verletzungen und Gefühle der Ausweglosigkeit hinter sich zu lassen. In solchen Momenten wird er auch zum Magier, der es versteht, Herzen auf eine Weise zu berühren, die jeden Menschen überrascht.

Kapitel 8

Das Monarchenpaar

—◌◌—

Das Monarchenpaar lässt sich wohl am besten durch einen Vergleich beschreiben. Wenn man den Krieger-Liebhaber als Person kennzeichnen kann, die imstande ist, wirklich offen und ehrlich mit ihrem Partner zu sein und sich dabei auch verletzbar zu zeigen, dann zeigt das Monarchenpaar dieselben Qualitäten – nur reichen diese über die unmittelbare Paarbeziehung hinaus in die ganze Welt.

König und Königin verkörpern als Paar die Verschmelzung des männlichen und weiblichen Prinzips; die Entschlossenheit einerseits und das Entgegenkommen andererseits; Führungsstärke und Fürsorge zugleich – das Yin und Yang in perfekter Harmonie. Ein König muss in der Lage sein, schwere, mitunter drastische Entscheidungen zu fällen und mit ihnen zu leben. Vielleicht gehört dazu auch, zum Wohl der ganzen Gesellschaft das Vergehen Einzelner entsprechend zu ahnden. Kriminelle Elemente der Gesellschaft müssen unter Umständen inhaftiert, vielleicht sogar exekutiert werden. Umgekehrt sollten rechtschaffene Bürger für ihre gesellschaftlichen Leistungen honoriert und entsprechend belohnt werden – und Mitglieder der Gesellschaft, die auf Abwege geraten sind, sollten korrigiert und wieder auf eine Weise integriert werden, dass sie sich nicht von der Gemeinschaft entfremden. Der Monarch muss sich um seine Untertanen, das Volk, kümmern, oder es wird anfangen zu rebellieren. Gleichzeitig muss er aber auch dafür sorgen, dass das Volk seiner Steuerpflicht nachkommt und die gesellschaftlichen Strukturen bewahrt, denn sonst können die Staatsgeschäfte nicht reibungslos betrieben werden. Ein Herrscher muss wissen, wann er streng und wann er gütig sein sollte, und wie gute Eltern muss er gelegentlich Liebe und Härte gleichzeitig zum Ausdruck bringen. Die Geschichtsbücher sind voll mit Beispielen männlicher Führungspersönlichkeiten, die aus ihrer Herrschaftsposition gedrängt wurden, weil es ihnen nicht gelang, zu dieser Balance zu finden. Ob es der amerikanische Unabhängigkeitskrieg gegen die Briten und König George III. war ("Keine Besteuerung ohne Vertretung!") oder die Terrorherrschaft der Jakobiner während der Französischen Revolution – in beiden Fällen waren die Herrscher nicht aufmerksam und aufgeschlossen genug, was die Bedürfnisse ihrer Untertanen betraf.

Der Bund zwischen Herrscher und Untertanen ist im Wesentlichen ein Bund der Liebe. Tatsächlich ist die Situation direkt mit dem Werdegang der meisten Elternpaare vergleichbar. Sie empfinden Liebe füreinander (so hoffen wir oder so glauben sie zumindest selbst), und wenn sie Kinder zur Welt bringen, stellen sie fest, dass sie diese auch lieben. Und doch bedeutet ein Neugeborenes viel Arbeit. Kinder brauchen Liebe, Zuneigung, Zeit und Geld in Hülle und Fülle, und selbst wenn sie herangewachsen sind, haben sie noch vielfältige weitere Bedürfnisse. Erwachsene Kinder durchleben bestimmte Krisenzeiten, brauchen Rat, manchmal sogar bestimmte Herausforderungen, und mitunter kann ihre Lage so verzweifelt sein, dass sie wieder wie abhängige Angehörige behandelt werden müssen. Der Monarch kann sich in einer Situation wiederfinden, in der er es für nötig hält, die Lektionen der Liebe über die unmittelbare Ehebeziehung hinaus auszuweiten.

Die Herausforderungen für das Monarchenpaar

Kinder wachsen heran, um zu unabhängigen und eigenständigen Erwachsenen zu werden. Eltern lieben ihre Kinder und sind doch oft erstaunt, wie anders ihre Kinder im Vergleich zu ihnen selbst sind. "Von wem hat er das denn?", fragte mich eine Mutter einmal in meiner Beratungspraxis, als sie über die Mathematik-Besessenheit ihres Sohns lachte. "Ich weiß nicht, woher sie das Talent hat; weder ihr Vater noch ich haben irgendeine nennenswerte musikalische Begabung", sagte mir eine andere Mutter. Im Verlauf der Jahre kann es den Anschein haben, dass das Kind in seinem Verhalten seinen Eltern eher weniger als mehr ähnelt – und dies kann zu Missverständnissen führen. Die Herausforderung für den Monarchen ist, andere zu lieben – egal wie anders sie im Vergleich zu ihm sind – und ihnen allen die gleiche Behandlung und Fürsorge zukommen zu lassen.

Jeder von uns weiß allerdings, wie schwer das sein kann; in fast jeder Familie gibt es Kinder, die bevorzugt oder begünstigt werden. So können sich zum Beispiel Papa und Tochter Susanne eng miteinander verbunden fühlen; sie mögen dieselben Dinge und denken ähnlich. Mit Sohn Bernd kommt Papa hingegen gar nicht zurecht und findet ihn "schwierig". Er findet deshalb vielleicht nicht so viel Gefallen an seinem Sohn wie an seiner Tochter. Und obwohl er vielleicht immer einen Sohn wollte, der gern Fußball spielt – und Bernd kann Fußball überhaupt nichts abgewinnen –, ist es doch seine Aufgabe als Elternteil, beiden Kindern gegenüber zu gleichen Teilen Liebe zum Ausdruck zu bringen und nicht zu versuchen, sie auf eine Weise zu formen, die ihrem Wesen nicht entspricht. In meiner Beratungsarbeit stoße ich immer wieder auf genau dieses Problem. Erwachsene haben nicht das Gefühl, als Kind von ihren Eltern geliebt, verstanden, angenommen oder gar bemerkt worden zu sein. Die Liste ließe sich beliebig fortsetzen. Manchmal ist das zugrunde liegende Problem, dass die Eltern von sich selbst so eingenommen und "fasziniert" waren, dass die Kinder nie wirklich Gelegenheit hatten, auf ihre Eltern entscheidend einwirken zu können. Ich erinnere mich an einen Fall, bei dem die Eltern fast tagtäglich in Auseinandersetzungen miteinander verwickelt waren; sie wollten sich jedoch auf gar keinen Fall scheiden lassen, und so waren die täglichen Streitereien ihre bevorzugte Art des Umgangs miteinander. Wenn sie sich zankten und stritten, waren sie wenigstens mit Leidenschaft und Engagement dabei – und sicherten sich damit gleichzeitig die ungeteilte Aufmerksamkeit des jeweils anderen. Nicht überraschend war es deshalb, dass die Kinder sich in der Familie wie Zuschauer bei einem Wettkampf fühlten. Als sie herangewachsen waren, zogen sie weit von ihren Eltern und voneinander weg, und es gab dadurch kaum noch Möglichkeiten, die einstige emotionale Vernachlässigung zusammen aufzuarbeiten und zu bereinigen.

Pflicht und Aufgabe der Eltern ist es deshalb – wenn sie denn wie ein Monarchenpaar eine Balance des Männlichen und Weiblichen verkörpern wollen –, ihre Kinder zu lieben und die Selbstständigkeit jedes ihrer Kinder zu respektieren, denn jedes von ihnen ist ein Individuum. Die Eltern sollten deshalb jedes Kind bei seinen individuellen Bemühungen und Bestrebungen unterstützen, egal wie sehr diese vielleicht von den Wertvorstellungen der Eltern abweichen mögen – und zwar ohne Zwang, Druck oder Verurteilung dafür. Wenn Eltern dies schaffen, können sie eine große Lektion dazulernen und die Gaben und Talente ihres Kindes sogar in noch höherem Maße wertschätzen als zuvor. Dies muss geschehen, unabhängig davon, ob der Monarch allein oder in einer Paarbeziehung lebt. Doch das archetypische Bild dieser Entwicklungsstufe ist explizit die Vereinigung des männlichen und weiblichen Prinzips im Monarchenpaar. So wie in jedem Land, das von einer Monarchie regiert oder repräsentiert wird, ein gewisser Druck auf dem unvermählten König oder der Königin lastet, einen Partner für die Regentschaft zu finden, so scheint es der Fall zu sein, dass der Archetyp als solches nur als Paar auftritt. Dies bedeutet jedoch nicht unbedingt, dass Paarbildungen nur zwischen Männern und Frauen möglich sind. Ich halte es für möglich, dass der Archetyp uns eine wichtige seelische Wahrheit mitzuteilen hat – nämlich dass man die verschiedenen Aspekte innerhalb des eigenen Selbst in Balance gebracht haben muss, um auf die Entwicklungsstufe des Monarchen zu gelangen und dort zu bleiben – und diese Aufgabe lässt sich am besten in einer liebevollen, auf Gleichberechtigung beruhenden Beziehung mit einem anderen angehen und erfüllen. Und hier ist der springende Punkt: Die andere Person muss dazu nicht immer anwesend sein; tatsächlich kann sie am Leben oder schon seit langer Zeit tot sein. Es kann sich dabei um einen Geliebten, um Geschwister oder einen Berater handeln; was von Belang zu sein scheint, ist nicht unbedingt, wer die Person ist oder war, sondern ob die liebevolle Verbindung es dem Monarchen gestattet hat, die notwendige Balance zu erfahren, um diese Qualitäten zu verinnerlichen und sie beizubehalten. Das liebevolle Andenken an eine Person in der Vergangenheit kann genauso wirkungsvoll sein wie eine lebendige Person in der Gegenwart, und es kann uns daran erinnern, das, was diese Person uns zu bieten hatte, anzuerkennen und zu lieben, sodass wir wiederum andere anerkennen und lieben – vor allem unsere Kinder. Überall um uns herum können wir Beispiele von Single-Eltern sehen, die diese Qualitäten erlangt und verinnerlicht haben und sie Tag für Tag leben.

Der Künstler, dessen Tochter eine berufliche Karriere als Meeresbiologin anstrebt, wird vielleicht nie ihre Faszination für Algen und Ähnliches nachvollziehen können, doch er kann sehr wohl Freude über die Hingabe empfinden, die seine Tochter für das Gebiet zum Ausdruck bringt, und trotz unterschiedlicher Ansichten über ihre Berufswahl eine persönliche Nähe zu ihr spüren. Der Vater, der Mitglied eines klassischen Orchesters ist und dessen Sohn in einer Heavy-Metal-Band spielt, teilt vielleicht nicht unbedingt seinen musikalischen Geschmack, doch er kann immer noch Bewunderung für das Interesse zum Ausdruck bringen, das sein Sohn dieser Musikrichtung entgegenbringt. Dies sind alles Lebenslektionen, bei denen es darum geht, die Liebe höher anzusiedeln als persönliche Vorlieben oder Abneigungen. Ein altes jüdisches Sprichwort, das mir ein Rabbi vor einiger Zeit erzählte, sagt dazu: "Familien sind Gottes Weg, uns nahezubringen, dass wir lernen müssen, Menschen zu lieben, die wir vielleicht nicht besonders mögen."

Stellen wir jedoch weiterhin Vergleiche auf der Ebene der Familie an, können wir keine Unterschiede zwischen dem Monarchen und dem Krieger-Liebhaber erkennen. Der Unterschied besteht in den tatsächlichen Auswirkungen auf das weitere Umfeld. Der Monarch wird diese Familienlektionen nicht nur auf sein unmittelbares Lebensumfeld, sondern auf die ganze Welt anwenden. Der wahre Monarch könnte also derjenige sein, der eine gemeinnützige Organisation oder ein Unternehmen leitet, indem er die von uns gerade beleuchteten familiären Standards bei denen zur Anwendung bringt, die nicht Teil der Familie sind und die mit ihm in Bezug auf Machtverhältnisse in einer anderen Beziehung stehen. Doch das ist am Anfang ein bisschen zu viel verlangt. In der Geschäftswelt können wir mitunter verworrene Selbstinszenierungen von Firmen beobachten, die als "Familienunternehmen" oder "Gemeinschaft" wahrgenommen werden möchten und "größte Sorgfalt auf Qualität legen". Dies ist oft nichts weiter als ein alberner Public-Relations-Trick und hat nichts zu tun mit der harten Realität – mit den Privilegien, die die Chefetage genießt und mit der gefühl- und gewissenlosen Herrschaft über die Arbeitskräfte, die zum Synonym für "Rentabilität" geworden ist. Für unsere Zwecke sollten wir erkennen, dass ein dauerhaft erfolgreiches Unternehmen einer Balance beider Aspekte – Effizienz *und* Menschlichkeit – bedarf, und das ist genau das, was der Monarch erreichen muss. Der erfolgreiche Monarch muss ein offenes Ohr für die Bedürfnisse seiner Untertanen haben. Das erfolgreiche Unternehmen wird in jedem Fall noch erfolgreicher sein, wenn die obere Führungsebene ein offenes Ohr für die Mitarbeiter hat, die ihr sagen können, was unten in der Fabrikhalle gebraucht wird – und dies zur Kenntnis zu nehmen ist ein wichtiger Aspekt des Entscheidungsfindungsprozesses.

Andere Strukturen können uns hier einige weitere Anhaltspunkte geben. Eine Armee wird vielleicht von Befehlshabern angeführt, die streng und unwirsch sein können, doch der erfolgreiche Befehlshaber ist auch einer, der von seinen Untergebenen geliebt wird, und dies ist überraschend oft der Fall. Befehlshaber oder Führungspersonen, die geliebt und respektiert werden, denen man Gehorsam und Wertschätzung entgegenbringt, sind im Regelfalle diejenigen, die bereit sind, ihren Untergebenen mit Offenheit und Geradlinigkeit zu begegnen. Die enorme Loyalität ihrer Mitarbeiter, die manche Führungskräfte und Oberhäupter genießen, hängt nicht davon ab, ob diese unnahbar oder distanziert sind; sie hängt davon ab, ob diejenigen, die sie führen, sich verstanden, anerkannt und umsorgt fühlen – etwas, das man in jedem anderen Fall als "Liebe" bezeichnen würde. Im Gegenzug bedanken sich Bürger und Soldaten mit Treue und Ergebenheit – und manchmal geben sie sogar ihr Leben für die Aufgabe, die ihnen angetragen wird.

In einer demoralisierten Armee oder notleidenden Nation hingegen herrscht immer das Gefühl vor, dass die Befehlshaber oder politischen Führungskräfte nicht wissen oder sich nicht darum kümmern, was im Alltagsleben der Menschen, für die sie eigentlich Verantwortung tragen sollten, vor sich geht. Die Folge ist ein Mangel an Vertrauen, Zuversicht oder echter Zivilcourage. Aus genau diesen Gründen werden Präsidenten und Senatoren immer wieder abgewählt.

Kehren wir zurück zum Elternteil in der Rolle des Monarchen. Diese Person muss die Fähigkeit haben, eine innige Beziehung mit

einem Ehegatten aufzubauen und gleichzeitig im äußeren Lebensumfeld ein entschlossenes gesellschaftliches Engagement zu zeigen
und aufrechtzuerhalten. Betrachten wir dies im größeren Rahmen:
Der Monarch als Oberhaupt einer Nation muss bestimmten Beratern
rückhaltloses Vertrauen schenken – wie es bei einem Ehepaar der
Fall wäre – und sich trotzdem der Tatsache bewusst sein, dass selbst
diese Berater irren und inkompetent sein können. Man muss ihnen
Liebe entgegenbringen, sie respektieren, ihnen zuhören – und ihre
Einblicke, Erkenntnisse und Ratschläge entsprechend abwägen. Der
Monarch wird auch ein offenes Ohr für die Bedürfnisse seiner Untertanen haben (so wie Eltern ein offenes Ohr für ihre Kinder
haben) und entscheiden, was zum Wohle aller Betroffenen am
besten getan werden sollte – selbst wenn dies bei einigen von ihnen
für Verstimmung sorgt. Der Monarch weiß: Selbst wenn er alle Untertanen mit Respekt behandelt hat, wird nicht jeder mit dem
Ergebnis glücklich sein – doch das gehört nun einmal dazu. Der
Monarch lernt, bestimmte Dinge nicht persönlich zu nehmen. Er
wird für das, was er als richtig empfindet, eintreten – aber er wird
auch bereit sein, sich mit dem Jammern und Stöhnen der Anders-
denkenden zu befassen; ja, er wird sogar Unstimmigkeiten und Meinungsverschiedenheiten als wesentlichen Teil eines offenen Prozesses
erkennen und akzeptieren. Das Ego, das bis zu diesem Zeitpunkt
eng mit den persönlichen Wünschen und Begehrlichkeiten verstrickt
und deshalb nicht immer objektiv war, wird nun als Instrument zur
Erlangung klaren Urteilsvermögens eingesetzt. An dieser Stelle geht
es nicht mehr darum, in den Augen anderer Recht zu haben,
sondern unabhängig von den Ansichten anderer einfach die richtigen
Dinge zu tun.

Für die meisten von uns, die in einer Familie und einer Gemeinde
leben, bedeutet der respektvolle Umgang mit allen uns umgebenden
Menschen, dass wir unsere eigenen Bedürfnisse oft hintanstellen.
Doch wenn wir dies genauer untersuchen und uns fragen, was wir

unter "unseren eigenen Bedürfnissen" verstehen, stellen wir fest, dass unser eigentliches, wahres "Bedürfnis" im Wohlergehen der Menschen um uns herum besteht. Der Unternehmenschef, der einen fairen und gerechten Umgang mit seiner Belegschaft pflegt, wird durch sein Verhalten das langfristige Bestehen und Wohlergehen des Unternehmens sicherstellen, während er andere, gleichgesinnte Führungskräfte einweist und ausbildet, die später in seine Fußstapfen treten können. Wenn wir auf der Ebene der Familie liebevolle Beziehungen zu unseren Kindern aufbauen, werden sie uns so lieben, wie wir sind – und zwar lange nachdem wir sie mit allem Materiellen versorgt haben, das sie ursprünglich brauchten. Und sie werden uns dabei helfen, unserer im Alter nachlassenden Gesundheit mit Fassung ins Auge zu blicken. Sie werden diejenigen sein, denen wir die Kontrolle übertragen, wenn wir zu krank und gebrechlich werden, um unseren Verantwortlichkeiten nachzukommen. Und sie sind diejenigen, die uns liebevoll in den Tod begleiten. Die Aufgabe des Monarchen ist es, selbst während des Sterbeprozesses imstande zu sein, andere zu unterweisen.

Heutzutage haben wir Anwälte, Nachlassverwalter, Treuhänder und vor allem verbindliche Vereinbarungen, die den größten Teil der Verantwortung dieser Art auf fremde Personen übertragen. Oft ist dies eine gute Idee, und doch ist es nur ein armseliger Ersatz für die liebevolle Bindung, die man sich zum Zeitpunkt des nahenden Todes vielleicht erhofft oder gewünscht hätte. Wir kennen die Zeitungsberichte über Familien, die sich dafür einsetzten, unheilbar kranken Familienmitgliedern ihren Sterbewunsch zu erfüllen – nur um festzustellen, dass diese Entscheidung nicht mehr in ihren Händen liegt, sondern in denen eines Arztes oder eines Krankenhauses. Gesetze, die zum Schutz des Individuums verfasst wurden, ziehen nicht immer das in Betracht, was nach normalem Ermessen mitfühlend und liebevoll wäre. Wie auch? Die Gesetze wurden von Personen erarbeitet, die mit der bestimmten Situation "vor Ort" überhaupt nicht vertraut sind. Worauf hier hingewiesen werden muss, ist Folgendes: Ursprünglich war der nahende Tod eines älteren Familienmitglieds eine Gelegenheit für die jüngeren Mitglieder, sich in Vertrauen darin zu üben, dass die "Machtübergabe" innerhalb der Familie reibungslos und harmonisch bewerkstelligt werden kann. Doch heutzutage wird ihnen dies von Ärzten, Behörden, Politikern und einer Reihe anderer Institutionen aus der Hand genommen – und das macht es für alle Beteiligten schwerer, wertvolle spirituelle Lektionen aus dem Sterbeprozess und der Sterbebegleitung zu ziehen.

Der Tod eines geliebten Menschen gibt allen Zurückgebliebenen eine wichtige Gelegenheit zu überdenken, was das Leben und die Liebe eigentlich ausmacht. Wenn wir im Sterben liegen, scheinen wir nicht allzu viele Gedanken daran zu verschwenden, wie viel Geld sich noch auf unserem Sparkonto befindet oder in welcher Verfassung sich unsere Sammlung antiker Ming-Vasen befindet. Alles, was für uns dann noch von Belang zu sein scheint, ist, ob wir in der Vergangenheit geliebt wurden, ob wir hier und jetzt geliebt werden und ob andere sehen und fühlen können, dass wir sie lieben. Dies ist natürlich nicht so leicht, wenn das im Sterben befindliche Familienmitglied Schmerzen erleidet, wenn Verwandte von Sorgen und Ängsten erfüllt sind und wenn der bevorstehende Tod des geliebten Menschen uns bis an die Grenzen unserer körperlichen Leistungsfähigkeit führt. In solchen Fällen kann es ratsam sein, auf alte Sterberituale zurückzugreifen, und in manchen dieser Rituale steckt zum Glück eine große Portion Weisheit. So geht es zum Beispiel beim Ritual der Letzten Ölung in der katholischen Kirche nicht nur darum, dem Sterbenden auf dem Totenbett die Beichte abzunehmen. Vielmehr scheint es sich dabei um eine Rückversicherung zu handeln, dass Gott diesen Menschen liebt, dass er darauf wartet, ihn oder sie in seinem Himmelreich willkommen zu heißen, und dass unsere früheren Verstöße und Verfehlungen im

Licht dieser Liebe nicht mehr von Bedeutung sind. Dies ist natürlich nicht das einzige existierende Sterberitual, doch es scheint eines der inhaltsvollsten und zweckdienlichsten zu sein. Als solches kann es uns als Modell dafür dienen, was unsere Aufgabe ist, wenn wir dem Tod ins Auge blicken, und welche Anforderungen an diejenigen gestellt werden, die uns in den Tod begleiten. Beachten Sie dabei: Beim Ritual der Letzten Ölung sagt man zu der im Sterben liegenden Person nicht: "Du kannst uns jetzt noch nicht verlassen! Wir brauchen dich! Bleib hier!" Das Ritual dient nicht dazu, die Stimmung der verzweifelten Hinterbliebenen aufzuhellen, sondern es der im Sterben liegenden Person zu gestatten, in Frieden und Liebe dahinzuscheiden – in dem Wissen, dass es nichts mehr gibt, das noch gesagt oder getan werden muss.

Da die meisten Menschen von liebevollen Angehörigen beim Sterbeprozess begleitet werden und da diese Angehörigen unter Umständen nicht wissen, was sie tun oder wie sie sich verhalten sollen (abgesehen davon, dass sie natürlich Trauer um den Verlust der geliebten Person spüren), liegt die Verantwortung für einen "reibungslosen Abgang" tatsächlich und hauptsächlich bei der Person, die eigentlich am wenigsten ausrichten kann – der Person, die im Sterben liegt. Der Tod ist etwas, das sich nicht nahtlos in die sechs Entwicklungsstufen, die wir hier beleuchten, einfügen lässt, denn es ist durchaus möglich, dass jemand zum Zeitpunkt des herannahenden Todes innerhalb sehr kurzer Zeit mehrere dieser Stufen durchläuft. Im Angesicht des nahenden Todes haben manche Menschen auf bewundernswerte Weise Liebe und Mut gezeigt, und als Folge davon war ihr Ableben für andere Menschen tatsächlich ein großes Geschenk. Nur wenige Worte, die zum genau richtigen Moment aus dem Herzen der sterbenden Person kommen, können einen bedeutenden und anhaltenden Einfluss auf das Leben eines zurückbleibenden Angehörigen ausüben. Ein Mann in meiner Beratungspraxis sagte mir einmal, dass er am Sterbebett seines Vaters eine grundlegende Transformation erfahren hat, als dieser kurz vor seinem Tod mit einem Lächeln auf dem Gesicht zu seinem Sohn sagte: "Du bist ein guter Junge." Nun könnten wir sagen, dass der Sohn wohl Gefühle in die Situation hineinprojiziert hat, und vielleicht trifft das auch zu – doch der springende Punkt hier ist, dass der Vater irgendwie spürte, was er sagen sollte, und dass es gesagt werden *musste*, um die Beziehung zwischen Vater und Sohn zu einem harmonischen Abschluss zu bringen. Sicherlich werden die Worte des Vaters nicht ihren Weg ins "Oxford-Wörterbuch der Zitate" finden, doch sie erfüllten den notwendigen Zweck, sodass der Sohn sich wirklich geliebt und angenommen fühlen konnte. Es half ihm, alte Verletzungen heilen zu lassen, und stellte sein weiteres Leben auf eine bessere Grundlage.

Die Aufgabe des Monarchen ist es, fähig zu sein, andere zu unterweisen, unabhängig davon, welche Stufe der persönlichen Entwicklung diese Menschen bereits erreicht haben mögen. Er gibt sein Wissen über Leben, Tod und Vergänglichkeit weiter, denn er hat zu diesen Themen bereits ein erweitertes Bewusstsein erlangt und weiß, was benötigt wird. Den eigenen nahenden Tod als eine Gelegenheit zu nutzen, das Bewusstsein anderer zu erweitern, ist, so könnte man sagen, das schönste Geschenk eines liebevollen Geistes.

Die flächendeckende Praxis der Apparatemedizin und komplexe Entscheidungsfindungsprozesse rund um den Tod eines Menschen haben heutzutage leider dazu geführt, dass wir aus den Augen verloren haben, worum es beim Sterbeprozess eigentlich geht. Aus Sicht der modernen Medizin ist es eher ein Versagen, wenn das Leben eines Menschen nicht durch die Verabreichung bestimmter Arzneimittel oder den Einsatz bestimmter Geräte verlängert werden kann, doch aus spiritueller Sicht täten wir besser daran, uns mit dem natürlichen Lauf der Dinge anzufreunden und dem geliebten Angehörigen ein würdevolles Sterben im Kreis seiner Liebsten zu ermöglichen.

Einige weitere Betrachtungen:
Verantwortungen übertragen

Der Archetyp des Monarchen lässt sich am einfachsten veranschaulichen als eine Person, die anderen Vertrauen entgegenbringt, ihnen Verantwortung überträgt und sie im Allgemeinen fördert – genau wie es eine erfahrene Führungskraft oder hingebungsvolle Eltern tun. Der Monarch tut dies, weil es die beste Möglichkeit ist, jeden Menschen dazu zu bringen, sein volles Potenzial abzurufen und auszuschöpfen, sodass er seinen persönlichen Beitrag zum Wohlergehen des ganzen Landes leisten kann. Dies ist ein Schritt nach vorn, der es erfordert, wesentliche Risiken einzugehen – wie es immer der Fall ist, wenn man anderen Vertrauen schenkt. Doch der Monarch weiß, dass die Aufgabe nicht darin besteht, "im Job zu bleiben", sondern innerhalb des Königreichs durch Übertragung von Verantwortungen das Machtgleichgewicht zwischen Herrscher und Beherrschten zu bewahren. Missstände und Übel werden zutage treten, und Menschen mit nicht wohlmeinenden Absichten werden versuchen, unheilvolle Dinge zu tun – so ist es nun mal. Der Monarch weiß, dass er das Gute unterstützen und fördern muss, damit das Schlechte in Grenzen gehalten werden kann, und er ist sich auch bewusst, dass er sich einer Illusion hingeben würde, wenn er glaubte, man könnte solchen unheilvollen Einflüssen einfach ausweichen. Die Liebe des Monarchen ist deshalb umfassender und weniger personenbezogen, als wir es bisher bei den anderen Archetypen feststellen konnten. Es ist eine Form der Liebe, die das Böse nicht abweist, es aber auch nicht freudig willkommen heißt.

Im Schlafzimmer: Liebe als heilige Kommunion

In Monarchien stehen König und Königin so sehr im Licht der Öffentlichkeit, dass Untreue bei ihnen nicht über längere Zeit unentdeckt bleiben kann. Wir alle wissen, dass Monarchen im Verlauf der Geschichte ihre Liebschaften hatten, doch dies ist nicht der höchste Ausdruck der Liebe, zu der ein Monarch fähig ist. Uns geht es hier nicht darum, was diesbezüglich in den Königshäusern rund um die Welt geschieht, sondern um die Betrachtung eines Archetypen als Sinnbild, das uns Orientierung bei unserer spirituellen Entwicklung geben soll.

Im Schlafzimmer ist der Monarch eine Person voller Vertrauen in seinen Partner, weil er weiß, dass dieser ehrlich, liebevoll und ihm treu ist. So wie König und Königin durch ihr intimes Zusammensein die nächste Generation von Regenten hervorbringen, so ist die Sexualität für den Monarchen eine tiefgreifende und fruchtbare Erfahrung der Verbindung mit seinem Partner, die jeden der beiden mit den natürlichen Zyklen der Entwicklung, mit den Kreisläufen von Entstehen und Vergehen, verknüpft. Wir können dies etwas genauer beleuchten, indem wir uns noch einmal mit König Artus und den Gralslegenden befassen. In einer dieser Legenden ist der an einer geheimnisvollen Verwundung leidende und deshalb sexuell impotente Fischerkönig nicht in der Lage, sein Reich zu regieren, und in der Folge kommt es zur Verödung des Landes und zu Hungersnöten. Er muss von seinem Leiden geheilt werden, bevor das Königreich wieder blühen und gedeihen kann. Im Falle von Ödipus führt die inzestuöse Vermählung mit Iokaste zu Plagen, die Theben heimsuchen und das Land in Not und Elend stürzen, sodass Ödipus zum Verlassen der Stadt gezwungen ist. Auf der Entwicklungsstufe des Monarchen weiß der Mensch in ähnlicher Weise, dass es bei Sex und Sexualität nicht nur um persönliche Liebe und Bindung geht (obwohl es auf dieser

Stufe auch darum gehen muss), sondern dass Sex und Sexualität die größeren Zyklen der Natur reflektieren, von denen wir alle ein Teil sind und die uns mit Ehrfurcht vor der Schöpfung erfüllen sollten. Auf der Stufe des Monarchen wird Sex zu einer Feier des Geheimnisvollen und Wundersamen, des Schönen und Leidenschaftlichen. Zugleich weiß der Monarch, dass er nicht mehr als eine Person ist, die sich für eine liebevolle Beziehung zu einem geliebten Menschen einsetzt, und dass sie beide letztendlich nicht so wichtig sind, als dass sich das ganze Universum um sie drehen würde. Erst wenn wir die Flüchtigkeit der Freude spüren, die mit der Verbindung zu einem geliebten Menschen einhergeht, erst wenn uns die Vergänglichkeit von allem, was uns umgibt, bewusst wird und wir erkennen, dass wir alle früher oder später von der Bühne des Lebens abtreten, wissen wir ein wenig mehr um unseren Platz im Universum. An diesem Punkt erkennen wir auch, dass es beim Sex um mehr als nur um Sinnesfreuden geht. Sex wird dann zu einer Bekräftigung all dessen, was in der Liebe heilig ist und erlösend wirkt. Da sämtliche Kreativität in letzter Instanz dem Geist Gottes entspringt, ist jeder Moment, in dem wir kreativ sind, ein Widerhall dessen, was Gott unablässig für die Welt tut. Und liebevoller Sex, wie wir ihn hier betrachten, lässt die Liebe und Bindung zwischen zwei Menschen weiter wachsen – und bringt vielleicht sogar ein Kind, ein "alltägliches Wunder" der Schöpfung, hervor.

An diesem Punkt hat der Monarch Teil an der rätselhaft-wunderbaren Natur der Welt. Dass dieser erstaunliche Aspekt von den meisten von uns tagtäglich für selbstverständlich gehalten wird, lässt ihn kein bisschen weniger rätselhaft und wunderbar erscheinen. Diejenigen, die sich dieses Aspektes des Lebens jedoch voll bewusst sind, kommen mit der Essenz dessen in Berührung, was es bedeutet, ein Magier zu sein.

Wie wir mit der Energie des Archetypen in Kontakt treten können

Um mit der Energie dieses Archetypen in Kontakt treten zu können, brauchen Sie nur an eine Zeit zu denken, als Sie sich in verantwortlicher Position für ein Projekt oder eine Aktivität befanden. Wie gingen Sie an diese Aufgabe heran? War die Zusammenarbeit zwischen Ihnen und den anderen Beteiligten harmonisch, oder agierten Sie eher diktatorisch? Hatten Sie den Eindruck, dass die Erfahrung Ihnen geholfen hat, mit anderen besser klarzukommen? Falls ja, halten Sie diese Zeit in Ehren und gönnen Sie sich hin und wieder die Erinnerung daran in ihrer ganzen Fülle. Manche Menschen sammeln zu diesem Zweck Fotos von sich selbst und dem Team, das sie damals geleitet haben. Wenn Sie über ein solches Foto verfügen, schauen Sie es sich genau an. Versuchen Sie, sich an jeden Menschen auf dem Bild zu erinnern – und an die guten wie auch an die nicht so guten Dinge, die Sie mit ihnen und der damaligen Zeit verbinden. Wie fühlten Sie sich beim Umgang mit diesen Menschen? Welche Anforderungen wurden an Sie gestellt? Was hat Ihnen diese Erfahrung an Erkenntnissen gebracht? Die Erinnerung an solche Zeiten kann uns helfen, die archetypische Energie des Monarchen in uns zu aktivieren. Auch wenn im Zeitalter der Digitalkameras und Smartphones die Zahl von Gruppenfotos sicher inflationär angewachsen ist, so wohnt ihnen doch eine gewisse Macht inne, wenn wir sie wie hier aufgeführt für unsere Zwecke richtig nutzen. Wenn Sie für sich jedoch feststellen, dass sie Gruppenfotos und -schnappschüsse bewusst meiden, sollten Sie sich vielleicht fragen, weshalb Sie nicht als Teil einer Gruppe von Mitarbeitern gesehen werden wollen. Es könnte nämlich sein, dass dies nicht unbedingt etwas mit Schüchternheit zu tun hat, sondern mit dem echten Wunsch, nicht mit anderen in Verbindung gebracht zu werden. Sollte dies der Fall sein, so ist das in Ordnung. Vielleicht sollten Sie sich dann auf andere Situationen konzentrieren – etwa eine, in der Sie anderen beratend und unterstützend zur Seite standen. Denn der Archetyp des Monarchen wohnt jedem von uns inne, und es ist nicht so schwer, in Kontakt mit dieser Energie zu treten, wenn wir das wirklich wollen. Es ist allerdings viel schwerer, die Energie dieses Archetypen zu aktivieren und zu ihrem vollen Ausdruck zu bringen, wenn wir sie nicht schon zuvor in persönlichen Erlebnissen gespürt haben, in denen wir in einer Monarchen-Position waren.

Wenn Sie je erlebt haben, wie viel Freude es bereiten kann, mit einem Partner zusammenzuarbeiten und zu wissen, dass sie beide gute Arbeit geleistet haben, dann kann dies ein leuchtendes Beispiel dafür sein, wie es sich anfühlt, die Energie des Monarchen zu spüren. Denken Sie jedoch daran: Die Aufgabe muss lohnenswert gewesen sein; es muss ein grundsätzliches Vertrauen in die andere Person und ihre Fähigkeiten vorhanden gewesen sein, und Teil der Aufgaben wird es gewesen sein, auf andere einzugehen – zuzuhören, Orientierung zu geben und für ihre Bedürfnisse da zu sein. In meinem beruflichen Werdegang als Lehrer und Berater habe ich viele pädagogische Gruppenleiter kennengelernt, die mit ihresgleichen offensichtlich in absoluter Harmonie zusammenarbeiteten, und für mich war dies oft eine Quelle der Inspiration. Umgekehrt habe ich auch Lehrer gesehen, die ihre Unterrichtszeit mit der Stoppuhr maßen und aus Notizen vortrugen, die deutlich sichtbar schon einige Jahrzehnte alt waren. Wenn Sie je Zeuge einer wirklich aktiven und effektiven Zusammenarbeit zwischen Menschen gewesen sind, oder wenn Sie sogar selbst mal Teil eines solchen Teams waren, dann nehmen Sie sich einen Moment Zeit und erinnern Sie sich an das, was Sie damals erlebt haben. Wenn Sie wollen, können Sie auch Orte, Zeiten und die Namen der Beteiligten auf ein Blatt Papier schreiben. Gestatten Sie sich, mit dem Gefühl und der Stimmung von damals wieder in Kontakt zu treten. Dies ist die Energie des Monarchen.

Das Monarchenpaar im Tarot

Im Tarot gibt es vier Karten, die den Archetypen des Monarchenpaares veranschaulichen, und sie folgen alle unmittelbar aufeinander. Karte Nummer 5, "Der Hierophant" (auch "Der Papst" oder "Der Hohepriester"), hat nach allgemeiner Ansicht mit den Bereichen Partnerschaft und Gesellschaft zu tun sowie mit den weltlichen Belangen des Monarchen, der bemüht ist, die richtigen Menschen mit den richtigen Partnern, einschließlich Arbeitspartnern, zusammenzubringen. Tatsächlich konnten bis vor relativ kurzer Zeit die Mitglieder europäischer Königshöfe keine Eheschließungen vornehmen, wenn der Monarch nicht sein Einverständnis gab, und in einigen Familien muss der heiratswillige Nachwuchs auch heute erst die Erlaubnis des Vaters einholen, bevor er mit dem Wunschpartner vor den Altar treten kann. Auch die Ernennung von Personen zu militärischen und öffentlichen Ämtern wurde ausschließlich mit der Zustimmung des Monarchen vorgenommen. Diese Karte scheint deshalb den welt-

Die Hohepriesterin

Die Herrscherin

lichen Aspekt des Monarchen als Regulativ eines funktionierenden Gesellschaftssystems wiederzugeben.

Die Karten Nummer 3 und 4 tragen den Namen "Die Kaiserin" beziehungsweise "Der Kaiser" (auch "Die Herrscherin" und "Der Herrscher"). Beachten Sie, dass die Kaiserin vom Status her über dem Kaiser steht, da die Zahl ihrer Karte sie in der Reihenfolge über der des Kaisers platziert. Die Karten zeigen die Kaiserin, wie sie sich im Freien auf einem bequemen Sessel entspannt, und den Kaiser auf seinem Thron mit Zepter und Reichsapfel in seinen Händen – ein klarer Hinweis darauf, dass er für die weltlichen Belange verantwortlich ist, was auch durch sein "offizielles" Aussehen bekräftigt wird. Es ist schwer, sich eine bessere Version des Monarchenpaares mit seinen stereotypisch gegensätzlichen Eigenschaften vorzustellen. Beachten Sie jedoch, dass die weiblichen Qualitäten wie Sanftmut und Liebe im Tarot Vorrang vor den männlichen Eigenschaften haben.

Die nächsthöhere Karte, Nummer 2, reflektiert ebenfalls einen Aspekt des Weiblichen: "Die Hohepriesterin". Sie ist das Gegenstück

Der Herrscher   Der Hierophant

zum normalerweise männlichen Hierophanten; auch sie sitzt zwischen zwei Säulen in einer sehr ähnlichen Pose wie er, doch während beim Hierophanten zwei Mönche zu seinen Füßen knien, befindet sich vor der Hohepriesterin die Sichel des Mondes, der der jungfräulichen Göttin Diana heilig ist. Und bei den Säulen, zwischen denen sie sitzt, ist eine in Schwarz und die andere in Weiß gehalten. Hinter ihr befindet sich ein Wandteppich, auf dem reife Feigen oder Granatäpfel zu sehen sind, deren Schale aufgeplatzt ist, sodass das Fruchtfleisch hervortritt – offensichtlich eine Anspielung auf die weibliche Vagina. In manchen Kulturen nahm die Hohepriesterin in der Hierarchie tatsächlich einen höheren Rang ein als der Herrscher. Die Priesterinnen des Orakels von Delphi verfügten vielleicht über recht wenig weltliche Macht, doch Könige suchten ihren Rat, bevor sie entscheidende Handlungen vornahmen, und folgten ihren Ratschlägen auch meistens. Die Hohepriesterin ist eine Gestalt, die andere mit dem Göttlichen vereinen kann.

Zusammen scheinen diese vier Karten auf die Balance zwischen weltlicher und spiritueller Macht hinzudeuten, die das Monarchenpaar auf seiner höchsten Ebene erlangen kann, und dies wird im Tarot als eine Reihe von Stufen dargestellt, von denen die Hohepriesterin die höchste ist. Dies ist ein recht eindrucksvoller und auch zu denken gebender Satz von Karten, und man kann nicht darüber hinwegsehen, dass diese vier Karten der archetypischen Stufe ziemlich genau entsprechen.

Der Monarch in der realen Welt

Eines der schillerndsten Beispiele für den Archetypen des Monarchen in der realen Welt ist wohl die US-amerikanische Talk-

show-Moderatorin und Unternehmerin Oprah Winfrey. Sie wurde
als uneheliche Tochter minderjähriger Eltern geboren, wurde mit
fünfzehn Jahren ungewollt schwanger – das Kind starb kurz nach
der Geburt – und war drogen- und esssüchtig gewesen. Doch trotz
ihrer problematischen Biografie schaffte sie es, ihr Leben vollkommen umzukrempeln; sie begann eine Karriere als Nachrichtenmo-
deratorin und stieg schließlich zur Eigentümerin eines Medien-
produktionsunternehmens auf. Sie ist die erste Afroamerikanerin,
die Milliardärin wurde, und sie nutzt ihren Einfluss vor allem, um
das Beste in anderen hervorzubringen. Vierzig Millionen US-
Dollar investierte sie allein in die *Oprah Winfrey Leadership Aca-
demy for Girls*, eine Schule für benachteiligte Mädchen aus verarmten Verhältnissen in Südafrika. Sie hatte sich dieses Projekts
ganz bewusst angenommen, weil sie erkannte: Wenn ein Land das
Führungspotenzial seiner Bürger entwickeln will, dann muss es die
Anlagen und Talente derer fördern, die bis zu jenem Zeitpunkt
ohne Einfluss und von der Gesellschaft unbeachtet geblieben sind
– die Frauen. Oprah Winfrey machte es sich zur Aufgabe, das offensichtliche Ungleichgewicht in einer krisengeschüttelten Gesellschaft wie Südafrika zu beheben, und sie tat dies, indem sie klare
Überlegungen anstellte in Bezug darauf, was machbar, möglich
und sinnvoll wäre. Ihre Herangehensweise entsprach dabei der
einer Monarchin, in dem Sinne, dass sie sich nicht die gesamte Arbeit an diesem Projekt allein aufbürdete. Stattdessen hatte sie ein
offenes Ohr für andere, wog Vor- und Nachteile ab, folgte den
besten Ratschlägen und sorgte so für Wachstum und Entwicklung
des Projekts. Sie ist eine erstklassige Organisatorin, die viele Menschen inspiriert hat – und sie weiß, wann sie Verantwortlichkeiten
und Kompetenzen an Menschen abgeben kann, denen sie vertraut.
Sie zeigt Mitgefühl ebenso wie Entschlossenheit – zwei Aspekte
dieses Archetypen, die in harmonischem Einklang miteinander
stehen müssen. Dies ist der Monarch als Mäzen und Visionär.

Oprah Winfrey musste für manche ihrer Aktionen herbe Kritik einstecken, doch weitaus mehr Menschen bewundern und verehren sie, denn es ist offensichtlich, dass sie jedem Menschen, dem sie begegnet, auf eine neue Ebene des funktionalen Bewusstseins verhelfen möchte. Sie setzt sich für eine bessere, gerechtere und lebenswertere Welt ein, doch es liegt ihr fern, dies mit einer bestimmten persönlichen Vision ihrerseits zu verknüpfen. Sie sagt nicht: "Ich will's genau so haben!" Stattdessen fragt sie, wie man die herrschenden Umstände verbessern könnte, um dann die Situation aus sich selbst heraus sich so entwickeln zu lassen, wie es die gegebenen Umstände erfordern. Menschen, die feste Vorstellungen davon haben, wie die Dinge sein "sollten", zeigen gewöhnlich keine Bereitschaft, anderen mit abweichenden Vorstellungen Gehör zu schenken, geschweige denn sich mit diesen Vorstellungen ernsthaft zu befassen. Solche fixen Ideen wirken sich hinderlich auf Wachstum und Entwicklung aus – und Oprah Winfrey hat dies für sich erkannt und handelt entsprechend. Ihre Vision ist eher offener, allgemeiner Natur; sie lässt möglichen unterschiedlichen Entwicklungsverläufen ihren Raum. George W. Bushs Vision von sich selbst war dagegen egozentrischer Natur: der siegreiche Präsident, der den Irak erobert hat. Doch es ist mehr als offensichtlich geworden, dass er absolut keine Vorstellung davon hatte, was dies langfristig nach sich ziehen würde. Und so zahlen wir noch heute einen hohen Preis für seine fixierte und inadäquate "Vision", bei der es ausschließlich um PR und Selbstimage ging – und nur ganz am Rande um Inhalte und Substanz. Bushs Verhalten und Handeln war im Grunde eine grausige Parodie auf den Monarchen und seine Vorgehensweise.

Wenn wir uns Oprah Winfrey als Beispiel für eine erfolgreiche Monarchin anschauen, erkennen wir, dass sie mit ihrer Vision wahre Wunder der Veränderung bewirken kann – was auch ein Kennzeichen des Magiers ist. Doch es ist wichtig, hier zu differenzieren, denn Mrs. Winfrey konzentriert sich bei ihren Projekten darauf, Menschen

Hilfe zur Selbsthilfe zu geben und sie fähiger und unabhängiger von anderen zu machen. Der Schwerpunkt ihrer Handlungen liegt im Hier und Jetzt und konzentriert sich darauf, offensichtliches Unrecht auf der Welt wiedergutzumachen, und nicht so sehr darauf, unsere spirituelle Beziehung zum göttlichen Bewusstsein wiederherzustellen. An diesem Punkt endet die Bewusstseinsstufe des Monarchen, und der Magier "übernimmt".

An dieser Stelle sollten wir uns vielleicht auch ins Bewusstsein rufen, dass der Monarch als Archetyp noch hervortreten kann, selbst wenn wir längst nicht mehr damit rechnen. Schauen wir uns dazu noch einmal Bill Clinton an. Er mag aufgrund der Lewinsky-Affäre eine nicht gerade bewundernswerte Reputation genießen, doch sein Buch *Giving* ist bemerkenswert. In ihm weist er darauf hin, dass wir hier auf der Erde sind, um Dinge zum Positiven hin zu verändern. Er führt dies aus an Beispielen von Menschen, die dies getan haben, obwohl man es nicht von ihnen erwartet hätte. Dabei nennt er Initiatoren gemeinnütziger humanitärer Projekte aus nahezu allen Einkommensschichten; so erscheint zum Beispiel Dr. Paul Farmer, einer der Begründer der gemeinnützigen US-Hilfs-organisation *Partners In Health*, in seinem Buch gleich neben Bill Gates. Er spricht diesen Persönlichkeiten Anerkennung für ihre Errungenschaften aus und weist darauf hin, dass sie uns jederzeit als praktisches Vorbild dienen können, um uns ähnliche Charaktereigenschaften anzueignen. Clinton beschreibt in seinem Buch noch weitere Beispiele tatkräftiger Personen mit Eigeninitiative und der Fähigkeit, andere zu inspirieren – und gibt somit ein Stück Macht an die Menschen zurück. Es brauchte sicherlich viel Mut, dieses Buch zu schreiben, denn Clinton wusste, wie viele seiner Widersacher und Zyniker "die Messer wetzten", um ihn wegen seiner früheren Verfehlungen über die Klinge springen zu lassen und lächerlich zu machen. Nur eine geistig entwickelte Seele ist imstande, sich über frühere Fehler zu erheben und ihren Weg weiterzugehen.

Oprah Winfrey, Bill Clinton und viele andere Personen des öffentlichen Lebens sind natürlich bekannte Beispiele für den Archetypen des Monarchen, doch es gibt auch viele Menschen, die die Entwicklungsstufe des Monarchen erreichen, ohne im Blickpunkt des öffentlichen Interesses zu stehen – und leider deshalb oft nicht beachtet werden. Schauen Sie sich in unserer Welt um, und fragen Sie sich, wer die wirklichen Monarchen sind und wo sie sich finden lassen. Wenn sich dieses Potenzial bei unseren politischen Führungspersönlichkeiten erkennen lässt, werden wir, so hoffe ich, in Zukunft weniger Fehler bei der Wahl qualifizierter Kandidaten machen. Und wir werden auch leichter in den öffentlichen Medien die Personen ausmachen können, die zwar wie Monarchen wirken, tatsächlich aber keine sind – Personen, die ihre gehobenen Positionen für ihre eigenen Ziele und oft negativ geprägten Absichten nutzen. Dies sind Menschen, die man meiden sollte. Über den Unterhaltungswert vieler Talkshows, die in den letzten Jahren im Fernsehen zu verfolgen waren, lässt sich sicher streiten, doch für mich wird eine Grenze guten Geschmacks überschritten, wenn Menschen in solchen Shows vor laufender Kamera gedemütigt oder erniedrigt werden – oder dies sogar mit sich selbst tun. In der Show des US-amerikanischen Fernsehmoderators Jerry Springer traten vor einiger Zeit Collegestudenten auf, die ohne einen einzigen Cent in die Semesterferien starteten und auch keinen anständigen Job fanden. Springer bot ihnen jeweils einen schönen Geldbetrag – jedoch geknüpft an bestimmte Bedingungen und Voraussetzungen, die die Studenten zu erfüllen hatten. Und es war abschreckend zu sehen, welche Demütigungen und Erniedrigungen diese Studenten über sich ergehen ließen, ohne auch nur mit der Wimper zu zucken. Mit "Reality-TV" hatte dies für mich nichts mehr zu tun, eher mit "Humiliation-TV" (Erniedrigungs-TV). Niemand kann sich unter solchen Umständen zu einer größeren Seele entwickeln.

Kapitel 9

Der Magier

―――――――――――――― ∽ ∾ ――――――――――――――

Es scheint, als ob der Monarch alles in seinem Lebensumfeld "auf die Reihe gebracht" hat; er hat eine gefestigte und dauerhafte Liebesbeziehung und fühlt sich ebenso liebevoll seinen Kindern verbunden. Da stellt sich die Frage: Wo tritt der Archetyp des Magiers auf den Plan? In mancher Hinsicht ist dieser sehr schwer fassbare Archetyp nur in Momenten zu beobachten, in denen die Magie tatsächlich vollbracht wird – und das auch nicht in jedem Fall. Dazu kommt, dass der Magier auf nahezu jeder der sechs Entwicklungsstufen auftreten kann, wenn auch nur zeitweilig.

Um zu echten Magiern zu werden, müssen wir alles loslassen, was mit Ego, Hochmut und Status zu tun hat. Wenn wir das tun, sind wir in der Lage, das, was wir als wahr empfinden, ohne Heuchelei oder Falschheit auszusprechen. Wir erwarten dann keine Belohnung für das, was wir sagen, denn die Dinge beim Namen zu nennen und auszusprechen, ist in sich selbst ein Akt der Liebe. Falschheit ist nie liebevoll; sie tritt nur dann auf, wenn wir versuchen, irgendeine Form von Stolz zu wahren oder eine bestimmte Gefälligkeit zu erhalten, die unser eigenes Ego besänftigt. Die Herausforderung ist, das auszusprechen, was wir als wahr empfinden – einfach deshalb, weil es sich für uns wahr anfühlt.

Und die wichtigste Wahrheit ist die, die wir in der Kindheit noch kannten, dann aber aus den Augen verloren, als wir begannen, ein Ego-Bewusstsein zu entwickeln: nämlich dass wir liebende Wesen sind. Erinnern Sie sich an das Baby? Es liebt, und das ist alles, was es tut. Natürlich können wir das "vernünftig" begründen und sagen, das Kind handle instinktiv so, und sicher träfe das zu. Das Baby kennt nur Liebe. Und in dem Maße, wie es anderen seine rückhaltlose Liebe schenkt, wird diese Liebe von anderen leidenschaftlich erwidert. Bei Sorgerechtsstreits geht es sicher um viele Dinge, doch in den meisten Fällen dreht es sich um die grundlegende Bindung zwischen Eltern und Kindern.

Die Aufgabe des Magiers ist es, diese Liebe – die echte und aufrichtige Hingabe, die dem Unschuldigen zu eigen ist – erneut zu erlernen. Wir bezeichneten sie zuvor schon als "Gottesliebe", denn sie ist so stark und rein, dass sie einer vollkommen anderen Dimension zu entspringen scheint. Die Aufgabe des Magiers ist es, sich zu öffnen, um diese Unschuld zurückzugewinnen und sie der Welt furchtlos zurückzugeben. Unsere gegenwärtige Welt wird vom Ego-Prinzip beherrscht und hat für den Unschuldigen-Magier, dem solche Ego-Anwandlungen völlig fremd sind, nur Hohn und Spott übrig. Der Magier ist bestrebt, der Welt mehr Liebe zu schenken, sodass Menschen in harmonischem Einklang an Zielen zusammenarbeiten können, die nichts mit persönlicher Bereicherung, sondern mit liebevoller Verantwortung für alle Menschen auf der Erde zu tun haben. Es gibt kein Bedürfnis nach persönlicher Bereicherung, weil sich niemand wirklich als Gewinner fühlen kann, bis *wir alle* gewinnen. Wenn wir zum Beispiel auf Kosten anderer, die sich als Verlierer fühlen, etwas gewinnen – einen besseren Job, einen höheren Lebensstandard –, ist dies in Wirklichkeit ein wertloser Sieg. Menschen, die Reichtum dadurch anhäufen, dass sie die Umwelt verschmutzen, sind im Grunde Sklaven ihrer ego-bedingten Verunsicherung, die dem Geld einen höheren

Stellenwert beimisst als den Dingen, die eigentlich wahr und richtig sind. Wenn wir andererseits der Umweltverschmutzung Einhalt gebieten und uns für einen sauberen Planeten einsetzen, ist das für jeden Menschen langfristig eine Bereicherung – und es hat sehr wenig mit der Befriedigung persönlicher materieller Bedürfnisse zu tun. Wie könnte man Liebe besser zum Ausdruck bringen?

Die Herausforderung für den Magier: Loslösung vom Ego

Was die Liebe betrifft, befindet sich der Magier in einer Situation, in der er zu einer höheren Ebene der Akzeptanz aufsteigen muss – zu einer Stufe der losgelösten Distanziertheit. Diese Stufe ist schwer zu beschreiben, und soweit ich es beurteilen kann, waren nur Dichter in der Lage, dies zu tun. Der kanadische Sänger, Dichter und Schriftsteller Leonard Cohen ist hierfür ein Beispiel – nicht weil er im Besonderen über die Liebe sprach, sondern über die Dichtkunst, die seine Art ist, die Welt zu lieben. In dem 2005 produzierten Film über ihn mit dem Titel *I'm Your Man*[1] gab er einige interessante Dinge über seinen Zen-Lehrer Roshi von sich; unter anderem sagte er: "Wer ich war, lag ihm ganz besonders am Herzen – vielleicht war's ihm aber auch völlig egal." Der Punkt sticht uns sofort ins Auge: Wir lieben Menschen nicht für das, was sie getan haben, dafür, wie sie aussehen oder wie berühmt sie sind. Wir lieben ihr innerstes Wesen, und das bedeutet, *ihnen zu gestatten, die Person zu sein, die sie sind – und sie trotzdem zu lieben.*

Mit Bezug auf die persönliche Kreativität in der Schriftstellerei sagt Cohen: "Du gibst dein persönliches Meisterwerk auf, und dann schlüpfst du in das eigentliche Meisterwerk." Es ist ein bestimmtes Gefühl, eine Stimmung, die er in einem seiner Songs zum

Ausdruck bringt: "You lose your grip, and then you slip, into the Masterpiece" ("Du verlierst den Halt, und dann entgleitest du in das Meisterstück"). Der "Halt", von dem er hier spricht, ist natürlich der uns allen innewohnende Wunsch des Egos, etwas Wundervolles, etwas Einzigartiges zu erschaffen oder jemand Besonderes zu sein – doch wir alle sind bereits wertvolle Menschen, denn jeder von uns ist der uneingeschränkten Achtung und Anerkennung würdig. Doch dieses Wissen können wir erst erlangen, wenn wir es schaffen, unseren Hunger nach Achtung, Anerkennung und Bewunderung loszulassen. Erst wenn wir es schaffen, uns vom Ego zu lösen, kann die wahre schöpferische Kraft zum Vorschein kommen und uns dorthin führen, wo sie sich manifestieren will. Die Geschichte erzählt sich selbst – doch manchmal müssen wir zunächst darauf achten, uns selbst nicht im Weg zu stehen. Wir sind nicht diejenigen, die ein Meisterwerk erschaffen; es existiert bereits, und wir entgleiten in dieses Meisterstück so, wie wir in ein Bewusstsein über das größte aller Meisterwerke entgleiten – das Leben.

Wenn der Monarch sich zum Magier weiterentwickeln will, muss er erkennen und akzeptieren, dass es dafür erforderlich ist, nicht ständig zu versuchen, irgendetwas zu "erreichen" oder zu "vollbringen". Genau in dem Moment, wo wir dies nicht mehr versuchen (das Schreckgespenst des Kriegers), lassen wir die Energie des Universums, die Gottesenergie, durch uns wirken. Und dann können großartige Dinge geschehen, wie uns Cohen bestätigt. Die ultimative Herausforderung für den Monarchen ist es loszulassen – und so zum Magier zu werden. Dies tat zum Beispiel Shakespeares Zauberer Prospero im Theaterstück *Der Sturm*. Er ließ das Bedürfnis nach Kontrolle los und vertraute in die Liebe, und in vielerlei Hinsicht ist dies der klarste und deutlichste Ausdruck dieses Entwicklungsschritts, der sich in so vielen Theaterstücken Shakespeares finden lässt. Leonard Cohen sagte dazu: "Es wird einfacher, wenn du nicht mehr damit rechnest zu gewinnen." Wenn wir uns von der Vorstellung lösen, jederzeit gewinnen zu müssen, der Beste zu sein und das fragile Ego zu nähren, sind wir in der Lage, zu unserem wahren Wesen zu gelangen und mehr wir selbst zu werden. Schließlich ist das Leben selbst eine einzige, lang hingezogene Niederlage: Wir altern, werden gebrechlich und müde – und unsere Knie schmerzen. Wir haben Erfolg, aber er reicht uns nie ganz. Und wenn wir im Zustand der Rastlosigkeit und Bedürftigkeit verharren, ist unser Unglück praktisch vorprogrammiert. Andere werden uns nur voll lieben können, wenn wir aufhören, immer als Sieger hervorgehen oder besser als andere oder im Recht sein zu wollen. Wenn wir diesen Schritt vollziehen, befreien wir uns von diesen Fesseln und sind in der Lage, andere frei und rückhaltlos zu lieben und auf ebensolche Weise geliebt zu werden. Dies ist eine schwierige Aufgabe für einen König, denn seine Position fordert von ihm, die Kontrolle zu behalten, sich Respekt zu verschaffen und sich verantwortungsvoll um die Belange des Königreichs zu kümmern. Wenn sich der Monarch nicht von diesen zeitweiligen Pflichten – deren Erfüllung ja schließlich von ihm erwartet wird – löst, kann es für ihn sehr schwer werden, den Entwicklungsschritt zum Magier zu vollziehen.

Am besten lässt sich dies wohl so beschreiben: Der Monarch spürt und weiß, dass er als einflussreiches menschliches Wesen fungieren muss; er fühlt sich deshalb als ein *Mensch*, der im Begriff ist, eine *spirituelle* Erfahrung zu machen. Der Magier weiß, dass er ein *spirituelles* Wesen ist, das eine *menschliche* Erfahrung macht.

Denken Sie einmal kurz darüber nach. Stellen Sie sich vor, wie sich unsere Einstellungen und Haltungen verändern würden, wenn wir versuchten, so zu leben. Als Menschen lieben wir einander, und wir sind uns auch bewusst, dass wir alle in gewisser Weise fragil sind, dass wir altern und irgendwann sterben – und dass der Zahn der Zeit auch an der Liebe nagt. Hier ist ein Beispiel, das uns diesbezüglich helfen kann. Eine meiner Schülerinnen beschrieb das Glücksgefühl, das sie gemeinsam mit ihrem Mann empfand, als sie beide in ihren späten Siebzigern waren: "Es ist so wunderschön. Wir sitzen beieinander, halten unsere Hände und können nicht glauben, wie gut es sich anfühlt – und gleichzeitig spüren wir eine gewisse Trauer, dass wir so lange brauchten, um an diesen Punkt zu kommen. Schließlich bleiben uns nicht mehr allzu viele Jahre zum Leben." Dies ist ein ergreifendes Beispiel für eine menschliche Erfahrung, die sich dem Spirituellen nähert. Und doch wandelt sich dies vollkommen, wenn wir uns selbst als geistige Wesen begreifen, denen das Geschenk der menschlichen Erfahrung zuteil wird. Die Emotionen, die wir bei dieser menschlichen Erfahrung spüren, werden dann zu unseren Lehrern, die uns etwas über die größeren Zusammenhänge und Wahrheiten des Lebens vermitteln, wenn die menschlichen Begrenzungen und Unzulänglichkeiten wegfallen. Wenn wir uns auf die Qualität der Liebe konzentrieren, die diese beiden älteren Menschen in jenem Moment geteilt haben, statt darüber nachzugrübeln, wie traurig es ist, dass sie "so lange brauchten, um an diesen Punkt zu kommen", können wir wirklich tiefes Glück für diese Menschen empfinden. Und dann vergessen wir sehr schnell all die Jahre des mühevollen Suchens nach Liebe, denn wir erleben die gewonnene Liebe in all ihrer Fülle.

Dies führt uns auch zu den Gleichnissen Jesu. Er beschrieb das Himmelreich als einen Mann, der im Verlauf eines langen Tages fortwährend Arbeiter für seinen Weinberg anstellt und ihnen allen – dem ersten wie dem letzten Angeworbenen – am Ende des Tages den gleichen Lohn zahlt.[2] Aus menschlicher Sicht ist dies ungerecht, und die Gewerkschaft wäre empört. Aus göttlicher Sicht – wenn der Lohn das Himmelreich ist – spielt es keine Rolle, wie kurz oder lang die "Lehrzeit" ist, denn der Lohn selbst ist viel wichtiger als die Zeit, die es zu seinem Verdienst brauchte. Wenn ich nur ein Lotterielos erwerbe und damit den Jackpot knacke, wäre ich natürlich überglücklich. Wenn ich fünf Jahre lang jede Woche drei Lotterielose kaufe und dann gewinne, wäre es töricht von mir, wenn ich mich über all die Nieten beklagen würde, die ich in der Zeit gezogen habe. Wenn ich mich zehn Jahre lang zu Rendezvous verabrede, bevor ich endlich die Liebe meines Lebens finde, wäre es dumm von mir, meinem Liebespartner vorzuwerfen, dass er meine Zeit so lange verschwendet hat. Ich täte natürlich viel besser daran, wenn ich Freude über die Liebe empfinde, die sich endlich eingestellt hat. Der Magier konzentriert sich auf Wichtiges und löst sich von den Fehlern. Er konzentriert sich immer und ausschließlich auf das Gute.

Einige weitere Betrachtungen

Wenn Ihnen der Magier durch das bisher Gesagte vielleicht etwas beängstigend oder einschüchternd erscheint, sollte ich wohl darauf hinweisen, dass der Archetyp nur ein *Abbild* dessen ist, was wir in Bezug auf unsere Familie, unsere Freunde und die Menschen, die uns nahestehen, anstreben können. Nur wenige von uns sind in der Lage, jederzeit für Menschen präsent zu sein, sich ihnen gegenüber offen, annehmend, urteilsfrei zu verhalten – und sich gleichzeitig voll bewusst zu sein, wer diese Person *ist*. Ich gehe mal davon aus, dass Heilige, einige Geistliche und eine kleine Zahl erfahrener Therapeuten über dieses Bewusstsein verfügen. Tatsächlich ist die Arbeit des Therapeuten leichter, denn es kommt nur selten vor, dass ein Klient mit mehr als einer weiteren Person zum Beratungstermin erscheint – es sei denn, wir praktizieren Familien- oder Gruppentherapie. Wir können also erkennen, dass die Vergleiche zur Familie, die wir an mehreren Stellen gezogen haben, keineswegs die Anforderungen an die Person schmälern, die die hier aufgeführten sechs Entwicklungsstufen durchläuft; tatsächlich scheint es, als ob kaum größere Anforderungen gestellt werden könnten.

Wenn wir verstehen wollen, was der Magier tut, sollten wir uns vorstellen, wie es sich anfühlen würde, solch einer Person zu begegnen. Ram Dass[3] alias Richard Alpert, ein ehemaliger Psychologieprofessor, der zum Hinduismus konvertierte, beschrieb das erste Treffen mit seinem Guru Maharaji (Neem Karoli Baba) und die Art, wie ein Magier arbeitet, mit einer gewissen Prägnanz. Als er ihn traf, sagte ihm der Maharaji, was er, Ram Dass, am Abend zuvor gedacht hatte; er las also gewissermaßen seine Gedanken. Ram Dass' Reaktion ist an dieser Stelle erwähnenswert:

Ich fühlte diesen extrem heftigen Schmerz in meiner Brust und ein ungeheuer starkes Ziehen – und begann zu weinen. Ich weinte und weinte und weinte. Dabei war ich weder glücklich noch traurig; es waren weder Tränen der Freude noch Tränen der Trauer. Alles, was ich dazu sagen könnte, ist: Es fühlte sich an, als ob ich nach Hause gekommen war, als ob die Reise vorbei war. Ich war am Ziel angekommen.

Wenn wir dem Magier begegnen, geschieht die Magie in unserem Inneren, und das ist nicht immer ein angenehmes Gefühl. Was Ram Dass zu beschreiben scheint, ist der Moment der Erleichterung, wenn wir fühlen, dass ein anderer Mensch unsere Sehnsüchte erkennt und auch *anerkennt*. Unser innerstes Selbst wurde wahrgenommen und akzeptiert, und wir erkennen, dass wir in Wirklichkeit göttliche Geschöpfe sind, die durch den Geist miteinander auf eine Weise in Verbindung stehen, die zuvor nicht erkannt und gewürdigt wurde. Es ist ein vollkommen anderer Seinszustand und eine völlig andere Definition des Begriffs "Liebe".

Als Ram Dass zu beschreiben versuchte, wie der Maharaji seine Magie wirken lässt, sagte er, es hätte ihn überrascht, dass der Guru überhaupt nichts plant, entwirft, "vorhat" und auch keine "Ausschüsse einberuft" – er agiert jederzeit spontan, intuitiv und voll gegenwärtig. Noch einmals Ram Dass:

Wenn er an einen Ort kommt, an dem ein Heiliger gelebt hat, sagt er zum Beispiel: "Hier wird ein Tempel entstehen" – und dann bauen sie dort einen Tempel. Das machen sie ständig um den Maharaji herum; er selbst scheint gar nichts zu tun.

Der Magier selbst scheint nichts zu tun und erreicht doch alles. Das *Tao Te King*[4] sagt dazu:

Herrscht ein ganz Großer, so weiß das Volk kaum, dass er da ist. Der Weise redet nicht; er handelt. Die Werke sind vollbracht, die Geschäfte nehmen ihren Lauf, die Leute sind frei – und nicht nur ihre Gedanken. Und die Welt wird von selber recht.

Der beste Herrscher ist sicher derjenige, der in der Lage ist, andere zu motivieren, das Beste aus sich herauszuholen. Und dann regieren die Menschen sich selbst.

Auf diese Weise muss der Magier in Kontakt treten mit der wahren Macht der Liebe, der Vergebung und Akzeptanz, die wir zuerst beim Unschuldigen erkannt haben. Wir stellten bereits fest, dass der Unschuldige zurückkehrt, um den Krieger-Liebhaber darin zu bestärken, Vertrauen zu entwickeln und eine andere Person vorbehaltlos zu lieben. Auf der Stufe des Monarchen erstreckt sich dieses Vertrauen auf ein weiteres Umfeld, das die meisten Mensch mit einschließt, die das Königreich am Laufen halten. Der Monarch muss jedoch ein gewisses Maß an "gesundem Argwohn" walten lassen, da er sonst Gefahr läuft, Probleme mit rebellischen oder gierigen Untertanen zu bekommen. Für den Magier ist die Aufgabe sogar noch größer. Der Magier muss vollkommenes Vertrauen in die göttliche Güte aller Aspekte der Schöpfung haben, jeden lieben und auch darauf vertrauen, dass das Böse auf der Welt schließlich irgendwann in das Gute verwandelt wird. Das mag unmöglich und unrealistisch klingen, doch wir brauchen uns nur anzuschauen, was Jesus durchgemacht hat, um zu erkennen, dass es den meisten von uns unmöglich erscheint, dies voll zu verstehen. Doch dies sollte uns keinesfalls davon abhalten, es wenigstens zu versuchen.

Im Schlafzimmer

In gewisser Hinsicht ist es eigentlich überflüssig, den Archetypen des Magiers im Schlafzimmer zu betrachten, denn die Macht der Liebe, mit der sich dieser Archetyp verbindet, geht über das rein Sexuelle weit hinaus. Der Magier legt den Schwerpunkt auf das Spirituelle, nicht das Körperliche; wenn dieser Archetyp sexuell aktiv ist, dann als Monarch und nicht als Magier, denn die Sexualität ist nun einmal fest in der körperlichen Welt angesiedelt. Dies hat unweigerlich Verwirrung zur Folge, denn nur wenige von uns können sich dauerhaft auf der Stufe des Magiers aufhalten, und doch erwarten wir von Menschen auf der Entwicklungsstufe des Magiers, dass sie über allem Sexuellen stehen. So sollen katholische Priester zum Beispiel zölibatär leben, doch wie wir alle wissen, tun dies viele nicht. Auch einige indische Gurus wurden in den letzten Jahren des sexuellen Missbrauchs ihrer Anhänger überführt, und spontan kommt mir hier der Name Bhagwhan Shree Rajneesh in den Sinn, der sich ähnlichen Vorwürfen ausgesetzt sah. Überraschen sollte uns in diesem Zusammenhang wohl, wie schockiert und erschüttert die allgemeine Öffentlichkeit auf diese Enthüllungen reagiert hat. Es scheint, als ob wir unsere Magier dauerhaft auf der Stufe des Magiers wähnen wollen – doch vielleicht ist ihnen das nicht möglich. Natürlich kann und darf es für sexuelle Ausbeutung keine Entschuldigung geben, doch wir können Fehlverhalten dieser Art als Beispiel verstehen, wie der Magier für längere Zeit zwangsläufig wieder auf eine niedrigere Ebene des Daseins zurückkehren muss.

Wenn der Magier aus der vollen Energie dieses Archetyps heraus handelt, hat eine echte, liebevolle Präsenz für ihn einen höheren Stellenwert als die bloße Sexualität; seine spirituelle Liebe geht weit über das Körperliche hinaus.

Wie wir mit der Energie des Archetypen in Kontakt treten können

Die Erfahrung des Magiers ist uns allen jederzeit zugänglich, auch wenn wir uns bewusst sein sollten, dass sie für die meisten von uns nur in ganz kurzen Momenten aufblitzt. Können Sie sich an eine Zeit erinnern, als Sie etwas sagten, und die Worte schienen Ihnen wie von selbst über die Lippen zu kommen? Wie fühlte sich das für Sie an? Ich spreche hier nicht von Anlässen, zu denen wir genau das Falsche von uns gegeben haben (was sicher jeder von uns kennt) oder aus einem Gefühl des Zorns heraus jemanden verletzten. Ich meine vielmehr Momente, als Sie genau das Richtige gesagt oder getan haben, selbst wenn Sie erst später herausgefunden haben, dass es auch zutraf. Ein Mann in meiner Beratungspraxis erinnerte sich an einen Moment, als er mit einem Kind an seiner Seite in einem Auto saß und plötzlich den Drang spürte, das Kind fest in seinen Armen zu halten – und nur Sekunden später öffnete sich die Wagentür in einer Kurve auf unerklärliche Weise von selbst. Er war genauso überrascht wie alle anderen Anwesenden, doch mit seiner spontanen Eingebung rettete er dem Kind das Leben. Als ich mit psychisch gestörten Jugendlichen arbeitete, beschrieb mir der Leiter unserer Einrichtung, Peter Riach, wie er in der Nähe zweier Jugendlicher stand, die ein lautes Gespräch miteinander führten – und plötzlich spürte er das Gefühl, dass er zwischen die beiden treten müsse. Er hatte keinen triftigen Grund dafür, aber er tat es. Genau in dem Moment konnte er einen der beiden Jugendlichen festhalten und daran hindern, auf den anderen loszustürzen und ihm ein Messer zwischen die Rippen zu stechen. Bescheiden wie Peter war, behauptete er nicht, vorhergesehen zu haben, was geschehen würde. Er wusste, dass er mit seinem Dazwischenschreiten einfach Glück gehabt hatte, weil er auf seine innere Stimme gehört hatte – und dies ist ein Beispiel für einen Magier in Aktion.

Ein weiteres Beispiel sind Momente, in denen Sie aufgehört haben zu versuchen, etwas unbedingt zu erreichen, und den Dingen einfach ihren eigenen Lauf gelassen haben. Haben Sie je eine solche Erfahrung gemacht? Die Redewendung "Lege es in Gottes Hände" kommt mir hier spontan in den Sinn, und manchmal fühlt es sich wirklich so an, als ob Gott nur darauf gewartet hätte, dass wir die Kontrolle über etwas an ihn abgeben. Der US-amerikanische Schriftsteller und Pulitzer-Preisträger Russell Baker[5] schreibt in seinen Memoiren, dass er nicht nur große Angst vor seinem Fluglehrer gehabt, sondern am Tag seiner Abschlussprüfung auch noch einen so furchtbaren Kater nach einer feuchtfröhlichen Zechrunde am Abend zuvor hatte, dass er sich einfach keine Gedanken mehr darüber machte, ob er gut genug fliegen würde, um zu bestehen. Er stieg einfach ins Flugzeug, flog los – und legte eine nahezu perfekte Prüfung hin. Irgendwie stand er an jenem Tag sich selbst nicht im Weg, sondern handelte spontan richtig. Haben Sie je eine ähnliche Erfahrung gemacht? Falls ja, halten Sie sie innerlich fest, denn es könnte sein, dass zu jenem Zeitpunkt der Magier in Ihnen zum Vorschein kam.

Ein befreundeter Lehrerkollege erzählte mir, wie er versuchte, mit seiner Klasse den Lehrplan durchzuarbeiten, doch die Schüler waren unaufmerksam und widersetzten sich ihm während der gesamten Unterrichtszeit. So betrat er eines Tages die Klasse ohne sein Unterrichtsmaterial, setzte sich vor seine Schüler und fragte sie, was so los sei und wie sie sich bei diesem und jenem fühlten. Er tat dies auf liebevolle Weise – fast wie ein Unschuldiger –, ging aber davon aus, dass seine Schüler wohl überwiegend negativ reagieren würden. Doch sie nahmen es sehr positiv auf, weil er sich ihnen gegenüber so offen, aufmerksam und mitfühlend verhielt. Es kamen eine ganze Menge Dinge zur Sprache, und mein Kollege hörte zu, erfuhr vieles, was ihm zuvor unbekannt gewesen war, und sah seine Schüler anschließend in einem völlig neuen Licht. Übrigens habe sich auch das Verhalten der gesamten Klasse von diesem Tag an grundlegend geändert. Ab und zu gab es noch einige kleine Probleme, doch nun wussten sie alle, wie sie sie lösen konnten.

Als mein Kollege mir diese Geschichte erzählte, hatte er Tränen in den Augen – und er wusste, dass er den "Haufen Clowns", wie er seine Schüler nannte, einfach tief in sein Herz geschlossen hatte. Er hatte gelernt, auf die richtige Weise loszulassen, ohne dass der Eindruck aufgekommen wäre, er hätte vor seinen Schülern kapituliert. Das ist der Magier in Aktion, und manchmal kann er nur zum Vorschein kommen, wenn wir bereits alles "versucht" haben und dann wissen, dass es nichts mehr zu verlieren gibt.

Wie bei allen Entwicklungsstufen müssen wir uns auch bei dieser daran erinnern, dass wir jederzeit mit der Energie des Archetypen in Kontakt treten können. Und wir sollten dies regelmäßig tun, weil es uns leicht entfallen kann, wie sich diese Energie anfühlt. Dies kann nie ein nur rein intellektueller Vorgang sein; es reicht nicht, wenn wir uns sagen, dass wir die Energie des Magiers "mal vor einiger Zeit" gespürt haben; wir müssen uns im Kontaktieren und im Umgang mit dieser Energie regelmäßig üben, so wie wir auch regelmäßig körperliche Leibesübungen praktizieren (sollten). Wir müssen uns wieder mit den Emotionen aus jener Zeit verbinden und sie wirklich fühlen. So machen wir uns mit der Energie dieses Archetypen vertraut und laden sie dazu ein, häufiger in unser Leben zu treten. Und nur wenn wir uns an diese früheren Momente erinnern, können wir erkennen, dass es nicht so sehr darum geht, *aus eigener Kraft* auf die Stufe dieses Archetypen zu gelangen, sondern dass wir vielmehr diesen Archetypen in die Lage versetzen, *durch uns wirken zu können*, wenn wir mit unserer inneren spirituellen Weisheit in Kontakt treten. Wenn wir zulassen, dass dies geschieht, ist dies immer ein Akt der Liebe. Wenn wir allerdings starr auf ein bestimmtes erwünschtes Resultat hinarbeiten und zu wissen glauben, was "das Beste" ist, schießen wir am Ziel vorbei. Auf der Stufe des Magiers können wir ein Verständnis der Energie der Liebe erlangen, indem wir sie respektieren und ihr "Handlungsspielraum" geben. Was wir dann natürlich feststellen werden, ist, dass der Archetyp des Magiers sich aus den besten und förderlichsten Aspekten der fünf vorausgegangenen Entwicklungsstufen zusammensetzt.

Der Magier im Tarot:
Die Vervollständigung des Kreises der Großen Arkana

Im Tarot ist der Magier die "höchste" aller Karten. Sie zeigt ihn bei einem religiösen Ritus: Vor ihm (es scheint sich um eine männliche Figur zu handeln) befinden sich die vier Symbole, die durch das gesamte Tarotdeck auf allen Karten zu finden sind: das Pentakel (ein von einem Kreis umschlossenes Fünfeck; im Tarot die Scheiben), das Schwert, der Stab und der Kelch. Die Karte zeigt ihn beim Vollzug eines magischen Rituals – oder besser gesagt, er gestattet der Magie, durch ihn zu wirken, indem er sich mit der Energie des Universums verbindet und ihr erlaubt, durch ihn hindurchzufließen. Er verehrt diese Energie so sehr, dass er sein Ego und jeglichen Wunsch danach, "besonders" oder besser als andere zu sein, bezwingt und stattdessen beschließt, der bereitwillige Diener der schöpferischen Urenergie – die Liebe an sich – zu werden.

Direkt über seinem Kopf befindet sich das Zeichen für Unendlichkeit statt eines Halos. Dies weist darauf hin, dass es sich hier um die machtvollste und umfassendste aller Stufen handelt. Wir sehen, wie er mit der rechten Hand einen Stab in die Höhe hält und mit der linken Hand Richtung Erde deutet – ein Hinweis darauf, dass er eine Verbindung zwischen den höheren und niederen Welten herstellt. Interessanterweise ist der auf der Karte abgebildete Magier ein junger Mann und kein Zauberer mit grauem Vollbart – auch dies ein symbolischer Hinweis auf die unaufhörlich fließende und belebende Kraft, die durch die Verbindung mit dem Göttlichen freigesetzt wird. Rote Rosen (Symbole der Leidenschaft) und weiße Lilien (Symbole der Reinheit) liegen vor ihm zu seinen Füßen und weisen auf die Zwillingsaspekte der Liebe – die sexuelle und die platonische – hin, wobei keiner der beiden Aspekte dem anderen vorgezogen wird.

Die vor ihm auf dem Altar ausgebreiteten Symbole sind ebenfalls wichtige Objekte im Zusammenhang mit der Rolle des Magiers. Da das Pentakel das Zeichen des Planeten Venus ist, können wir es als Verkörperung des weiblichen Prinzips auffassen. Das Schwert steht symbolisch für das Männliche und den Phallus, und beide Symbole finden ihren Widerhall in den Kelchen und

Der Magier

Stäben. Pentakel und Schwert zählen zu den sogenannten "erhabenen" Symbolen; Schwerter zierten die Wappen vieler wohlhabender Familien, und das Pentakel war als abstraktes Kunstwerk ebenfalls in vielen hohen Anwesen zu finden. Kelche und Stäbe waren hingegen Alltagsgegenstände, die selbst in der ärmsten Heimstatt anzutreffen waren. Die Tatsache, dass der Magier alle möglichen Arten von männlichen und weiblichen Symbolen "aus allen Gesellschaftsschichten" angesammelt hat, ist ein Hinweis auf die Balance, die der Krieger-Liebhaber und der Monarch erlangen müssen und die der Magier aufrechterhalten muss.

Wichtig ist wohl auch, in diesem Zusammenhang noch einmal darauf hinzuweisen, dass sich bildliche Darstellungen dem menschlichen Geist viel tiefer und intensiver einprägen als in Worte gefasste Beschreibungen oder Analysen. Die reiche Bilderwelt des Tarots ist äußerst einprägsam und scheint alle Aspekte zu umfassen, mit denen wir uns hier beschäftigen. Wir können die Karten deshalb als Erinnerungshilfen einsetzen – und sollten wir zwischendurch mal vergessen, was unsere Lebensaufgabe ist, kann uns die Symbolwelt des Tarots grundlegende Orientierung geben. Die Kraft des Bildes wurde genau aus diesem Grund bei jeder Form religiöser Unterweisung eingesetzt – sichtbar sowohl in den Buntglasfenstern mittelalterlicher Kathedralen als auch in den Tempelskulpturen bei Khajuraho in Indien.

Der vollständige Satz der Großen Arkana im Tarot

Nun sind wir an dem Punkt, an dem wir erkennen können, dass der gesamte Satz der Karten im Tarotdeck bildliche Darstellungen der Meilensteine in der seelischen Entwicklung des Menschen entlang der sechs von uns aufgeführten Stufen wiedergibt.

Daraus können wir schließen, dass das Tarot wohl eine bedeutende Rolle dabei spielte, Menschen ihren Lebensweg symbolisch aufzuzeigen – und vielleicht kann es uns in ähnlicher Weise Orientierung geben.

Wenn wir die Karten der Großen Arkana nach ihrer Zahlenfolge auslegen, erkennen wir, dass es Karten zu geben scheint, die paarweise auftreten, und solche, die für sich allein stehen. Auf den folgenden Seiten werden die Karten in ihrer numerischen Reihenfolge an- und den einzelnen Archetypen zugeordnet.

Ohne die Dinge allzu sehr zu vereinfachen, können wir doch erkennen, dass es hier ein Muster gibt, das uns bei unseren Erwägungen hilfreich sein kann. Dazu wird es erforderlich sein, zum Zwecke der Klarheit und Übersichtlichkeit einen Teil der Informationen aus früheren Kapiteln zu wiederholen.

Wenn wir beim Unschuldigen beginnen und die Karte "Die Sonne" als Entsprechung dieses Archetyps in seiner stärksten Ausdrucksform auffassen, können wir sehen, dass "Der Narr" den Unschuldigen darstellt, der vom Weg abgekommen ist – auf der Karte symbolisch durch die Klippe dargestellt, auf die er nichtsahnend und orientierungslos zuläuft.

⚬ Der Magier ⚬

Der Magier

✎ Das Monarchenpaar ✎

Die Hohepriesterin

Die Herrscherin

Der Hierophant

Der Herrscher

✎ Der Krieger-Liebhaber ✎

Der Wagen

Die Liebenden

Die Kraft

⟶✄ Der Pilger ✄⟵

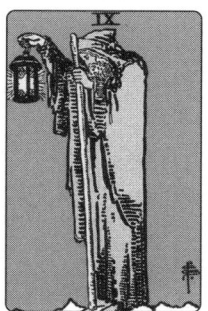

Der Eremit

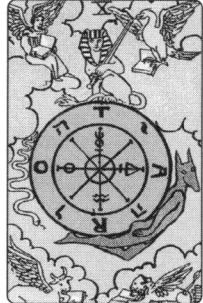

Das Rad des Schicksals

Die Gerechtigkeit

Der Gehängte

Der Tod

Die Mässigkeit

Der Teufel

Die Waise

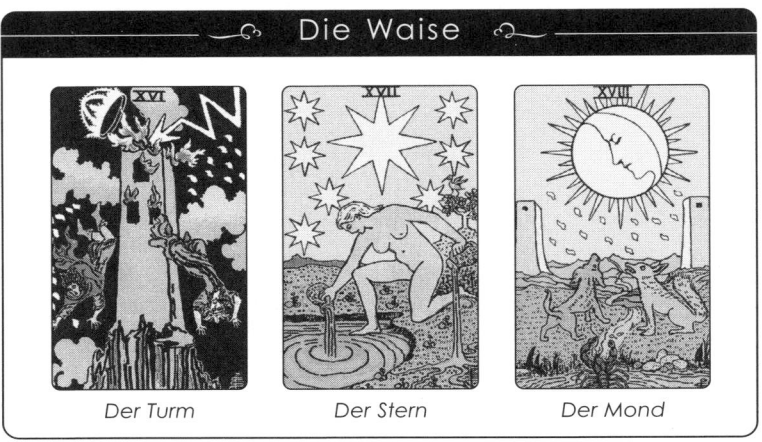

Der Turm   Der Stern   Der Mond

Der Unschuldige

Die Sonne

Das Gericht

Der Narr

Die Welt

Ein altes Sprichwort sagt: Narren und Kinder sagen die Wahrheit – und im englischen Sprachraum wurde das Wort "Fool" (Narr) auch als liebevolles Kosewort für ein Kind benutzt, wie sich aus Shakespeares Theaterstücken ableiten lässt. Diese beiden Karten stellen den ausgeglichenen und den unausgeglichenen Aspekt des Unschuldigen dar, und was sie voneinander trennt, ist ein Bewusstsein über das Wesen dieser (irdischen) Welt ("Die Welt") einerseits und über das Wesen des Jenseits ("Das Gericht") andererseits. Es scheint, als ob der Unschuldige zu einem Punkt des Verständnisses gelangen muss, an dem zum einen die Bräuche und Gewohnheiten der materiellen Welt im Hier und Jetzt anerkannt werden und zum anderen das Gefühl der Zeitlosigkeit und Ewigkeit geweckt wird, welches dem Kind nahebringt, dass es eine Seele besitzt. Der Narr, der "Unzurechnungsfähige", ist zu dieser Differenzierung nicht imstande. Wir haben hier also zwei Aspekte dieser Entwicklungsstufe vor uns – und die Lektionen, die auf dieser Stufe anstehen. Es ist auch kein Zufall, dass "Der Narr" die unterste Karte im Tarotdeck ist, denn durch diese Platzierung steht sie dem Magier genau gegenüber und bildet mit ihm ein Paar der absoluten Gegensätze. Wir wissen allerdings auch, dass "Der Narr" über die Fähigkeit zur Weissagung verfügt, denn er befindet sich nicht vollständig "in dieser Welt", sondern hat auch Verbindungen zur Welt des Unsichtbaren. Offenheit und Unschuld als Charaktereigenschaften sind Voraussetzungen für diese Fähigkeit.

Betrachten wir als Nächstes die Karten "Der Turm", "Der Stern" und "Der Mond", so fällt uns auf, dass allen drei Karten der Aspekt der Heimatlosigkeit gemeinsam ist. Der Archetyp der Waise wird sowohl in seiner unausgeglichenen als auch in seiner ausgeglichenen Form wiedergegeben. Die Karte "Der Turm" ist Sinnbild für die gewaltsamen Umwälzungen, die symbolisch für den spirituellen Tod und die schweren Enttäuschungen stehen, die Menschen erleiden, wenn sie ihr Wohl einzig und allein im materiellen Reichtum suchen. Die Karte "Der Mond" mit dem Schakal und dem Hund, die den Mond anheulen, bringt eine Form von Schwermut zum Ausdruck, wie sie mit Vertreibung und Verbannung in Verbindung gebracht wird – oder mit der Unfähigkeit, sich überhaupt auf den Weg der spirituellen Entwicklung zu machen. Schließlich gibt es nichts Einsameres und Verzweifelteres als einen entlaufenen und orientierungslosen Hund. Er ist ein treffendes Symbol für die Neigung der Waise, sich allzu bereitwillig und vorschnell an bestimmte Orte und Menschen zu binden. Zwischen diesen beiden Karten befindet sich "Der Stern" mit der weiblichen Figur, die in jeder Hand einen Krug trägt, wobei sie das Wasser des einen in den Teich und das des anderen auf die trockene Erde am Ufer gießt. Die Fixsterne sind zum Zweck der Navigation zuverlässiger als die Sonne oder der Mond, doch auch sie ändern im Verlauf der Zeit natürlich ihre Position am Firmament. Interessanterweise zeigt die Karte einen großen hellen Stern und sieben kleinere um ihn herum. Stellen diese sieben Sterne die Konstellation des Großen Wagens dar, dessen verlängerte Hinterachse auf den Polarstern zeigt – der als einziger Stern am Himmel nahezu unverändert seine Position behält? Die weibliche Figur auf der Karte blickt jedoch nicht zum Stern, sondern – auf eine an Narziss erinnernde Weise – auf die Wasseroberfläche, und sie gießt seltsamerweise mit einer Hand Wasser ins Wasser und mit der anderen Hand, auf die sie nicht blickt, Wasser auf die Erde. Beim Anblick der Karte entsteht beim Betrachter der Eindruck, dass der Figur ihre Tätigkeit Spaß macht, sie aber doch irgendwie nutz- und ziellos agiert. Im Vergleich zum Hund und zum Schakal auf der Karte "Der Mond" und dem zu Boden stürzenden Königspaar auf der Karte "Der Turm" wirkt die Figur auf der Karte "Der Stern" jedoch relativ zufrieden und ausgeglichen. Sie scheint aber auf eigentümliche Weise mit sich selbst beschäftigt und dabei nicht sonderlich effektiv zu sein – wie die

Waise, die glücklich ist, wenn die Abläufe des Alltags eine gewisse Routine und Vorhersagbarkeit aufweisen. Und das ist leider genau der Aspekt der Waise, der für uns alle verlockend sein kann.

Die nächsten drei Karten im Tarotdeck sind "Der Teufel", "Die Mäßigkeit" und "Der Tod". Diese Karten können wir als die Lektionen ansehen, die auf diejenigen von uns warten, die sich entscheiden, sich von der Stufe der Waise aus weiterzuentwickeln. Sie könnten auch die Art von Begegnungen darstellen, die uns dazu zwingen, den bequem-zufriedenen Waisenstatus hinter uns zu lassen, denn wenn wir diese Lektionen nicht lernen, werden wir über die Entwicklungsstufe der Waise nicht hinauskommen. Beachten Sie, dass die Karte "Der Teufel" einen Mann und eine Frau zeigt, die in Ketten vor dem Teufel stehen. Die Waise kann sich immer in einer Beziehung verstecken, die auf Co-Abhängigkeit beruht, und muss deshalb nicht die Lektionen lernen, die in der Karte "Die Mäßigkeit" zum Ausdruck kommen, nämlich die Balance in allen Dingen. Außerdem ist es die Angst vor dem Tod und vor Veränderungen, die in der Karte "Der Tod" symbolhaft zum Ausdruck kommt und die uns daran hindert, unsere Verstandeskraft klug einzusetzen. Die Waise spürt vielleicht das Bedürfnis nach "Leben nach dem Tod", wenn sie das Familienunternehmen an ein bevorzugtes Kind abgibt, oder sie setzt alles daran, ein "Lebenswerk" zu erschaffen, das jedoch außer ihr kaum jemand anderem etwas bedeutet. Es ist wichtig, diese Verlockungen, denen die Waise unterliegen kann, zu verstehen, zu verinnerlichen und durch Mäßigkeit auszugleichen. Beachten Sie, dass die weibliche Figur auf der Karte "Die Mäßigkeit" mit einem Fuß im Wasser und mit dem anderen auf der Erde steht, wobei sie Wasser aus einem Kelch in ihrer linken Hand in einen zweiten Kelch in ihrer rechten gießt. Dadurch ähnelt sie der weiblichen Figur auf der Karte "Der Stern", die ebenfalls mit einem Fuß im Wasser und mit dem anderen auf der Erde steht und dabei Wasser aus Kelchen gießt. Es scheint, als ob die kniende Figur

auf der Karte "Der Stern" sich nun zur aufrecht stehenden, geflü-
gelten Figur auf der Karte "Die Mäßigkeit" gewandelt hat.

Interessanterweise trifft es auch zu, dass die Begegnung mit dem
Tod und persönliche Katastrophen, die hier durch die Figur des
Teufels zum Ausdruck gebracht werden, uns den Antrieb geben,
den jeder von uns braucht, um uns aus der mit der Waisenphase
einhergehenden Bequemlichkeit und Zufriedenheit herauszube-
wegen. Begegnungen mit dem Tod und persönliche Schicksalsschläge bringen Menschen oft dazu, sich ernsthaft mit grundlegenden Lebensfragen und der Zukunft auseinanderzusetzen.
Manchmal ist dies nur eine kurze Phase, doch mitunter signalisiert
sie auch einen tiefgreifenden Bewusstseinswandel, der den Menschen
dazu veranlasst, zur Stufe des Pilgers voranzuschreiten. Wenn wir
von persönlichen Schicksalsschlägen getroffen werden, können wir
beschließen, die sich daraus ergebenden Lektionen zu lernen und
uns weiterzuentwickeln – oder wir ziehen es vor, Sklave unserer eigenen Vergangenheit zu sein und uns in der Opferrolle zu suhlen.
Vielleicht soll uns die Karte "Der Teufel" mit dem Mann und der
Frau in Ketten an diese selbst auferlegte Knechtschaft erinnern.

Über diesen drei Karten finden wir im Tarotdeck eine weitere
Dreiergruppe: "Das Rad des Schicksals", "Die Gerechtigkeit" und
"Der Gehängte". Diese Karten verkörpern ebenfalls Lektionen, die
gelernt werden müssen, wenn der Mensch sich auf die spirituelle
Reise zur Liebe begibt, obwohl sie Lektionen verkörpern, die auf
jeder Stufe in einer neuen Zeiteinheit zu lernen sind – so wie die
Lektionen des Todes, der Mäßigkeit und des Teufels auch vom
Pilger, vom Krieger-Liebhaber und vom Monarchen gelernt werden
müssen. Die Karten scheinen jedoch eher die anstehenden Aufgaben
zu umschreiben, als dass sie genau angäben, wann diese Lektionen
auf den Plan treten. Und wie den meisten von uns auch bewusst ist,
haben wir uns im Leben mehr als nur einmal mit Themen wie Tod
und Gerechtigkeit auseinanderzusetzen; sie begegnen uns immer

wieder und nehmen dabei im Vergleich zu unserem ersten Kontakt mit ihnen immer komplexere Formen an. Und jedes Mal lernen wir neue Lektionen in einem umfassenderen Sinn. Und so können wir erkennen, dass die Lektion, die sich um die Figur der Gerechtigkeit dreht, etwas mit dem Schicksal zu tun hat. Das Rad des Schicksals kann einen Menschen schnell zu höheren Ebenen aufsteigen lassen, ihn aber auch genauso schnell wieder von dort herabfallen lassen, wovor uns die Karte "Der Gehängte" zu warnen scheint. Kopfüber nach unten hängend und vielleicht schon tot scheint es, als ob seine Abhängigkeit vom Schicksal ihm keinen guten Dienst erwiesen hat. Zwischen diesen beiden Karten finden wir "Die Gerechtigkeit" – doch um welche Form von Gerechtigkeit handelt es sich hier? Geht es nur um das Gesetz? Oder um etwas von transzendentalerer Natur? Und das ist hier genau der Punkt: Setzen wir unser Vertrauen auf die irdische Justiz – wie es zum Beispiel Waisen tun, die auf Rache sinnen –, oder halten wir Ausschau nach dem wahren Wesen der Gerechtigkeit mit ihrer natürlichen Barmherzigkeit und Milde? Und wie reagieren wir, wenn uns das Glück im Stich lässt – etwas, auf das die anderen beiden Karten hinzudeuten scheinen? Es scheint, als ob jeder von uns das Gefühl kennt, irgendwann einmal vom Glück verlassen worden zu sein.

Auch der Eremit muss sich mit diesen Fragen auseinandersetzen. Beachten Sie, wie er nach unten schaut; er scheint mehr mit seinen Gedanken beschäftigt zu sein, als auf den Weg vor sich zu achten. Auch der Pilger muss sich auf seiner Suche mit diesen Fragen befassen (beachten Sie die Waagschalen in den Händen der Figur auf der Karte "Die Gerechtigkeit"). Auch für den Krieger-Liebhaber und den Monarchen stehen diese Lektionen an, doch wir können durchaus behaupten, dass die gedankliche Beschäftigung mit ihnen auf dieser Stufe beginnt.

Direkt über dem Eremiten finden wir die Karte "Die Kraft". Dies ist eine Art, die Eigenschaften zu beschreiben, die beim

Pilger zum Vorschein treten können und auch müssen, damit er sich zum Krieger-Liebhaber weiterentwickeln kann. Die Frau auf der Karte zähmt einen männlichen Löwen; sie verkörpert somit die Vorherrschaft von Mitgefühl, Intelligenz und Liebe über die reine, rohe Kraft. Wie schon zuvor ausgeführt, betont die Karte das Gleichgewicht zwischen den Aspekten Intelligenz und Kraft; keiner dieser beiden Aspekte wird vom jeweils anderen unterminiert. Kraft könnte in diesem Zusammenhang deshalb gleichbedeutend sein mit Mut, Entschlossenheit, Zielstrebigkeit, Bindungsfähigkeit, Liebe – mit anderen Worten: fast all die Eigenschaften, die der Krieger-Liebhaber zu verkörpern scheint. Und wenn wir den triumphierenden Soldaten auf der Karte "Der Wagen" betrachten, stellen wir fest, dass er in der Zahlenfolge direkt neben der Karte "Die Liebenden" erscheint. Beachten Sie dabei, dass die Karte "Die Liebenden" in der Tarot-Hierarchie die höhere ist, was auf die Rolle der Liebe von diesem Punkt der Entwicklung an hinzudeuten scheint. Ab hier ist sie stärker als bloße Kraft und wird deshalb einen Ausgleich aller durch rohe Kraft verursachten Extreme und Exzesse herbeiführen.

Da ich die nächste Gruppe von Karten bereits in Kapitel 8 ausführlich beschrieben habe, möchte ich an dieser Stelle nicht sämtliche Informationen wiederholen. Ich möchte hier nur anmerken, dass der Hierophant (im Crowley-Tarot "Der Hohepriester") eine männliche Figur ist und den weltlichen Ehebund verkörpert, während die Hohepriesterin über ihm auf eine höhere geistige Gemeinschaft hindeutet. Zwischen diesen beiden Karten befinden sich "Die Herrscherin" und "Der Herrscher" (im Crowley-Tarot "Die Kaiserin" und "Der Kaiser"). Wie alle weltlichen Herrscher laufen auch sie Gefahr, über die tagtäglichen Regierungsgeschäfte den Blick auf den spirituellen Aspekt ihres Lebens aus den Augen zu verlieren. Die liebevolle weibliche Figur der Hohepriesterin stellt ihren Lehrer und ihre Lektion dar. Sie scheint darauf hinzuweisen, dass wir in unserem Verhalten zum Ausdruck bringen sollten, dass alles, was wir tun, von Bedeutung ist – nicht nur hier und heute und in Bezug auf die uns gerade umgebenden Menschen, sondern jederzeit und für alle Menschen. Unser tägliches Handeln sollte einen Aspekt der heiligen Schöpfung reflektieren. Um wie viel schwerer muss dies erst für einen Monarchen sein! Die Hohepriesterin scheint uns daran zu erinnern, dass es auf diesem Weg keine Abkürzungen gibt – kein Denken in der Art "Ach, diesmal wird's schon keine Rolle spielen". An diesem Punkt können wir nicht länger bestimmte Dinge tun und dabei hoffen, dass niemand unsere Schludrigkeit bemerkt. Ab jetzt müssen unsere Handlungen wohlüberlegt, durchdacht und von einem Geist der Heiligkeit und Ehrfurcht durchdrungen sein. Der Herrscher muss konsequent sein und seinen Worten Taten folgen lassen – oder er verliert an Achtung und Respekt. Ein Gesetz wird nicht erlassen, um den Anforderungen des Augenblicks zu genügen, sondern um das zukünftige Wohl aller sicherzustellen – so hoffen wir es zumindest.

Übertragen wir dies auf eine höhere Ebene, würde dieser Geist der Heiligkeit und Ehrfurcht auch Respekt und Achtung vor allen Wesen und der Erde selbst mit einschließen. Wie könnte dies funktionieren? Können Sie sich Fabriken vorstellen, die speziell so konzipiert wurden, dass sie keine Umweltverschmutzung verursachen? Oder Arbeitsplätze, deren Gestaltung die Bedürfnisse des Mitarbeiters höher stellt als die Rentabilität des Unternehmens? Wenn ich anderen Menschen gegenüber diese Möglichkeiten erwähne, überrascht es mich immer wieder, wie viele von ihnen dies rundheraus ablehnen und sagen: "Unmöglich! Das wird nie geschehen!" Und *tatsächlich* ist dies unmöglich für diejenigen, die sich diese Denkweise angeeignet haben. Doch das bedeutet nicht, dass es nicht vollbracht werden kann. Eine Gesellschaft, die Raumsonden zum Mars und zum Jupiter schicken kann, ist auch in der Lage, "irdische" Probleme effektiv zu lösen – wenn sie es denn will. Und jede Gesellschaft, die ihren Mitgliedern wirklich Liebe und Achtung entgegenbringt, würde dies versuchen. Die Hohepriesterin erinnert uns an die spirituellen und humanitären Anforderungen an einen Regenten oder eine Regierung.

Der Magier ist im Tarot die höchste Karte, und die Karte "Der Narr" – der sich als Joker ("Witzbold", "Spaßvogel") in anderen Kartenspielen wiederfindet – trägt überhaupt keine Zahl. Mitunter kann der Magier wie ein Narr aussehen; beide scheinen auf ihre Art lebensfremde Visionäre zu sein. Der Narr ist achtlos und läuft im Gebirge leichtfertig auf einen Abgrund zu. Derselbe Kontrast von Oben und Unten findet sich auch in der Darstellung des Magiers, nur dass er mit seinen Handgesten Richtung Himmel und Erde die gesamte Schöpfung mit einbezieht. Die Botschaften dieser beiden Karten sind ziemlich klar: Auch wenn der Narr gewisse Werte verkörpert und uns nahebringt, so kann es doch erst auf der Stufe des Magiers dazu kommen, dass diese flüchtigen Einblicke zu einem sinnvollen Ganzen geordnet und eingesetzt werden. In ähnlicher Weise muss die Liebe des Unschuldigen vom Magier vollständig wiedergewonnen werden – und auf eine Weise eingesetzt werden, die für alle nutz- und gewinnbringend ist.

Über die genauen Ursprünge des Tarots ist leider nur wenig bekannt. Ich möchte hier lediglich darauf hinweisen, dass es zwischen ihm und den sechs archetypischen Stufen, mit denen wir uns hier befassen, erstaunliche Übereinstimmungen gibt. Es ist möglich, dass das Tarot und die sechs Archetypen auf einen gemeinsamen Ursprung zurückzuführen sind – das tief unterbewusste Reservoir der menschlichen Psyche – und dass sie deshalb in der Allgemeinliteratur und in Volksmärchen durch die Jahrhunderte hindurch immer wieder zutage treten, wie ich bereits in *Stories We Need to Know* aufgezeigt habe. Das Tarot in seiner jetzigen Form existiert etwa seit dem 12. Jahrhundert; dies war in Europa die Zeit der Anfänge der Literatur, als mündliche Überlieferungen zunehmend schriftlich festgehalten wurden. Wir können davon ausgehen, dass das Tarot und das Konzept der Archetypen ungefähr zur selben Zeit entstanden, auch wenn die Ursprünge beider schon lange Zeit zuvor schriftlich festgehalten worden waren. So gesehen ist der Vorteil des Tarots, dass seine visuellen Darstellungen sich dem Geist leicht einprägen und die menschliche Vorstellung in ähnlicher Weise beflügeln, wie es auch die herausragenden Figuren und Charaktere der Gesellschaftsliteratur tun. In einer Welt, in der die große Mehrheit der Menschen des Lesens und Schreibens nicht kundig war, übten Bilder und Symbole eine starke Wirkung aus – vielleicht noch stärker und umfassender, als wir es uns heute vorstellen können. Und genauso wie die Menschen damals können auch wir heute aus dieser reichen Bilderwelt Nutzen ziehen und sie für unsere spirituelle Entwicklung einsetzen.

Kapitel 10

Mut und Liebe

E s ist klar, dass die Einstellung des Magiers einer gewissen Portion Mut und auch eines Vertrauens in die positiven Charaktereigenschaften anderer Menschen bedarf. Diese Art von Mut unterscheidet sich natürlich sehr von der auf persönlicher Gewissheit beruhenden Courage des Krieger-Liebhabers auf der Suche nach einer bestimmten Aufgabe. Wir können hier also erkennen, dass eine der Charaktereigenschaften, die durch die sechs Entwicklungsstufen fortwährend wächst, das ist, was wir in Ermangelung eines besseren Begriffs als "Mut" bezeichnen. Wie wir bereits beim Krieger-Liebhaber gesehen haben, ist Mut die Eigenschaft, für persönliche Wertvorstellungen einzutreten und zu ihnen zu stehen – auch wenn diese von anderen angefochten oder abgelehnt werden. Mut erfordert also von uns, dass wir uns unseren Ängsten stellen und uns in jedem Falle durch sie hindurchbewegen. Nehmen wir uns einen Moment Zeit, um uns das näher anzuschauen.

Mut als Charaktereigenschaft muss zunächst einmal entwickelt werden, und es ist das Vertrauen des Unschuldigen in eine liebevolle Welt, die es dem Kind gestattet, diese Welt zu erkunden und sich nicht ängstlich vor ihr zurückzuziehen. Es ist immer die

Liebe, die dem Kind Vertrauen und Zuversicht schenkt und ihm hilft, Schritt für Schritt mehr Mut zu entwickeln. Ohne diese Liebe von Beginn an wäre dies nicht möglich. Das ängstliche Kind wird sich nicht aus den Armen seiner Mutter trauen, und Eltern wissen, wie wichtig es ist – aber auch wie nervenaufreibend es sein kann –, die gesunde Neugier des Kindes zu wecken und zu fördern. Im Gegensatz zum Unschuldigen spürt die Waise einen Mangel an Liebe in einer gefährlichen Welt und beschließt, im Leben Vorsicht walten zu lassen. Für die Waise geht persönlicher Mut deshalb nur so weit, wie er für ihr Umfeld akzeptabel ist. Doch der mutige Entdecker, der einstige "gut angepasste" Unschuldige, kann im Wunsch des Pilgers nach etwas Bedeutungsvollem, an das er glauben kann, wieder hervortreten. Wir können also feststellen, dass das Mutniveau einer Person sich erhöhen kann, auch wenn es eine Zeit lang nicht sichtbar zum Vorschein tritt.

Dies ist ein wichtiger Punkt. Tapferkeit, die auf Unwissenheit oder Dummheit beruht, wird nur zu Problemen führen. Das Wort "vermessen" (tollkühn, töricht), also etwas, "dem das richtige Maß fehlt", bringt dies treffend zum Ausdruck. Echter Mut ist etwas, das ein Mensch lernen muss, während er seinen Ängsten ins Auge schaut und beschließt, diese zu überwinden. Dies ist tatsächlich eine Willensanstrengung.

Wenn der Krieger mit seinem Lebenspartner zusammenkommt oder seine Lebensaufgabe findet (und sich somit zu einem echten Krieger-Liebhaber entwickelt), entwickelt er oft auch ein Gefühl der Entschlossenheit, sich der Person oder der Aufgabe rückhaltlos zu widmen, selbst wenn es nicht völlig mit seinen ursprünglichen Plänen übereinstimmt oder er einige Unbequemlichkeiten in Kauf nehmen muss. "Ich schien nie eine andere Wahl zu haben", sagte mir zum Beispiel eine Frau in Bezug auf ihren Lebenspartner. Und ein Mann drückte sich hinsichtlich seiner Entscheidung für die Ehebeziehung so aus: "Ich wusste, dass sie die Frau war, die

ich heiraten musste; es war einfach vollkommen klar." Im Vergleich
dazu stellen wir bei den früheren Archetypen fest, dass sie sich
der Liebe gewöhnlich widersetzen, bis sie sich in ihre anderen
Pläne einfügen lässt. Der Krieger-Liebhaber löst sich hingegen
von den Ansichten und Vorstellungen anderer und setzt auf Hingabe, Selbstvertrauen – und ein Vertrauen in die Liebe selbst. Deshalb nimmt der Krieger erst dann all seinen Mut zusammen,
wenn er sich in einer Liebesbeziehung befindet. Dieser Mut
beruht darauf, ein gewisses Risiko auf sich zu nehmen, sich die
Freiheit zu gestatten, auch einmal Fehler zu begehen, mit even-
tuellen Fehlschlägen umzugehen und manchmal "mit hohen Ein-
sätzen" zu spielen.

Um dies voll zu verstehen, ist es sinnvoll, sich noch einmal anzuschauen, wie sich die Waise im Vergleich dazu verhält. Sie hat
Angst davor, sich zu behaupten und ihr wahres Selbst zum Ausdruck
zu bringen; sie vertraut eher den allgemein akzeptierten Maßstäben
anderer. Dabei neigt sie dazu, Wert auf Äußerlichkeiten zu legen,
die andere übereinstimmend als attraktiv oder wünschenswert ansehen – und das manchmal auf Kosten eines inneren Glücksgefühls,
das eigentlich ein wichtiger Bestandteil einer Liebesbeziehung ist.
Die Waise neigt dabei dazu, in Begriffen zu denken und zu fühlen,
wie sie durch die *Cosmopolitan* oder ähnliche Zeitschriften pro-
pagiert werden, wie etwa: 'Wenn ich im Bett wirklich gut bin, werde
ich diese(n) Liebhaber(in) an mich binden können.' Waisen verspüren manchmal das Bedürfnis, sich in Beziehungen mit "einfachen"
Partnern zu üben, denn sie brauchen einen sicheren – oder unkom-
plizierten – Ort, an dem sie die kleinen Erkundungen durchführen
können, die sie sich selbst zugestehen. Für eine wirkliche Erforschung
von Sex und Sexualität, ganz zu schweigen von der Liebe, fehlt
ihnen der Mut. Dessous aus der *Victoria's-Secret*-Kollektion oder
leicht anzügliche Videos sind für sie und ihren Partner vielleicht
das höchste der noch tolerablen Gefühle – obwohl dieser Archetyp

auch außerehelichen Affären mitunter nicht abgeneigt ist. Untersuchen wir dies genauer, so stellen wir fest: Für die Waise kann eine Affäre eine besondere Anziehung ausüben, denn durch sie ist es möglich, Sex zu haben, sich relativ befriedigt zu fühlen – und trotzdem nicht Gefahr zu laufen, zu viel Nähe und Bindung zu dieser anderen Person zu spüren, denn die hat man ja schon mit dem eigenen Ehepartner. Solche Affären überziehen dann beide Beziehungen mit einem Schleier der Unrealität, denn man ist weder in der einen noch in der anderen voll engagiert. Urlaubsromanzen, Liebeleien, Techtelmechtel oder Liebhaber als Lückenfüller – dies sind alles Mittel und Wege, sich selbst nicht zu gestatten, mit einem anderen Menschen echte Nähe aufzubauen und gegenseitiges Vertrauen zu entwickeln.

Nachteilig ist dabei, dass eine Affäre oft dazu dient, sich einer echten Auseinandersetzung mit dem (Ehe-)Partner zu verweigern, weil man ja trotzdem "seinen Spaß hat". Ein Partner, der beschließt, sich einer Affäre hinzugeben, signalisiert damit, dass er oder sie nicht über die Mittel oder Fähigkeiten verfügt, sich mit der bereits existierenden Situationen in Ehe oder Partnerschaft wirklich auseinanderzusetzen – und auch nicht den Mut aufbringt, zur Affäre zu stehen. Aufgrund dieses Mangels an Mut verkümmert die Liebe, denn wir sollten uns vergegenwärtigen, dass Schwierigkeiten in einer Beziehung auch immer eine Gelegenheit darstellen, gemeinsam zu wachsen und zu mehr Verständnis zu gelangen. Vielleicht stellt sich am Ende heraus, dass diese Schwierigkeiten zu groß sind, als dass die Beziehung sie verkraften könnte. Doch wichtiger ist, dass die beiden Partner lernen, sich auch in Zeiten der Ungewissheit Liebe und Unterstützung zu schenken. Einfach vor einer Beziehung davonzulaufen, ändert gewöhnlich nichts zum Besseren, denn wie kann man dann noch wirklich beurteilen, was geschehen ist und wie es zu dem Bruch kam? Wenn wir vor einer Beziehung einfach davonlaufen, drücken wir damit aus, dass es eigentlich nichts gab, was man hätte verstehen und verarbeiten sollen. Es erlaubt uns zu denken, dass wir eigentlich nichts falsch gemacht haben, ist also eine Methode, nicht den Mut aufbringen zu müssen, um die tatsächliche Situation ehrlich zu betrachten. Und so trennt sich das Paar, weil es der Liebe keine Chance gegeben hat zu wachsen. Dies ist ein Verhalten, zu dem vor allem die Waise neigt. An Wachstum ist sie eigentlich nicht wirklich interessiert, eher an Bequemlichkeit, Zufriedenheit und Anpassung. Dahinter steckt nichts weiter als mangelnder Mut – und welche Chance hat die Liebe noch, wenn es den Partnern an echter Courage fehlt?

Pilger hingegen fühlen sich manchmal zu älteren, erfahreneren Sexualpartnern hingezogen, auch wenn dies für sie ein riskantes Unterfangen darstellen kann. Der Pilger braucht einen Lehrer, einen Guru, selbst wenn dieses Lehrer-Schüler-Verhältnis natürlich eines Tages hinfällig wird. Wir können dies beobachten, wenn eine jüngere Frau einen älteren Mann heiratet, ihren beruflichen oder gesellschaftlichen Lebensweg einschlägt – und dann beschließt, dass sie sich von ihm trennen muss. Für den Mann kommt dies meistens sehr überraschend, denn er war davon ausgegangen, dass er die Frau mit seiner Reife, seinem Status, ja sogar mit seinem Reichtum "zähmen" könnte. Er wollte eine Waise, heiratete aber eine Pilgerin – und wenn eine gefühlsbetonte Pilgerin ihren Mut gefunden und entwickelt hat, gibt sie sich nicht mehr mit dem Zweitbesten zufrieden. Sie mag ihren Mann vielleicht nicht verlassen, aber sie richtet ihre Energie auf andere Lebensbereiche als einzig und allein die Partnerschaft aus. Sie könnte politisch aktiv werden, ihr eigenes Unternehmen gründen und aufbauen, ehrenamtlich für eine Wohltätigkeitsorganisation arbeiten, sich mehr den Kindern widmen – was immer für sie ein erstrebenswertes Lebensziel darstellt, an dem sie wachsen kann. Und das braucht der Pilger wie die Luft zum Atmen.

Der Pilger ist also derjenige, der Dinge erkundet, doch es ist der Krieger, der aufstehen und die Umstände ändern muss. Beachten Sie dabei: Der Krieger muss nicht unbedingt gegen jene kämpfen, die nicht sehen oder erkennen können, wer er wirklich ist. Der Krieger muss einfach nur sein authentisches, inneres Selbst lieben, es anerkennen und klug einsetzen, um zu einem echten Krieger-Liebhaber heranzureifen.

Wenn wir uns selbst ohne Wertung oder Urteil akzeptieren, kommen wir gar nicht umhin, das, was wir vor uns sehen, zu lieben. Wir können dann auch feststellen, dass wir durch unsere Selbstakzeptanz unsere Herzen öffnen und andere genauso lieben und akzeptieren wie uns selbst. Und umgekehrt stellen diese Menschen oft fest, dass es ihnen leichter fällt, uns zu akzeptieren.

In meiner Beratungspraxis kann ich dies im Rahmen von Workshops und bei der Gruppenarbeit in verschiedenen Varianten immer wieder beobachten. Dabei fiel mir vor allem Folgendes auf: Wenn Menschen offen, ehrlich und unverstellt über ihr Leben sprechen, hat jeder der im Raum Anwesenden Gelegenheit, selbst authentischer und "echter" zu sein und zu agieren. Und fast immer nutzen die Beteiligten diese Gelegenheit. Manchmal scheint es, als ob sie schon das ganze Leben auf genau diese Situation gewartet hätten – und bei manchen trifft das sogar zu. Denn wenn ein Mensch anderen nicht mehr eine bestimmte Rolle vorspielen muss oder wenn er nicht mehr das Bedürfnis spürt, für andere unterhaltsam zu sein, ihnen zu gefallen oder sie beeindrucken zu müssen – wenn dieser Mensch also einfach da sein kann und das ausspricht, was für ihn die Wahrheit ist, dann ist es fast unmöglich, *keine* Liebe für diese Person zu empfinden.

Interessanterweise spielt an diesem Punkt das Alter eines Menschen, seine berufliche Tätigkeit oder die Höhe seines Einkommens keine Rolle mehr, denn wir lieben diesen Menschen in seinem innersten Wesen – wir lieben den Geist, in und aus dem jedes Individuum lebt. Manchmal gestattet dies uns auch, uns selbst mehr zu lieben, weil wir erkennen, dass wir von unserem innersten Wesen her tatsächlich willkommen und liebenswert sind.

Der Pilger ist im Begriff, dies zu erkennen; der Krieger-Liebhaber hat dies bereits erkannt und handelt danach.

Dies kann jedoch auch Gefahren in sich bergen. Der US-amerikanische Tierfilmer und radikale Tierschützer ("Animal Warrior") Timothy Treadwell[1], der dreizehn Sommer in einem Nationalpark in Alaska damit verbrachte, wilde Tiere wie etwa Grizzlybären persönlich zu schützen, war bekannt für seine Aussage: "Ich werde mein Leben für diese Tiere geben." Das geschah dann leider auch, als er von einem "seiner" Bären angefallen und getötet wurde. Ob wir diesen Mann nun als einen Heiligen, einen Verrückten oder einfach nur als einen komischen Kauz betrachten, spielt weniger eine Rolle als die Tatsache, dass er etwas für sich gefunden hatte, das er lieben und für das er (auf friedliche Weise) kämpfen konnte. Dass er seine Liebe mit dem Leben bezahlen musste, ist hier nicht der springende Punkt, sondern vielmehr, dass er sich rückhaltlos für eine Sache einsetzte und die möglichen fatalen Konsequenzen nicht fürchtete. Das ist Liebe, wie sie an Shakespeares Romeo erinnert.

Wenn wir unser innerstes Wesen erkannt haben und auf dieser Grundlage das tun, was wir tun "müssen", also wozu wir uns berufen fühlen, entscheiden wir uns für die Freiheit. Natürlich müssen die meisten von uns sich dabei nicht für eine so lebensgefährliche Sache einsetzen wie Timothy Treadwell, doch im Grunde geht es hier auch nur darum aufzuzeigen, dass der Krieger-Liebhaber in der Lage sein muss, seinen freien Willen zu praktizieren und schätzen zu lernen.

Der mexikanische Autor und Schamane Miguel Ruiz schrieb dazu in seinem Buch *Die innere Wahrheit: So leben Sie im Einklang mit sich selbst*[2] etwas sehr Interessantes; er stellte die

Frage, ob wir – wenn wir wirklich unseren freien Willen lebten – uns dann noch für Konflikte, Dramen, Probleme, Streitigkeiten, Zweifel, Schuld und andere unerwünschte Umstände entscheiden würden. Wären Kummer, Leid und Trübsal dann überhaupt noch "Optionen" für uns? Er führt uns damit deutlich vor Augen, dass die meisten von uns nicht nach dem Prinzip des freien Willens leben. Wir sind nur zornig, erregt, niedergeschlagen und bedrückt, weil wir uns dafür entscheiden und weil uns nicht bewusst ist, dass wir sehr wohl andere Optionen haben. Dies kann dazu führen, dass wir uns zu Sklaven einer Denkweise machen, die wir von anderen "gelernt" und übernommen haben. Erinnern Sie sich an all die Menschen, die Ihnen irgendwann einmal zu verstehen gegeben haben, Sie seien nicht gut genug, nicht klug genug, nicht gescheit oder geschickt genug? Ich bin sicher, auch sie hatten hier und da solche "wohlmeinenden" Mitmenschen um sich herum. Und in dunklen oder schweren Momenten spuken deren Urteile und Wertungen immer noch in unserem Geist herum. Nun denken Sie an all die jungen Frauen heutzutage, die sich zum Ziel gesetzt haben, wie eines der von ihnen so verehrten Supermodels auszusehen, und sich deshalb fast zu Tode hungern. Nicht anders verhält es sich mit jungen Männern, die anabole Steroide zu sich nehmen, um ihren Bodybuilding-Stars nachzueifern. Mit freiem Willen hat dies in der überwältigenden Mehrzahl der Fälle nichts zu tun.

Der Krieger-Liebhaber lehnt solche Ansichten ab und zieht es vor, sich selbst zu lieben. Und indem er das tut, führt er ein Leben auf der Grundlage persönlicher Integrität und echten Glücks.

Wie wichtig dies ist, wird uns schnell klar, wenn wir uns die Frage stellen: Wie können wir einen anderen Menschen wirklich lieben, wenn wir *uns selbst* nicht lieben? Ist die Art und Weise, wie wir uns selbst behandeln, nicht auch ein Hinweis darauf, wie wir die Menschen behandeln, von denen wir sagen, dass wir sie lieben? In einem meiner Workshops fand eine Frau dafür folgende Worte: "Wenn ein Mann keinen Wert auf ein gepflegtes Äußeres legt und damit zum Ausdruck bringt, dass er sich selbst keine gute Behandlung angedeihen lässt, wie wird er dann erst *mich* als Partnerin behandeln? Ich habe für mich beschlossen, meine Zeit nicht mehr mit solchen Männern zu verschwenden."

Der Krieger-Liebhaber weiß, dass sein Kampf nichts mit irgendwelchen äußerlichen Feinden zu tun hat, sondern dass es sich um eine innere Auseinandersetzung handelt, bei der es um die Annahme der Liebe – auch der Selbstliebe – geht. In seiner Bergpredigt lehrt uns Jesus, dass wir unseren Nächsten lieben sollen wie uns selbst – und das ist bei genauerem Hinschauen zunächst einmal eine Aufforderung, uns selbst zu lieben. Erst dann sind wir in der Lage, anderen uneingeschränkte, selbstlose Liebe zu schenken.

Wenn wir dies tun, nehmen wir den nächsten Entwicklungsschritt zum Monarchen.

Der wahre Monarch – nach den Vorstellungen der Menschen in der Renaissance Gottes Stellvertreter auf Erden – ist eine Person, die in der Lage ist, gewöhnliche Täuschungsmanöver zu durchschauen und die wahren Motive im Herzen eines Menschen wahrzunehmen. Dies schafft der Monarch jedoch nur, wenn er sich selbst wirklich liebt und schätzt. Liebe macht uns nicht blind – jedenfalls nicht auf der Stufe des Monarchen. Sie öffnet uns die Augen, und es braucht echten Mut, auf der Grundlage der Liebe zu handeln.

Wie wir bereits sahen, ist es die Stufe des Pilgers, auf der das Individuum beginnt, Mut zu entwickeln und die Geheimnisse der Liebe zu erkunden. Einen außenstehenden Beobachter kann dies irritieren, denn in Bezug auf Sex und Sexualität kann der Pilger die unterschiedlichsten Rollen einnehmen: Er kann ehelos bleiben – bis er bereit ist, den nächsten Schritt zum Krieger-Liebhaber zu nehmen; er kann bei seinen Vorhaben leidenschaftlich, beharrlich, fanatisch, ja sogar überwältigend sein. In diesem Verhalten drückt sich der Wunsch des Pilgers aus, einen "echten", verlässlichen Liebhaber zu finden. Wir können hier aber auch eine gewisse Bedürftigkeit erkennen, hinter der sich ein Rückfall des Pilgers auf die Stufe der Waise verbirgt. Denn die Waise hat bestimmte Vorstellungen davon, wie ihr Partner sein sollte: Vor allem soll er ihrem Leben eine Bedeutung geben und, wenn es darauf ankommt, sogar "ihre Seele retten". In ähnlicher Weise können wir beim Pilger erkennen, dass er eine Liebesbeziehung anstrebt, die ihn in seiner Entwicklung vorwärtsbringen wird, wobei er allerdings erkennen muss, dass niemand die innere seelische Entwicklungsarbeit *für ihn* leisten kann. Wir leben in einer Zeit, die mit Sex und Sexualität sehr liberal umgeht, und doch geschieht es immer noch häufig, dass Frauen und Männer, die auf der Suche nach wahrer Liebe sind, als "Luder", "Schlampen", "Aufreißer" oder "Casanovas" abgestempelt werden. Solche Stigmatisierungen werden oft von Waisen vorgenommen, die damit nur ihre eigene Ängstlichkeit in dieser Hinsicht überspielen wollen. Wie wir schon feststellten: Es kommt nicht so sehr darauf an, *was* man tut, sondern *in welchem Geist* man handelt.

Der Krieger-Liebhaber unterscheidet sich in dieser Hinsicht deutlich von der Waise, denn er musste bereits lernen, sich selbst zu lieben und zu respektieren – und weiß deshalb, wie man anderen uneingeschränkte Liebe schenkt. Die Rastlosigkeit des Pilgers in der Beziehung zu anderen wandelt sich beim Krieger-Liebhaber zu einer von Leidenschaft und Hingabe geprägten Liebesbeziehung. Was diese beiden Entwicklungsstufen so deutlich voneinander unterscheidet, ist, dass der Krieger-Liebhaber an seine eigenen Grenzen stoßen und auch mit Verzweiflung und Hoffnungslosigkeit umgehen lernen muss, um die nächste Entwicklungsstufe zu nehmen. Der US-amerikanische Schriftsteller William Faulkner fasste es mit folgenden Worten zusammen:

"Uns allen ist es misslungen, unserem Traum von der Vollkommenheit zu entsprechen." Misslingen aber, so Faulkner, sei eine unabdingbare, ja sogar die gesündeste Bedingung für den Künstler zur Entwicklung seiner schöpferischen Talente. Wenn man das Unmögliche versucht, ist das Misslingen eigentlich so gut wie vorprogrammiert. Doch nach Faulkner heißt das nicht automatisch, dass es den Versuch nicht wert war. Der Krieger-Liebhaber misst seine Leistungen nicht an dem Maßstab des "Erfolgs", sondern an seinen eigenen Wertvorstellungen; die Waise allerdings schielt gern nach dem "Erfolg", denn sie misst dem Begriff in Übereinkunft mit anderen Waisen eine ganz bestimmte Bedeutung zu, die für Menschen auf den höheren Entwicklungsstufen nicht mehr von Belang ist.

Der Krieger-Liebhaber strebt nach einer Lösung von Widersprüchen und einem Ausgleich der Gegensätze. Dies ist ein Mensch, der die Fähigkeit gewonnen hat, er selbst und authentisch zu sein. Und wenn wir authentisch und wir selbst sind, schenken und empfangen wir Liebe aus freien Stücken, denn wir können erkennen, über welche inneren Qualitäten Menschen verfügen und zu welchen Leistungen sie imstande sind, statt ein Urteil darüber zu fällen, wie unzulänglich oder fehlerhaft sie angeblich sind.

Um den Charakter des Monarchen zu beschreiben, sollten wir nicht weltliche Könige und Königinnen – die sich für gewöhnlich isoliert von ihrem Umfeld in einer Art Elfenbeinturm aufhalten – zum Maßstab nehmen, sondern uns am Beispiel eines Orchesterdirigenten orientieren. Der Dirigent ist – in den meisten Fällen – nicht der Komponist der Musik, doch ohne seine Fähigkeit, das Spiel der Musiker zu koordinieren und zu harmonisieren, gäbe es kein Konzert. Das bedarf einer gewissen Form von Liebe, denn alle Mitglieder des Orchesters sind für ihren Einsatz zu schätzen, ohne den es kein gelungenes Konzert geben würde. Der Dirigent muss aber auch über Mut verfügen, denn er sollte in der Lage sein, seine Vorstellungen der Interpretation einer Symphonie gegen eventuelle Einwände einzelner Musiker durchzusetzen. Wir können den Monarchen auch mit einem beliebten Musikstar oder einem berühmten Filmregisseur vergleichen. Wenn diese Person das tut, wofür sie beliebt oder berühmt ist, ist das nicht nur das Werk eines Einzelnen. Es bedarf einer Menge Hilfe und Unterstützung von anderen – oft sehr kreativen und ideenreichen – Mitarbeitern, bevor die Vision des Künstlers in die Realität umgesetzt werden kann. Menschen, die schon einmal Mitglied in einem musikalischen Ensemble waren, wissen, dass es bei der Aufführung eines Stücks oft darum geht, mit der schöpferischen Gestaltung zu "spielen": "Probieren wir es mal auf diese Weise." Und: "Kannst du das noch einmal so singen – das war prima!" So klingt kreative Zusammenarbeit.

Wenn die Aufführung eines Musik- oder Theaterstücks unverfälscht und authentisch ist, kann es unsere Seele berühren, uns zu Tränen der Freude oder der Trauer hinreißen und uns viel mehr geben, als selbst die beteiligten Musiker oder Schauspieler je gedacht oder geahnt hätten. Dies sind die "magischen Momente" der Kunst, in denen die Zuhörer oder Zuschauer nicht mehr rein passive Beobachter bleiben, sondern mit ihren Emotionen aktiv am Geschehen beteiligt sind. An diesem Punkt wird der Monarch zum Magier.

Der Magier kann dies bewirken, ohne Befehle erteilen zu müssen oder Forderungen zu stellen. Stattdessen regt er die Kreativität aller Beteiligten an und weckt das Beste in ihnen. Ohne seine Jünger hätte Jesus zum Beispiel nicht tun können, was er tat, und selbst seine Kreuzigung – ein offensichtlich nicht so geglückter "Auftritt", um es in künstlerischen Begriffen auszudrücken – war der Beginn eines unglaublich schöpferischen, bewegenden und weitreichenden Unterfangens. Es war jener verhängnisvolle Tag bei Golgatha, der dazu führte, dass seine zwölf Jünger aus freien Stücken beschlossen, unerschrocken die Botschaft des Evangeliums zu verbreiten. Die schrecklichen Geschehnisse an jenem Tag verliehen ihnen die Energie dazu. Eine vermeintliche Katastrophe kann sich zu einem glänzenden Triumph wandeln, wenn der Magier in Aktion tritt.

Auf einer eher alltäglichen Ebene drückte es ein Lehrerkollege von mir so aus: "Als ich noch jünger war, hatte ich gelernt, wie ich bei meinen Schülern Begeisterung für den Stoff hervorrufe. Mit zunehmendem Alter erkannte ich, dass es für sie viel wichtiger ist, in sich selbst Begeisterung darüber hervorzurufen, wer sie sind und was sie gelernt haben." Wenn wir Menschen Macht und Kompetenz zurückgeben, sodass sie weiterwachsen und sich entwickeln können, bringen wir damit zum Ausdruck, dass wir die Liebe zu anderen über die Befriedigung unseres eigenen Egos stellen. Wir legen dann keinen Wert mehr darauf, in den Augen anderer – zum Beispiel den uns anvertrauten Schülern – als "cooler Typ" angesehen zu werden. Es ist eine Form der Liebe auf einem viel höheren Niveau. Und es ist auch eine Form von Mut, die Vertrauen viel näher kommt als alles andere.

Der Magier ist deshalb ein Liebender im höchsten Sinne des Wortes. Er stärkt und fördert die fruchtbar-schöpferische Liebe, die die Welt zu einem besseren Ort macht. Wenn die Menschen um uns herum glücklich, liebevoll und schöpferisch tätig sind, macht uns das alle zu glücklicheren Menschen. An diesem Punkt besteht zwischen Liebe und Kreativität kein wirklicher Unterschied mehr. Künstler malen Bilder, weil sie sich in die ihnen vorschwebenden Visionen "verliebt" haben. Dichter und Schriftsteller nehmen mit einer kalten Dachstube vorlieb, nur um ihrer Liebe zu den Worten frönen und anderen ihre Sicht der Dinge vermitteln zu können. Kunst und Kreativität sind in letzter Instanz nichts anderes als Ausdruck einer wahren, tiefen Liebe.

Natürlich treffen wir hin und wieder auch auf "Kunst", die von Missemotionen wie Hass oder Groll durchdrungen ist, doch das hat mit echter, schöpferischer Kunst nichts zu tun. Oft handelt es sich dabei nur um Propaganda, die von uns eine einseitige Sichtweise der Dinge fordert. Wahre Kunst unternimmt nicht den Versuch, uns Grenzen aufzuerlegen, sondern strebt danach, Grenzen zu überwinden und den zwischenmenschlichen Austausch zu fördern. Deshalb werden sich auch keine zwei Menschen finden lassen, die hinsichtlich der "Bedeutung" eines Werks vollkommen übereinstimmen; jeder der beiden betrachtet es aus seinem persönlichen, etwas anderen Blickwinkel. Und so sollte es auch sein: Freiheit gewährt Freiheit, und in dieser Freiheit entdecken wir uns selbst.

Wenn Künstler ihre Werke erschaffen und mit uns teilen, hat dies das Potenzial, positiv auf unsere Gemütslage und Geisteshaltung einzuwirken. Wer ist nicht schon einmal zu einem Konzert gegangen und mit einer ganz anderen Stimmung wieder nach Hause zurückgekehrt? Und das ist ja auch der Grund, weshalb wir uns zum Besuch eines Konzerts entschließen, denn die Musik verändert uns. Nach dem Besuch eines Konzerts sind wir - meistens - in besserer Stimmung als zuvor. Die Musik hebt uns in gewisser Weise empor und verändert sogar unsere Körperchemie, denn jede Emotion steht in Verbindung mit einer Veränderung unseres Hormonspiegels und chemischer Vorgänge im Gehirn. Das ist Magie. Es ist kein Wunder, dass die Legende von Orpheus, dem begnadeten Sänger und Lyraspieler, die Menschen durch die Jahrhunderte so stark berührt hat: Mit seinem Gesang betörte er Götter, Menschen und sogar wilde Tiere, und selbst die Felsen weinten angesichts seiner schönen Stimme. Die alten Griechen wussten: Ändere deine Gemütslage und deine Einstellung, und du kannst jedes scheinbar noch so unüberwindliche Hindernis aus dem Weg räumen. Dies ist die transformative Kraft der Musik und jeder anderen Kunstform. Nach dem Besuch eines Konzerts oder einer Galerie, nach der Lektüre eines Buchs oder Gedichts sehen wir die Welt um uns herum mit anderen Augen. Dies kann sogar schon bei einem angeregenden Gespräch geschehen. Wir alle kennen Menschen, in deren Gegenwart wir uns wacher, geistreicher und authentischer fühlen. Menschen, die schwere Schicksalsschläge erlitten und sich von diesen erholt haben, können auf uns eine ungewöhnliche Anziehungskraft ausüben. Musiker, die in ihren Songs laut und unverhohlen über das singen, was sie als wahr empfinden, benötigen dazu nicht mal eine besonders gute Stimme, wofür Bob Dylan und Leonard Cohen neben vielen anderen klassische Beispiele sind. Und doch fühlen sich die Besucher ihrer Konzerte buchstäblich zu ihnen hingezogen. Der Künstler betritt die Bühne, und jeder möchte am liebsten in die erste Reihe des Saals vorrücken. Warum? Könnte es sein, dass diese seltsame magnetische Anziehungskraft einer Person, von der wir wissen, dass sie unser Energieniveau positiv beeinflussen kann, uns tatsächlich zu dieser Person hinzieht? Oder spüren wir tief in unserem Inneren diese transformative Kraft des Magiers, nach deren Präsenz wir uns sehnen?

Wie sicher jeder von uns weiß, kann eine Person einerseits auf der Bühne ein Magier sein – und andererseits im Privatleben ein richtiger Mistkerl. Dies ist die Person, die als Magier andere nur so lange in ihren Bann ziehen kann, wie sie auf der Bühne steht; tritt sie ab, ist sie unfähig, ihre Magie aufrechtzuerhalten, und ihr Nimbus verfliegt. Die Macht des Magiers kann tatsächlich so berauschend auf ihn selbst wirken, dass er zur Ansicht gelangt, die gewöhnlichen Regeln verantwortungsbewussten Handelns träfen nicht mehr auf ihn zu.

Der Magier sollte sich deshalb immer daran erinnern, wo der eigentliche Ursprung der Kreativität zu finden ist: Es ist der Geist, Gott oder wie immer wir diese machtvolle Instanz nennen wollen, die unser Universum erschaffen und uns das Geschenk der schöpferischen Kreativität gemacht hat. Der *Kurs in Wundern*[3] drückt dies vielleicht am besten aus:

Der Heilige Geist lehrt dich, andere zu erwecken. Wenn du Zeuge ihrer Erweckung wirst, wirst du erkennen, was es bedeutet zu erwachen; und weil du beschlossen hast, sie zu erwecken, werden die Dankbarkeit und Wertschätzung derer, denen du dieses Geschenk gemacht hast, dir den wahren Wert des Erwachens aufzeigen.

Dies ist, was der Monarch lernen und der Magier üben muss, auch wenn jeder von uns auf jeder Entwicklungsstufe einen flüchtigen Eindruck davon erhalten kann. Jeder, der es jemals versucht hat, wird das Klischee bemühen: "Die beste Methode, etwas zu lernen, ist zu versuchen, es zu lehren." Hin und wieder habe ich von Autoren gehört, dass sie beim erneuten Lesen ihrer eigenen Werke erstaunt waren, über was für einen Wissensschatz sie verfügten, ohne sich dessen vorher bewusst gewesen zu sein. In meinen Workshops und Schreibkursen benutze ich die Schriftstellerei, um Menschen zu helfen, genau an diesen Punkt zu gelangen. Manchmal musste ich meinen Schülern sogar sagen: "Lies noch einmal, was du da geschrieben hast. Du verfügst über mehr Weisheit, als du glaubst. Befolge deine eigenen ausgezeichneten Ratschläge." Es geschah schon mehr als einmal, dass Autoren bei einer Lesung ihrer eigenen Werke plötzlich verblüfft innehielten und sich fragten: "Warum lebe ich so, wie ich es gerade tue, obwohl ich über *dieses Wissen* verfüge?"

In meiner eigenen Arbeit habe ich dieselbe, manchmal verstörende Erfahrung gemacht. Ein von mir verfasster Roman (bisher unveröffentlicht) beschrieb die Theorie der Archetypen, woraus später mein Buch *Stories We Need to Know* wurde – und das lange Zeit, bevor ich die Konzepte überhaupt bewusst ausgearbeitet hatte. Ich wusste mehr, als ich dachte. Als ich die Theorie dann später ausformuliert hatte und sie zu lehren begann, begann ich auch zu verstehen, was der *Kurs in Wundern* mir zu verstehen geben wollte. Und als ich im Kurs die oben zitierten Zeilen las, sagte ich: "Na klar! Das ist genau der Grund, weshalb ich Lehrer bin!" Die Erkenntnisse, die ich anderen zu vermitteln versuche, erhalten viel mehr Kraft und Bedeutung, als sie ursprünglich hatten, wenn sie von anderen reflektiert werden. Eltern, die ihr Kind erstaunt anblicken, weil sie sich über seine Wissbegierde und Lernbegeisterung wundern, wissen, was ich meine. Dies sind Momente, in denen wir die Dinge mit anderen Augen betrachten – nämlich durch die eines Kindes, und das kann manchmal ein großes Geschenk sein!

Dies ist das Reich des Magiers in jedem Teil seines oder ihres Lebens. Die Aufgabe ist, die Voraussetzungen zu schaffen, unter denen andere – wenn auch nur vorübergehend – auf die Stufe des Magiers gelangen können. So beauftragten zum Beispiel viele Herrscher in der Renaissance die herausragendsten Künstler ihrer Zeit mit der Schaffung unvergesslicher Kunstwerke. Die prächtigen Deckengemälde der Sixtinischen Kapelle im Vatikan hätte es zum Beispiel nie gegeben, wenn Papst Julius II. Michelangelo Buonarotti nicht dazu beauftragt, ja sogar gedrängt hätte. Sicher wollte der Papst damit auch seinen eigenen Ruhm verewigen, doch er wusste zu jenem Zeitpunkt ganz genau, dass er ein herausragendes Meisterwerk schaffen ließ, das jeden Betrachter bei seinem Anblick in Begeisterung und Ehrfurcht versetzen würde. Und das tut es noch immer. Papst Julius II. war der Überlieferung zufolge ein jähzorniger, machtbesessener Charakter – er trug den Beinamen *Il Terribile*, der Schreckliche –, doch er verfügte auch über ausreichend gesunden Menschenverstand und politische Klugheit, um sich der bleibenden Bedeutung der von ihm in Auftrag gegebenen Bau- und Kunstwerke bewusst zu sein. Wenn es die vornehmlichste Aufgabe des Monarchen ist, die künstlerische Kreativität seiner Untertanen zu fördern, sollten wir uns daran erinnern, dass die

Hauptantriebskraft der Kreativität die Liebe ist. Wenn ein Musiker den Antrieb spürt, ein musikalisches Kunstwerk zu schaffen, ist dies gewöhnlich eine Reaktion auf bestimmte Gefühle, die er spürt, wenn er sich in der Welt der Klänge aufhält. Der Künstler zelebriert dabei etwas, das mit dem Leben zu tun hat. Der Maler benutzt Farben, Formen oder Bewegungen, um seiner Kreativität Raum zu geben, und bringt damit seine Liebe für die von ihm wahrgenommene Welt zum Ausdruck. Jede Form schöpferischen Tuns, jedes Kunstwerk, ist im Grunde ein Akt der Liebe. Kreativität *ist* Liebe – und gleichzeitig eine Botschaft des Geistes der Liebe.

Einige weitere Betrachtungen

Wenn diese Ausführungen auf Ihre Zustimmung treffen, werden Sie vielleicht erkennen können, dass es einige wohlfundierte Gründe für unsere Ausgangsthese gibt – dass der Mensch auf dieser Erde weilt, um die Lektionen der Liebe zu lernen. Und wie wir sahen, schließt dies auch Lektionen hinsichtlich Mut und Kreativität mit ein. Die mit den sechs hier beschriebenen Entwicklungsstufen verbundene Leitidee ist, dass wir auf der Erde sind, um diese höchste Stufe der Liebe zu erfahren, zu verinnerlichen und sie anderen zu vermitteln. Der Dalai-Lama scheint derselben Ansicht zu sein, wenn er in seinem Werk *Die Regeln des Glücks*[5] schreibt, dass es das Ziel der Menschheit sei, glücklich zu sein – trotz aller Hindernisse – und dies zum Ausdruck zu bringen. Wir sind hier, um uns gegenseitig auf die Schönheit und Erhabenheit der Existenz hinzuweisen, auch wenn es in unserem Leben hier und da manche kleineren oder größeren Ärgernisse geben mag.

Ganz offensichtlich ist es keine leichte Aufgabe, auf eine so hohe Stufe der spirituellen Entwicklung zu gelangen wie der Dalai-Lama, doch darum geht es hier auch nicht. Der Punkt ist vielmehr, dass jeder von uns hin und wieder solche Momente der Schönheit und Erhabenheit erleben kann. Ob dies bei der Meditation, bei der Lektüre eines Buches, beim Lesen eines Gedichts, beim Anblick eines prächtigen Gemäldes oder bei der Betrachtung eines herrlichen Sonnenaufgangs geschieht, spielt dabei nur eine untergeordnete Rolle. In jedem Fall erhalten wir einen Einblick, bekommen wir eine Ahnung von der Vollkommenheit der Schöpfung – wenn wir uns dafür entscheiden, sie wahrzunehmen. Sobald wir an diesen Punkt gelangen, sind wir zu Magiern geworden.

Und genau darum geht es: Diese kurzen Momente, in denen wir das Schöne und Erhabene erfahren, können wir alle erleben, unabhängig davon, in welcher Lebenssituation wir uns befinden. Unsere Aufgabe dabei ist zu erkennen, dass diese kurzen Momente keine einzelnen kleinen Episoden sind, sondern wie Perlen auf einer Kette Teile von etwas viel Größerem. Auch wenn wir bei einer Bergtour nicht immer einen freien Blick auf den Gipfel haben, weil wir vielleicht gerade einen Wald durchwandern, so bedeutet das nicht, dass der Gipfel nicht mehr existiert, nur weil wir ihn zeitweilig nicht sehen können. Er ist nach wie vor da, und wir müssen uns ihm einfach weiter nähern, um ihn häufiger zu erblicken. Doch Gott ist wohl der Einzige, der sich immerfort auf dieser Bewusstseinsstufe befindet. Wir erleben hin und wieder kurze Momente dieser göttlichen Erhabenheit, und wenn wir uns daran erinnern, dass wir hier sind, um Liebe zu erfahren und zu schenken, erleben wir diese Momente immer häufiger und über immer längere Zeiträume hinweg.

Die Liebe kann tatsächlich Wunder wirken. Wenn Menschen in ihrem Tun von wirklicher Liebe motiviert sind, verfügen sie über ein viel höheres Schaffenspotenzial, als sie selbst glauben. Und wenn sie zu einem Team, etwa zu einer Fußballmannschaft, zusammenfinden, das in gegenseitigem Vertrauen und mit Hingabe auf ein Ziel hinarbeitet, dann ist auch dies eigentlich ein Akt der Liebe. Vielleicht ist es die "Liebe zum Spiel", doch die unterscheidet sich gar nicht so sehr von der Liebe zu einem hehren Ziel. Der Sportler, der in einem Spiel alles gibt, ähnelt durchaus einem Heiligen, der sein Leben einem solchen hehren Ziel verschreibt. Und wenn wir in der Lage sind, dies für die Dauer eines Spiels zu tun, können wir uns auch darin üben, dies ein Leben lang zu praktizieren. Die Hauptantriebskraft ist in beiden Fällen dieselbe. Wir sind hier, um die Welt zu einem liebevolleren, herzlicheren Ort zu machen, und wenn uns das gelingt, kann die Magie ihre Wunder wirken.

Liebe dieser Art übersieht ganz bewusst Fehler, Mängel und Makel und konzentriert sich nur auf das Gute und Schöne. Was bedeutet dies? Wenn Sie im Auto unterwegs sind und plötzlich feststellen, dass sie falsch abgebogen sind, sind Sie vielleicht ein paar Minuten lang beunruhigt, weil Sie die Orientierung verloren haben. Wenn Sie dann wieder auf den richtigen Weg zurückgefunden haben, haben Sie zwei Möglichkeiten: Sie können beruhigt und zufrieden Ihren Weg fortsetzen, oder Sie können sich selbst Vorwürfe machen, wie es Ihnen überhaupt passieren konnte, den falschen Weg eingeschlagen zu haben. Doch wenn Sie sich selbst beschimpfen, nehmen Sie sich selbst das ganze Vergnügen, wieder auf dem richtigen Weg zu sein. Nur unglückliche Menschen machen anderen oder sich selbst für vergangene Fehler Vorwürfe. Am schnellsten kommen wir über unsere Fehler hinweg, wenn wir beschließen, sie nicht so wichtig zu nehmen. Im Neuen Testament finden wir dazu das Gleichnis des verlorenen Sohns[6], der von seinem reichen Vater sein Erbteil verlangt, es verprasst und Jahre später bettelarm wieder nach Hause zurückkehrt. Eigentlich spielt es keine Rolle, wie und warum der Sohn sein Erbteil verprasst hat; wichtig ist, dass er reumütig zurückkehrt, um sich zu seiner Sünde zu bekennen – ja, er bittet den Vater sogar um eine Stelle als Tagelöhner. Der ältere Sohn versteht seinen Vater nicht; warum will er ein großes Fest für jemanden veranstalten, der so sehr über alle Stränge geschlagen hat? Der Vater gibt seinem älteren Sohn keine lange Erklärung, sondern antwortet einfach: "Freue dich über die Rückkehr deines Bruders, denn dieser war tot und ist wieder lebendig geworden; er war verloren und ist wiedergefunden worden." Der ältere Sohn hat seinem Vater in all den Jahren sicher treu gedient, in denen der verlorene Sohn auf Wanderschaft war, doch der ältere Sohn entlarvt sich selbst, als er sich unversöhnlich zeigt und seinen jüngeren Bruder für sein Verhalten verurteilt. Er sinnt auf Strafe und Rache, statt nach Liebe und Vergebung zu streben. Lieber ist er im Recht, als dass er sich über die Rückkehr eines totgeglaubten Menschen – seines eigenen Bruders – freut!

Übertragen Sie dies auf unsere Welt, und stellen Sie sich vor, welche Änderungen mit der Einstellung des Vaters aus dem Gleichnis möglich wären. Stellen Sie sich vor, wie es wäre, wenn wir nicht mehr das Bedürfnis verspürten, unbedingt ständig im Recht zu sein und dies von anderen bestätigt zu bekommen. Oder wie es wäre, wenn wir andere nicht mehr darauf hinweisen müssten, dass *wir* die ganze Zeit richtig lagen und keine Fehler gemacht haben, während wir *andere* für ihre Fehler oder Unzulänglichkeiten rügen. Oder wenn wir für unsere Lebenssituation nicht mehr unsere Eltern, unsere Erziehung, unsere Kindheit oder unseren Ex-Ehepartner verantwortlich machten. Und nun stellen Sie sich vor, wenn nicht nur Individuen, sondern ganze Nationen und religiöse Gruppierungen dasselbe täten; wenn sie nicht mehr darauf bestünden, dass sie – und nur sie allein – im Besitz der allein selig machenden Wahrheit sind. Es wäre das Ende aller gegenseitigen Schuldzuweisungen, und stattdessen würden wir uns auf das Liebevolle und Friedvolle konzentrieren, das dem Wesen eines jeden Menschen innewohnt. Wir würden andere mit dem Herzen so annehmen, wie sie sind, statt sie mit unserem Ego abzuurteilen.

Wir können uns jederzeit für Glück, Liebe, Toleranz und Vergebung entscheiden – wenn wir dies wirklich wollen.

Dies beginnt bereits in unserer Familie; wir müssen die Kreativität unserer einzelnen Familienmitglieder – unserer Eltern, unserer Kinder und die unseres Partners – lieben und schätzen, selbst wenn uns ihre Interessen und Aktivitäten bisweilen absonderlich erscheinen. Selbst die Hingabe eines Börsenmaklers (der jeden Tag wohlüberlegte Entscheidungen treffen muss) verdient Respekt, auch wenn seine Art der schöpferischen Tätigkeit offensichtlich eine andere ist als die eines Bildhauers zum Beispiel. Und dies gilt für jedes Mitglied unserer Familie.

Der Punkt, an dem es in so vielen Familien offensichtlich falsch läuft, ist, dass sie den Schaffensdrang einzelner Mitglieder oft nicht anerkennen. Das Kind, das Zeichentrickfilme liebt, könnte sehr wohl in Betracht ziehen, später selbst in dieser Richtung künstlerisch tätig zu werden. Vielleicht durchläuft es aber auch nur eine bestimmte Entwicklungsphase, doch dem Kind deshalb zu verbieten, Zeichentrickfilme anzuschauen, kann zu Groll und Verstimmung führen. Es kann sogar zur Folge haben, dass das Kind seine Kreativität unterdrückt und als Jugendlicher jede Form von Kreativität ablehnt, bis hin zu dem Punkt, an dem es seine eigenen schöpferischen Kräfte nicht mehr aktivieren kann.

Dazu ein Beispiel aus meinem eigenen Leben: Bis zum Alter von acht Jahren hatte mir meine Mutter immer genau vorgeschrieben, welche Kleidung ich zu tragen hatte. Danach besuchte ich Schulen, in denen alle Schüler Uniformen tragen mussten, und selbst in dem Internat, das ich später besuchte, wurde uns genau vorgeschrieben, welche Art von Freizeitkleidung wir zu tragen hatten. Mit anderen Worten: Bis zu meinem achtzehnten Lebensjahr entschieden andere darüber, welche Kleidung ich tragen durfte und welche nicht. Und als ich endlich mein eigenes Geld verdiente und selbst entscheiden konnte, was ich tragen wollte, stand ich ratlos in den Bekleidungsgeschäften und hatte keine Ahnung, was mir stand oder was zu mir passte. Die Mädchen in meiner Nachbarschaft hingegen durften im Grunde schon kurz, nachdem sie aus den Windeln heraus waren, selbst entscheiden, was sie tragen wollten. So entwickelten sie schon früh ein Gespür für ihren eigenen modischen Stil und hatten keine Probleme bei der Wahl bestimmter Farben und Schnitte. Was mich anging, entschied ich mich für Jeans und dunkle Pullis, weil ich damit kaum "danebenliegen" konnte. Ich war eine "Kleidungs-Waise" und versuchte, mich irgendwie einzufügen. Nun, ich trug keine "bleibenden Schäden" davon, und ich wollte dies auch nur als ein Beispiel aus meinem eigenen Leben für unterdrückte Kreativität anführen – mit den Folgen, die es haben kann.

Vielleicht sind dies für Sie Banalitäten, doch betrachten Sie es auch einmal aus diesem Blickwinkel: Geschmackvoll angezogen zu sein und gut auszusehen, hat sicher großen Einfluss auf das Selbstwertgefühl; es geht dabei auch darum, die Dinge zu lieben und zu schätzen, die die Welt zu bieten hat, und sich das Recht herauszunehmen, sie zu genießen. Wenn wir "anständig" gekleidet sind, zollen wir uns selbst auf einer grundlegenden Ebene Respekt, denn es ist eine Reflexion der Liebe, die wir für den Körper, den wir bewohnen, empfinden. Mit uns und in unserem Körper in Frieden zu sein und uns so zu lieben, wie wir sind – und uns jedoch gleichzeitig unserer Fehler und Unzulänglichkeiten bewusst zu sein – ist nicht so häufig der Fall, wie wir vielleicht glauben. Mager- und Fresssucht sind immer noch Massenphänomene, Hersteller von Kosmetika und Schönheitschirurgen streichen nach wie vor satte Gewinne ein und vor einiger Zeit wurde statistisch festgestellt, dass es in keinem Land so viele fettleibige Menschen gibt wie in den USA. Sie sehen also: Wir haben durchaus ein Recht, uns zu fragen, wie wohl wir uns in unserer Haut fühlen – und was das über uns aussagt. Und Sie werden sicher mit mir übereinstimmen, dass wir gegenwärtig in keiner liebevollen Kultur leben und uns auch selbst nicht lieben.

Vielen Herstellern von Nahrungsmitteln ist zum Beispiel vollkommen bewusst, dass ihre Produkte eine Hauptverantwortung für die epidemieartige Ausbreitung von Fettleibigkeit unter der US-amerikanischen Bevölkerung tragen, und doch setzen sie ihre millionenschweren Werbekampagnen für das von ihnen produzierte Junkfood in gewissenloser Weise fort. Ihnen geht es um Profit und nicht um Volksgesundheit, geschweige denn Menschenliebe. Oder glauben Sie, dass diese Hersteller ihren Produkten sonst die Unmengen an raffiniertem Zucker, isoliertem Kochsalz und hochgiftigen Transfettsäuren zufügen würden, die in ihnen zu finden sind? Wohl kaum. Und glauben Sie, dass die Hersteller dieser Produkte darauf bestehen, dass ihre eigenen Kinder sie essen oder trinken? Ich bezweifle es. Die Hersteller solcher Produkte handeln nicht in liebevoller Zuwendung zum Kunden, und die Kunden, die diese Produkte kaufen, wissen, dass sie sich ebenfalls keine liebevolle Zuwendung schenken, wenn sie diese Gifte zu sich nehmen. Aber in unserer schnelllebigen und von den Massenmedien beherrschten Zeit sind Fertiggerichte ("TV-Dinner") ja so bequem, im Handumdrehen zubereitet und dazu noch günstig zu erhalten. Wenn sowohl Hersteller als auch Käufer dieser Produkte eine wirklich liebevolle Einstellung an den Tag legen würden, müssten sie sich allerdings fragen, was sie da eigentlich tun. Doch offensichtlich lieben wir uns selbst nicht genug, um uns zu fragen, was wir da tatsächlich zu uns nehmen. Waisen hinterfragen eben nichts; sie nehmen, was ihnen geboten wird, denn in ihrem Innersten glauben sie nicht wirklich, dass sie liebenswert sind. Und ihr Mangel an Selbstwertgefühl führt zu der Einstellung, dass sie gesunde Lebensmittel eigentlich gar nicht "verdienen".

Viele aufrichtige und hingebungsvolle Menschen haben jahrzehntelang für das Recht des Verbrauchers auf Nahrungsmittel gekämpft, die nicht mit giftigen oder krebserregenden Substanzen versehen sind. Und sie tun dies nicht nur aus Selbstliebe, denn sie sind Krieger-Liebhaber, die bereit sind, für ihre Grundrechte und die ihrer Kinder – und die aller anderen Mitmenschen – zu kämpfen. Egal, ob es um Arsen und Blei im Trinkwasser, Aluminium zum Bleichen von Weißbrot oder Hormone und Antibiotika in Fleisch und Milch geht: Ich denke, Sie sind mit mir einer Meinung, dass der Kampf um gesunde Nahrung ein Kampf der Liebe ist, der es wert ist, ausgefochten zu werden.

Wenn Sie Dinge zu sich nehmen, von denen Sie wissen, dass sie Ihrer Gesundheit nicht zuträglich sind, ist das in etwa so, als ob Sie sagten, Sie verdienten keine gute Behandlung oder gar Liebe. Und wenn wir uns selbst nicht mehr auf diese Weise lieben und respektieren, ist das leider auch das Ende von Mut und Zivilcourage. Sie sehen also: Die Liebe durchdringt tatsächlich jeden Teil unseres Lebens.

Dies bringt uns zurück zu einem Punkt, den ich schon zuvor ansprach und bei dem ich es für wichtig halte, noch einmal auf ihn hinzuweisen. Die Gabe des Magiers ist es, uns daran zu erinnern, dass wir alle mit der nahezu grenzenlosen Kreativität unserer Welt in direkter Verbindung stehen. Ob es uns gefällt oder nicht: Wir sind alle viel stärker miteinander verbunden, als wir vielleicht denken. Der Magier weiß, dass die Menschen nur scheinbar voneinander getrennt sind und dass es das Ego ist, das uns die Illusion dieser Trennung vorgaukelt, damit wir uns "besser" fühlen. Nehmen wir als Beispiel nur einmal das Buch, das Sie gerade in Ihren Händen halten, um zu verdeutlichen, was ich hier meine: Es wurde von jemandem (meiner Wenigkeit) geschrieben, der in England geboren wurde – also an einem Ort fern Ihrer eigenen Heimat. Das Papier, das zur Herstellung dieses Buchs verwendet wurde, stammt von Bäumen aus Kanada, Sibirien oder Northfield, Massachusetts, USA. Zur Papierproduktion wurden diese Bäume gefällt von amerikanischen Ureinwohnern, Kambodschanern, Kosovo-Exilanten, Hispano-Amerikanern der zweiten Generation oder Iren der siebten. Die Motorsägen, mit denen diese Bäume gefällt wurden, stammen aus chinesischer Produktion, wurden in New Jersey, USA, endmotiert und mit Benzin gefüllt, zu dessen Gemisch acht verschiedene Länder beigetragen haben. Sie sehen: Wir sind rund um den Planeten sehr viel stärker und enger miteinander verbunden, als wir vielleicht ahnen – oder wissen wollen. Das Ego besteht darauf, dass uns das nicht kümmern muss. Doch wenn wir unsere egobedingte Kurzsichtigkeit ablegen, wird uns bewusst, wie dankbar wir eigentlich sein sollten, dass dieses komplexe, weltweite Netz von Herstellung, Produktion und Vertrieb es überhaupt möglich macht, dieses Buch in Händen zu halten – und noch vieles mehr. Auch Dankbarkeit ist eine Ausdrucksform der Liebe.

Liebe, Mut, Ehrlichkeit und Kreativität – ohne Liebe kann Mut nicht zum Vorschein treten, und ohne Mut gibt es keine Ehrlichkeit und gewiss auch keine echte Kreativität. Erinnern Sie sich an die bereits in Kapitel 2 erwähnte jahrhundertealte christliche Trias aus Glaube, Hoffnung und Nächstenliebe? Wie wir sahen, wurde das Wort "Nächstenliebe" später durch das Wort "Liebe" ersetzt. Und die Liebe ist tatsächlich das Fundament allen Glaubens und aller Hoffnung, und Glaube und Hoffnung sind wiederum die Grundlage alles Guten. Ohne Liebe kann es keine Hoffnung geben. Hoffnung ist die Erwartung, dass die Welt, in der wir leben, wirklich vertrauenswürdig ist. Glaube beruht auf derselben Erwartungshaltung und auf einer in die Zukunft projizierten Zuversicht. Liebe in ihrer höchstentwickelten Form ist die Grundlage für all dies. Die Botschaft dieses Buchs – und die damit verbundene persönliche Lernaufgabe für uns – ist, dass sich die Liebe auf verschiedenen Ebenen unserer spirituellen Entwicklung manifestiert. Wir tun uns selbst keinen Gefallen, wenn wir darauf bestehen, uns nur auf eine Ebene, einen Aspekt der Liebe zu konzentrieren, denn mit wachsendem spirituellem Bewusstsein definiert sich die Liebe vor unseren Augen immer wieder neu. Wir wissen dies jetzt genauso, wie uns inzwischen klar geworden ist, dass unser Verknalltsein zu Teenagerzeiten längst nicht so wichtig und bedeutsam war, wie es uns zu jener Zeit erschien. Wir wuchsen schrittweise heran, die Dinge relativierten sich und mit wachsender Weisheit mussten wir auch immer wieder eine Neueinschätzung des Begriffs "Liebe" vornehmen.

Wenn uns nicht bewusst ist, dass es eine höhere, subtilere und stärkere Form der Liebe gibt als die, die wir auf den unteren Entwicklungsstufen erleben, neigen wir dazu, mit dem vorliebzunehmen, was uns gerade geboten wird. Die sechs Archetypen geben uns zu verstehen, dass es zum Thema "Liebe" doch noch einiges mehr zu wissen gibt – und dass es der Mühe wert ist, sich damit zu befassen.

Auf der höchsten Ebene liebt der Magier die schöpferische Kraft des Universums – den kreativen Geist, Gott oder wie auch immer wir diese Instanz nennen wollen – so vollständig und umfassend, dass er selbst zu einem "Kanal" für diese Energie wird. Und wenn das der Fall ist, geschehen Wunder: Menschen werden von Krankheiten geheilt, unter denen sie jahrelang gelitten haben; Krebs "im Endstadium" wird besiegt, und bisher hoffnungslose Menschen beginnen die Welt mit ganz anderen Augen zu sehen und krempeln ihr Leben vollkommen um.

Die größte Lektion, die jeder von uns jemals zu lernen hat, ist die Lektion der Liebe. Vielleicht ist sie sogar die einzige Lektion, die wir wirklich je lernen müssen.

Kapitel 11

Die sechs Stufen der Liebe
in Märchen, Legenden
und der Neuzeit

———————— ☙ ❧ ————————

Zum Abschluss unserer Erörterungen der sechs Archetypen in unserer Kultur möchte ich anhand einiger konkreter Beispiele aufzeigen, dass diese Archetypen sich in verschiedenen Gattungen der erzählerischen Überlieferung sowie auch in der neuzeitlichen Filmkunst finden lassen können, die sich seit Generationen großer Popularität erfreuen. Ich habe dazu zwei alte deutsche Volksmärchen von den Brüdern Grimm und einen "klassischen" Kinofilm, nämlich *Casablanca*, ausgesucht, weil sie bemerkenswerte Ähnlichkeiten aufweisen. Denn in jedem Fall geht es darum, wie sich die Entwicklung der Hauptakteure entlang der sechs archetypischen Stufen der Liebe vollzieht – oder wie es geschehen kann, dass man auf dem Weg "stecken bleibt".

Bevor wir damit beginnen, sollten wir uns allerdings noch kurz Zeit nehmen, um die Wirkung von Volksmärchen zu untersuchen, sodass wir ihre Kraft und ihren Einfluss auf die Menschen besser verstehen. Ähnlich wie das Tarot stellen auch die Volksmärchen die archetypischen Entwicklungsstufen in einer einprägsamen Art dar. Beide wenden sich in bestimmter Weise an das menschliche Vorstellungsvermögen und nutzen dazu Bilder, mit denen wir uns verbunden fühlen können, und diese archetypischen Darstellungen sind vor allem visueller Art. Diese Bilder entstehen in unserem Geist als Reaktion auf Erzählungen, die wir gehört haben, oder als direktes Ergebnis der Betrachtung von bildlichen Darstellungen auf Karten wie zum Beispiel denen des Tarots oder in Märchenbüchern. Wir brauchen uns dazu nur anzuschauen, wie Kinder emotional von einem Märchen, das ihnen vorgelesen wird, eingenommen werden, um die Kraft der archetypischen Bilder und ihrer Symbolik zu verstehen, die auf die Kinder einwirkt. Kinder lieben es, wenn man ihnen – lange bevor sie selbst gelernt haben zu lesen – Märchen aus einem Buch vorliest, und wenn dieses Buch auch noch bebildert ist, tauchen sie noch tiefer in die Erzählung ein. Und wie Sie selbst vielleicht aus der praktischen Erfahrung mit Ihren eigenen Kindern wissen, protestieren Kinder gegen jeglichen Versuch Ihrerseits, das Märchen abzuändern oder gar abzukürzen. Das Kind wächst heran und vergisst dabei vielleicht so einiges aus seiner Kindheit – aber nicht die Märchen von Aschenputtel oder Schneewittchen. Die archetypischen Bilder dieser Märchen haben eine bemerkenswerte Fähigkeit, im Gedächtnis haften zu bleiben, und aus der Gedächtnisforschung wissen wir, dass uns nur etwas in Erinnerung bleibt, das wir als lebenswichtig oder unverzichtbar ansehen. Der US-amerikanische Psychologe Daniel Schacter zeigte in seinem Werk *Aussetzer. Wie wir vergessen und uns erinnern*[1] auf, dass wir uns nur an Dinge erinnern, die uns wichtig und bedeutsam erscheinen, und den Rest verwerfen. Vielleicht ist dies der Grund, weshalb wir uns an manche Märchen und Erzählungen so genau erinnern können, während andere - genauso oft und unter exakt den gleichen Bedingungen vorgelesen - für immer aus dem Gedächtnis entschwinden.

In der nicht ganz so weit zurückliegenden Vergangenheit übten Märchen und Erzählungen eine starke Wirkung auf ihre Zuhörer aus, denn sie wurden wiederholt erzählt (oft von einer fremden Person, die als Geschichtenerzähler umherzog und deshalb in gewisser Weise selbst eine mysteriöse Figur war). Erzählt wurden diese Geschichten in den meisten Fällen abends, wenn die Familie um Herd oder Kamin herum zusammensaß. Wenn Sie als Kind mal bei einem Zeltlager mitgemacht haben, wissen Sie, dass Märchen und Erzählungen eine ganz andere Wirkung entfalten, wenn man sie an einem Lagerfeuer erzählt, als wenn sie am helllichten Tag vorgetragen werden. Die Schlüsselelemente dabei sind das Mysterium des Dunklen und der Faktor der steten Wiederholung dieser Erzählungen; dies verleiht ihnen eine potenziell starke Überzeugungskraft.

Natürlich weisen nicht alle Märchen diese starke, die Fantasie fördernde Suggestivkraft auf; manche vermitteln lediglich eine moralische Botschaft, andere wiederum sollen durch ein überraschendes Ende den Leser oder Zuhörer zum Lachen bringen. Doch es gibt eine ganze Reihe von Erzählungen mit subtilem Hintersinn und einer tieferen Bedeutung, die uns auf unvergessliche Weise elementare psychologische Wahrheiten nahebringen.

Interessant dabei ist, dass diese Legenden und Märchen von ihren Erzählern mit großer Akribie und Präzision wiederholt und in Erinnerung behalten wurden. Der US-amerikanische Autor und Professor Joseph Campbell sagte einmal dazu: "Mythen und Legenden mögen vielleicht einen gewissen Unterhaltungswert besitzen, doch im Grunde haben sie für den Menschen eine ganz wesentliche Lehrfunktion." Und als Lehrmittel müssen ihre wesentlichen Bestandteile erhalten bleiben.

Auch die Brüder Grimm wiesen auf diesen Punkt in ihren Erläuterungen zu den einzelnen Märchen hin.[2] Sie hoben hervor, dass diese Erzählungen mit großer Genauigkeit wiedergegeben und nicht durch willkürliche Improvisationen verunstaltet werden sollten, die vielleicht der jeweiligen Lust und Laune des Erzählers entspringen. Sicher gab es im Laufe der Zeit hier und dort gewisse Abwandlungen bei Details, doch die zentralen Elemente, die wesentlichen Bestandteile der Geschichten und ihre Gesamtstruktur, blieben bestehen.

Die Brüder Grimm hatten es sich zur Aufgabe gemacht, die Märchen und Legenden authentisch und wortgetreu zu Papier zu bringen, da sie befürchteten, dass sie im Wandel der Zeiten verfälscht werden oder gar verloren gehen könnten. Bis zu ihren Lebzeiten hatte sich nämlich niemand die Mühe gemacht, eine Sammlung dieser Mythen in ihrer unverfälschten, ursprünglichen Form zusammenzustellen. Sie existierten bis dahin nur im Gedächtnis jener Menschen, die sie kannten und liebten. Es ist diese Akribie und Sorgfalt in der schriftlichen Übertragung, die den Grimmschen Märchen eine auffallende Ähnlichkeit zu den Karten des Tarotdecks verleiht. Es gibt viele stilistisch unterschiedliche Ausführungen des Tarots – zum Beispiel Rider-Waite, Crowley, Marseille –, doch bestimmte Elemente und Aspekte wiederholten sich durch die Jahrhunderte und blieben dabei unverändert, sodass die eigentliche Bedeutung der Karte erhalten blieb. In beiden Fällen, bei den Grimmschen Märchen und auch beim Tarot, handelt es sich um ein System der Übermittlung von Werten, Tugenden und Wahrheiten von grundlegender Bedeutung für die Entwicklung des menschlichen Charakters. Seit dem 12. Jahrhundert, also der Zeit des Beginns der schriftlichen Aufzeichnung mündlicher Überlieferungen und den Anfängen des Tarots, gab es in den in Europa gesprochenen Sprachen enorme Veränderungen bei der Schreibweise von Namen, bei der allgemeinen Orthographie, bei Sprachmustern und Sprechweisen und nicht zuletzt in der Grammatik. Wir hätten heute große Mühe, das Englisch zu verstehen, wie es vor achthundert Jahren gesprochen und geschrieben wurde. Unsere Sprache unterlag genau denselben Einflüssen wie die Volksmärchen und die archetypischen Darstellungen in ihnen. Die Sprache wandelte sich im Laufe der Jahrhunderte, doch die Grundstrukturen der Märchen blieben dieselben. Diese Erzählungen und bildlichen Darstellungen haben die Jahrhunderte überdauert, denn sie stellen die Grundmuster der menschlichen Erfahrung und die Entwicklungsstufen der geistigen Entwicklung dar.

Die beiden Volksmärchen, die ich hier näher betrachten möchte und die in den "Kinder- und Hausmärchen" der Brüder Grimm einen besonderen Platz einnehmen, sind *Die Goldkinder*[3] und *Die zwei Brüder*[4]. Sie sind unterschiedliche Varianten der gleichen Thematik und weisen auch gemeinsame Gestaltungselemente auf. Der Schweizer Literaturwissenschaftler und Märcheninterpret Max Lüthi[5] sieht eine Verbindung dieser beiden Märchen zu einer Kategorie von Erzählungen, die allesamt dieselben Elemente aufweisen und die er als "Drachentöter"-Legenden bezeichnet. Der den beiden Märchen gemeinsame, grundlegende Handlungsablauf ist folgender: Zwei Zwillingsbrüder verlassen ihr Zuhause, um in der Welt das Glück zu suchen. Einer der beiden kehrt später enttäuscht und entmutigt nach Hause zurück, der andere setzt seinen Weg fort. Als sie sich im Märchen *Die zwei Brüder* voneinander trennen, stoßen sie ein Messer, das sie von einem Jäger geschenkt bekommen haben, in einen Baum. Die beiden Seiten der Messerklinge weisen in die Richtungen, in die die beiden Brüder nach ihrer Trennung weiterziehen, und sie kommen überein, dass – wenn das Messer an einer der beiden Seiten Rost ansetzt – dies ein Zeichen dafür ist, dass derjenige Bruder Hilfe braucht, der in die Richtung ging, in die die rostige Seite der Messerklinge weist. Im Märchen *Die Goldkinder* findet sich der gleiche Ansatz, doch hier sind es zwei goldene Lilien – eine für jeden Bruder –, die zu welken beginnen, wenn einer von beiden in Schwierigkeiten ist. In beiden Märchen muss derjenige Zwillingsbruder, der weiterzieht,

sich einer Herausforderung stellen, worauf er eine Jungfrau beziehungsweise Prinzessin zur Gemahlin erhält. In einem Fall muss
er einen Drachen töten, wird dann aber zeitweilig seiner Belohnung
durch einen Hofmarschall beraubt. Nachdem in beiden Märchen
dann aber die Trauung vollzogen ist, beschließen die Brüder
jeweils, auf die Jagd zu gehen – trotz der Bitten ihrer Gemahlinnen,
davon abzusehen. Im Wald treffen sie bei der Jagd auf eine Hexe,
die sie in beiden Märchen versteinert. Bei den *zwei Brüdern*
erkennt der nach Hause zurückgekehrte Bruder an der verrosteten
Seite der Messerklinge, dass sein Bruder Hilfe braucht (bei den
Goldkindern ist es die dahinwelkende Lilie), und er macht sich
auf den Weg, ihn zu befreien. Die Hexe wird gezwungen, ihren
Zauberfluch aufzuheben, woraufhin der Bruder wieder zum Leben
erweckt wird, mit seiner Gemahlin nach Hause zurückkehrt und
mit ihr glücklich bis ans Ende aller Zeiten lebt.

Das Bemerkenswerte an diesen Märchen ist, dass sich beide
nur auf einen der beiden Zwillingsbrüder konzentrieren. In beiden
Märchen verlassen die Zwillingsbrüder ihr Zuhause mit den sie
begleitenden Tieren (eine Reflexion der Waisenphase) und machen
sich auf den Weg hinaus in die Welt. An einem bestimmten Punkt
trennen sie sich. Im ersten Märchen kehrt einer der beiden Brüder
nach Hause zurück, nachdem beide von Leuten in einem Wirts-
haus verspottet werden; man könnte sagen, er entscheidet sich für
die Rückkehr zu seinem unschuldigen Selbst. Im zweiten Märchen
wandert der Zwillingsbruder auf der Suche nach Arbeit umher.
In den *Goldkindern* muss der umherziehende Zwillingsbruder
sich mit einem Bärenfell verkleiden, damit er nicht die Aufmerksamkeit von Räubern weckt, die sich sonst von seinem goldenen
Äußeren angezogen fühlen und ihn ausrauben könnten. Dies erinnert an den zum Vorschein tretenden Pilger, der sich auf die
Förderung seiner inneren Werte konzentrieren muss, statt sich
um Äußerlichkeiten zu sorgen. Nicht der äußere Schein zählt,

sondern der innere Reichtum – das "innere Gold". Er findet dann eine Jungfrau, die ihn trotz seiner "Zerlumptheit" (sein verschlissenes Bärenfell) liebt und heiratet. Er ist in diesem Fall ein Pilger, der entschlossen ist, trotz der Einwände und Bedenken seines Bruders voranzuschreiten, und er findet eine Frau, die ihn – einen Krieger-Liebhaber – und seine inneren Werte schätzt und liebt. Im anderen Märchen tötet der Bruder mithilfe seiner Tiere einen Drachen; hier tritt der Krieger-Liebhaber noch deutlicher zum Vorschein.

Bevor wir an dieser Stelle mit unserer Erforschung der Märchen fortfahren können, müssen wir einige Überlegungen anstellen. Ein Punkt, den es zu beachten gilt (der auch in einer ganzen Reihe anderer Märchen zu finden ist, in denen die Hauptfigur auf Wanderschaft geht), ist, dass jede der Hauptfiguren in beiden Märchen etwas von zu Hause mit sich nimmt – Haustiere, goldene Pferde, eine goldene Haut und in manchen Versionen auch ihr Handwerkszeug. Dies ist ein kleines, aber wichtiges Detail, denn es reflektiert eine psychologische Wahrheit. Wenn wir zur Waise werden, möchten wir, dass sich jemand um uns kümmert, doch wenn wir zu Pilgern werden, müssen wir lernen, wie wir unsere zuvor gewonnenen Erfahrungen und Fähigkeiten – die Dinge, die wir "mit uns nehmen" – als Werkzeuge zur Selbsthilfe einsetzen. In vielen Märchen dreht es sich dabei auch um etwas, das die Hauptfigur in großzügiger Weise mit sich trägt, um anderen zu helfen, was später eine größere Belohnung zur Folge hat. Im Märchen vom *Krautesel* [6] zum Beispiel, einem weiteren Märchen aus der Sammlung der Brüder Grimm, gibt ein umherziehender junger Jäger einer alten Frau trotz seiner Armut ein Almosen. Darauf erhält er von ihr den Rat, auf einen Schwarm Vögel zu schießen, die sich um einen Mantel streiten. Er solle das Herz eines dieser Vögel verschlucken, was sicherstellt, dass er jeden Morgen ein Goldstück unter seinem Kopfkissen findet, und der Mantel würde ihn überall hinbringen. Dies ist ein auch aus anderen Märchen bekanntes Handlungsmuster. In psychologischer Hinsicht sagt uns dies, dass wir uns nicht einfach blind an Hoffnungen klammern sollten, die mit Geld und Reichtum verbunden sind, sondern uns in spiritueller Großzügigkeit und Offenheit üben sollten; das heißt auch, andere zu respektieren und ihnen ein offenes Ohr zu schenken in Bezug darauf, wie wir unsere Werkzeuge und Fähigkeiten vielleicht besser einsetzen könnten. Tatsächlich müssen wir bereit sein, Risiken einzugehen und uns für neue Möglichkeiten zu öffnen – etwas, das dem Pilger bewusst sein muss. Die Waise wäre zu dieser spirituellen Großzügigkeit noch nicht imstande und würde am Geld festhalten – vor allem, wenn es knapp ist. Der Pilger hingegen kann sich nicht wirklich zu einem wahren Pilger entwickeln, bis seine Handlungen von Großzügigkeit und Offenheit geleitet sind. Sobald das der Fall ist, entdeckt der Pilger, dass ihm mehr Werkzeuge als vorher zur Verfügung stehen, die ihm helfen, die anstehenden Herausforderungen zu meistern. Ohne diese Werkzeuge hätte er nicht mal mit dem Gedanken spielen können, sich auf seine Suche zu machen.

Dies ist ein wichtiger Punkt beim Übergang von der Waisen- zur Pilger-Phase. Einfach ausgedrückt: Wir haben alle unsere vorgefassten Meinungen und unseren emotionalen Ballast. Wichtig ist, dass wir nicht daran festhalten, sondern uns schrittweise davon lösen und aus einer neuen, anderen Einstellung heraus versuchen, die Umstände besser zu gestalten, als wir sie selbst früher vorgefunden hatten. Ich habe zum Beispiel viele Schüler kennengelernt, die in der Grundschule fast schon traumatische Erfahrungen gemacht hatten. Dann besuchten sie das College mit der festen Absicht, ein Pädagogikstudium abzuschließen und sich der Aufgabe zu widmen, als Lehrer bessere Arbeit zu leisten als diejenigen, von denen sie selbst unterrichtet – und seelisch verletzt – worden waren. Dies ist ein Beispiel dafür, eine alte negative Erfahrung aus einer anderen, neuen Perspektive zu betrachten und die gewonnene Fähigkeit positiv und produktiv zum Nutzen anderer einzusetzen. Alter Goll und Schmerz wird auf diese Weise transformiert und wandelt sich zu Heilung und Liebe. In der Märchensymbolik ist es oft ein "altes Mütterchen", ein "Zwerg" oder ein "Gnom", der der meist jüngeren Hauptfigur einen weisen Rat gibt, für den sie auch zugänglich ist – egal, wie skurril oder seltsam er auch sein mag, denn hier geht es auch um die Entwicklung der eigenen inneren Stimme der Wahrheit und Weisheit. Dies ist der Punkt, an dem wir uns auf die Pilgerreise machen und uns von herkömmlichen Denkmustern lösen.

Kehren wir nun zurück zu den *zwei Brüdern* und den *Goldkindern*. In beiden Märchen vermählt sich der wagemutige Zwillingsbruder gegen den Widerstand der Eltern oder einer Autoritätsperson und wird so zum Krieger-Liebhaber im heimischen Bereich. Im Märchen der *zwei Brüder* gewinnt zum Beispiel der Zwillingsbruder die Liebe der Prinzessin, weil er mithilfe seiner Tiere einen gefährlichen Drachen tötet – auch wenn der Hofmarschall ihn ein Jahr lang um seine Belohnung betrügt. Nachdem er aber mithilfe der sieben Zungen des Drachens nachweisen kann, dass *er* den Drachen getötet hat und somit den Hofmarschall, der die Wahrheit vertuschen wollte, bloßstellt, heiratet er die Prinzessin und wird von seinem neuen Schwiegervater als Prinz willkommen geheißen. Im Märchen der *Goldkinder* willigt der Vater der Braut – der zuvor noch den Zwillingsbruder töten wollte – in die Heirat ein, nachdem er ihn am Morgen im Bett sieht und seiner goldenen Haut unter dem Bärenfell gewahr wird. In beiden Fällen haben die jungen Männer ihre inneren Werte gezeigt und bewiesen. Bei vielen Märchen wäre dies der natürliche Schlusspunkt der Erzählung, doch diese beiden Märchen finden eine Fortsetzung über diesen Punkt hinaus, womit der didaktische Wert, den die Märchen vermitteln, sich noch erhöht.

In beiden Märchen geht der verheiratete Zwillingsbruder auf Hirschjagd und begegnet einer Hexe, die ihn versteinert. Der andere Bruder erkennt die Situation an der dahinwelkenden Lilie, respektive an der rostenden Messerklinge, kommt ihm zu Hilfe, hebt den Zauberfluch der Hexe auf und führt den befreiten Zwillingsbruder zurück zu seiner Gemahlin.

In archetypischen Begriffen weist dies darauf hin, dass der Krieger-Liebhaber auf seinem Entwicklungsweg zum Monarchen "stecken bleiben" kann, wenn er orientierungslos umherläuft, statt an Weisheit dazuzugewinnen. Die Hirschjagd war in früheren Zeiten traditionell dem Monarchen vorbehalten; wir könnten die Hirschjagd im Märchen deshalb so deuten, dass man – wenn man sich in einer glücklichen Liebesbeziehung befindet – der Versuchung erliegen kann, sich wie ein Monarch zu verhalten, obwohl man noch gar nicht die Entwicklung zu dieser Stufe vollzogen hat. Dies entspricht in gewisser Weise dem zuvor bereits erwähnten Risiko, das der Krieger-Liebhaber eingeht, wenn er sich einer ausschließlichen Beziehung hingibt und dabei das größere gesellschaftliche Umfeld aus den Augen verliert, in dem er wirken könnte. Im Märchen *Die zwei Brüder* bittet die Frau ihren Gemahl, nicht auf die Jagd zu gehen. Die Tatsache, dass er nicht auf ihre Bitte eingeht, zeigt, dass ihre Beziehung nicht von vollkommener Harmonie geprägt ist; er ist noch nicht bereit zu einer Form der Beziehung mit ihr, die dem ausgeglichenen Monarchenpaar entspräche. Er beschließt, sich über die Bitte seiner Gemahlin hinwegzusetzen und seiner Freude an der Jagd zu frönen. Da der Monarch in sich selbst zu einer vollkommenen Balance der männlichen und weiblichen Aspekte des Selbst gekommen sein muss, können wir erkennen, wie uns die Märchen auf mögliche Irrwege hinweisen, auf die wir in Bezug auf die Liebe und unsere eigene spirituelle Entwicklung entlang der sechs Archetypen geraten können.

Bei dem *Goldkindern* geht der Bruder auf die Jagd und trifft auf die Hexe, die ihn mit einem Zauberfluch belegt und versteinert, weil er sich ihr gegenüber herrisch und lieblos verhält (er droht damit, ihren ihn laut anbellenden Hund zu erschießen). In *Die zwei Brüder* erfüllt der Bruder der Hexe den Wunsch, seine Tiere, vor denen sie sich zu fürchten vorgibt, mit einer verzauberten Rute zu berühren, woraufhin sie – ebenso wie er kurze Zeit später – in Stein verwandelt werden. Er versündigt sich damit symbolisch an den Tieren und ihrer Treue ihm gegenüber und zollt den Geschöpfen, die ihn bis dahin so selbstlos unterstützt hatten, keinen Respekt. Erinnern wir uns, dass es seine Tiere waren, die den Drachen zum Schluss gemeinsam in Stücke rissen, weil er am Ende zu erschöpft war, den Drachen ganz zu erlegen. In dem Moment, wo er seine tierischen Gehilfen mit der Rute der Hexe berührt, werden sie zu Stein verwandelt und können ihn nicht mehr gegen die Hexe verteidigen. Die Symbolik erschließt sich uns hier leicht: Der "Pseudo-Monarch" nimmt eine anmaßende Haltung an und missachtet sein treues Gefolge. Als Ergebnis wandelt sich der weibliche Aspekt seines Selbst – ursprünglich sinnbildlich dargestellt durch die Braut – in die für ihn verhängnisvolle Form der Hexe, die ihn versteinert. Wir könnten sagen, dass die Ehe in einer Sackgasse "feststeckt". In unserer heutigen Zeit würde dieser Bruder wahrscheinlich nicht auf Hirschjagd gehen, sondern wäre entweder ein zwanghafter Golfspieler oder ein Workaholic. Seine Frau würde darauf höchstwahrscheinlich mit mehr und mehr Unzufriedenheit reagieren – und von ihm vielleicht sogar als "Hexe" bezeichnet werden –, bis sich die Ehe für beide Partner tot und "versteinert" anfühlt, ohne jede Aussicht auf grundlegende Änderung.

Dieser Bruder geriet in Eheprobleme, weil er nicht mehr auf seine Frau – den weiblichen Aspekt seines Selbst – gehört und sich über ihre Bitte, nicht auf die Jagd zu gehen, hinweggesetzt hat. Dadurch befindet er sich auch nicht mehr in einer lebendigen und respektvollen Beziehung zu seinem eigenen instinktiven Selbst, wie es auch in der Missachtung seiner Tiere symbolisch zum Ausdruck kommt, die bis dahin Teil seines Lebens waren. Er verhält sich wie ein unausgeglichener Monarch, der seinen ihm treu ergebenen und von ihm abhängigen Untertanen keine Beachtung schenkt.

An diesem Punkt erscheint der andere Bruder – der andere Teil des Selbst – zu seiner Rettung. Dieser Bruder lässt sich von der Hexe nicht hereinlegen; stattdessen weiß er genau, wie er vorgehen muss, um sie dazu zu bringen, den Fluch aufzuheben. Der erste Bruder wird wieder zum Leben erweckt und umarmt seinen Befreier – der sich übrigens direkt aus dem Elternhaus auf den Weg zu ihm gemacht hat. Wir könnten ihn also als Unschuldigen ansehen, der zunächst zur Waise und dann zum Pilger wurde, um dann als Krieger-Liebhaber, der seinen Bruder liebt, die böse Hexe in ihre Schranken zu weisen. Er tut dies nicht um eines persönlichen Gewinns willen, sondern weil er starke Bande zwischen sich und seinem Zwillingsbruder spürt. Außerdem lässt er sich nicht von der alten Hexe zum Narren halten, sondern erkennt sofort, dass sie die Wurzel allen Übels ist. Seine Einschätzung der Situation wird nicht durch die vom Ego geschürten Sehnsüchte getrübt, denen sein Bruder erlegen war. Und so kehrt der wiederbelebte Bruder zu seiner Gemahlin und in die Lebensmitte zurück. In anderen Versionen des Märchens werden sie König und Königin.

In einigen Versionen des Märchens *Die zwei Brüder* schickt der Bruder, der den Drachen getötet hat, nacheinander seine zahmen Tiere ins Schloss zur Prinzessin, um Nahrung und Kleidung aus königlichen Beständen zu erhalten. Er ist entschlossen, genauso gut ausgestattet zu sein wie der König selbst, wenn er um die Hand seiner Tochter anhält. Dieser Wert, der auf Äußerlichkeiten gelegt wird, deutet darauf hin, dass der Bruder von Ego-Belangen irregeleitet wird und in den Augen anderer möglichst gut dastehen möchte.

Das Thema, das sich hier herauskristallisiert, ist, dass der "unverdorbene" Bruder den vom destruktiven Aspekt seines Schatten-Selbst verleiteten und verwirrten Bruder wieder "zum Leben erweckt". Dies ist genau die Herausforderung, der sich der Krieger-Liebhaber und der Monarch stellen müssen: Sie müssen ihr Verlangen nach Übermacht, Im-Recht-Sein und der unbedingten Durchsetzung ihrer Vorstellungen ablegen, da sie sonst den weiblichen Aspekt ihres Selbst nicht in ihr Wesen integrieren können. Sein "unverdorbenes", liebevolles Selbst (der Zwillingsbruder) führt den Bruder auf den rechten Weg zurück.

Beachten Sie hierbei, dass der zweite Bruder nicht damit droht, den Hund der Hexe – ein Symbol für Treue – zu erschießen, denn er ist seinem Bruder, seiner zweiten Wesenshälfte, treu. Er kann seinen Bruder nicht als halbes Wesen, versteinert und hilflos, in seiner verzweifelten Lage lassen. Er muss seinen Zwillingsbruder wieder zur Ganzheit zurückführen – so wie die Messerklinge auf beiden Seiten frei von Rost sein muss, um funktionsfähig zu sein, und so wie wir alle die weiblichen und männlichen Aspekte unseres Selbst zusammenführen müssen, bevor wir eine ganzheitliche Verbindung mit unserem Partner eingehen können. Er erinnert seinen Zwillingsbruder daran, dass niemand für sich allein existieren kann, und führt ihn zurück zu seiner innigsten Beziehung – zu seiner Frau.

Die Märchen weisen eine erstaunliche Ähnlichkeit zu fünf der sechs archetypischen Stufen auf, mit denen wir uns hier befassen, und auch wenn das Monarchenpaar die höchste Stufe ist, die die Hauptakteure in diesem Märchen zu erreichen scheinen, sollten wir uns doch an die Worte erinnern, mit denen die meisten dieser Märchen gewöhnlich enden: "Und sie lebten glücklich und zufrieden bis ans Ende ihrer Tage." Dies ist ein Hinweis auf das Gefühl der Erfüllung durch die Verbindung mit dem Göttlichen, die der Magier vollbringt. Der Zwillingsbruder trifft am Ort des

Geschehens ein und hebt den bösen Zauberfluch auf – was gewöhnlich nur ein Magier kann. Vielleicht tritt der Magier erst zum Vorschein, wenn der Monarch die beispielhafte Hingabe des Unschuldigen erkennt. In heutigen Begriffen ausgedrückt: Manchmal beginnen wir erst dann zu überdenken, welchen Platz die Liebe in unserem Leben einnimmt, wenn wir die Liebe sehen, die kleine Kinder – also Unschuldige – ihren Eltern entgegenbringen.

Diese Märchen zeichnet eine überraschende Feinsinnigkeit und Hintergründigkeit aus, denn die Wahl eines Zwillingspaars als Hauptakteur erinnert den Leser daran, dass niemand für sich allein, ungebunden und losgelöst von seinem Umfeld existiert – die Illusion des Egos. Die Denkweise des Egos legt den Schwerpunkt auf das, was *ich* vollbracht habe, statt zu überlegen, wohin die Umstände *uns* geführt haben. Der Zwillingsbruder geht nicht zur Nahrungsbeschaffung auf Hirschjagd, sondern um eine Trophäe mit nach Hause zu bringen. Das ist das Ego in Aktion. Das Eintreffen des zweiten Zwillingsbruders erinnert uns daran, dass wir alle miteinander verbunden sind; wir sind alle Teil der göttlichen Schöpfung, und wenn wir dies vergessen, ist es, als ob wir eine Hälfte unseres Selbst aufgeben würden. Wenn wir das tun, sind wir in etwa so nützlich und bewusst wie Steinstatuen.

Die beiden Märchen sind im Grunde eine eindringliche Veranschaulichung eines uralten menschlichen Ringens: nämlich um die Liebe zum wahren Selbst als lebendigem Teil der Schöpfung, statt der Liebe des Egos. Die Märchen zeichnen dieses Ringen an jedem Punkt des Entwicklungswegs klar und genau auf. Häufig ist es das Ego, das uns zu Pilgern werden lässt, denn ohne das Ego würden wir wahrscheinlich gar keine Anstrengungen in dieser Richtung unternehmen. Die Aufgabe, die sich uns dann jedoch stellt, ist herauszufinden, wer wir *wirklich* sind – nicht nach den begrenzten Ansichten und Konzepten des Egos, sondern vom Gesichtspunkt des Göttlichen aus.

Natürlich könnte man sagen, dass wir den Märchen hier zu viel Bedeutung beimessen oder zu viel in sie hineinlesen, da die meisten von ihnen doch über die Jahrhunderte von Inhalt und Bedeutung her verändert, verzerrt oder sogar vollkommen entstellt wurden. Deshalb habe ich hier zwei Märchen ausgewählt, deren Inhalt und Botschaft im Wesentlichen dieselben sind. Sie sind gute Beispiele dafür, wie Märchen hinsichtlich äußerlicher Aspekte Abwandlungen unterliegen können und doch immer noch die wesentlichen Schlüsselelemente enthalten, auf die wir uns hier beziehen. Was ebenfalls bei diesen beiden Märchen bemerkenswert ist, ist das Maß an psychologischer Subtilität und Feinsinnigkeit, das sie aufweisen. Im ländlichen Deutschland des 19. Jahrhunderts könnte man davon ausgehen, dass Themen wie Liebe und persönliches Wachstum wohl eher eine rudimentäre Erwähnung und Behandlung fänden, doch wie das Beispiel der Grimmschen Märchen aufzeigt, ist dies nicht der Fall. Vielmehr können die Märchen uns hier und jetzt immer noch wertvolle Einblicke und Erkenntnisse liefern. Nehmen wir nur das Beispiel der "Golfwitwe", die von ihrem Ehemann vernachlässigt wird, ähnlich wie die Prinzessin im Märchen *Die zwei Brüder*. Ehemänner sind oft vollkommen ahnungs- und ratlos, warum sich ihre schöne Gattin über die Jahre in eine grollende Hexe verwandelt hat; alles, was sie sich haben zu Schulden kommen lassen, war doch nur, den Sonntag auf dem Golfplatz statt mit der Gemahlin zu verbringen. So wie der Zwillingsbruder einwilligt, seine treuen Tiere zu Stein zu verwandeln, genauso vernachlässigen Ehemänner ihre ihnen treuen Frauen, Eltern ihre sie liebenden Kinder und Chefs ihre hingebungsvollen Angestellten und Mitarbeiter. Wenn Dinge in dieser Weise aus dem Gleichgewicht geraten, können sie nicht erkennen, wann und wo etwas schiefgegangen ist. Und meistens wissen sie auch nicht, wie sie die Situation wieder bereinigen können. Die Antwort darauf – so legen es uns die Märchen nahe – ist, uns wieder mit dem Teil des Unschuldigen zu verbinden, der sich vertrauens- und liebevoll verhält und die Gegenseitigkeit in einer echten Liebesbeziehung schätzt. Und das bedeutet auch, nicht mehr den Verlockungen des Egos zu erliegen, sondern die wahre, reife Liebe an die erste Stelle zu setzen. Und in dem Moment kommt die Magie zum Vorschein.

Wenden wir uns nun einer ganz anderen Geschichte zu, die in gewisser Weise selbst zu einem "Volksmärchen" geworden ist. Die Rede ist von dem US-amerikanischen Spielfilm *Casablanca*[7] aus dem Jahr 1942 von Michael Curtiz mit Humphrey Bogart und Ingrid Bergman in den Hauptrollen. Der Film ist ein weiteres Beispiel dafür, wie Menschen hinsichtlich der Erfüllung ihrer Liebeswünsche in einer bestimmten Phase oder Rolle stecken bleiben können.

Als der Film gedreht wurde, ging man allgemein nicht davon aus, dass er an den Kinokassen ein Riesenerfolg werden würde. Doch er wurde zu einer Art Symbol einer kulturellen Epoche. Zunächst betrachtete man ihn als einen Film, der recht offen die Politik der USA während des Zweiten Weltkriegs kommentierte, die zunächst von Neutralität gegenüber den Achsenmächten (Deutschland, Italien, Japan) geprägt war. Doch die Anziehungskraft des Films hielt weit über die damalige Zeit hinaus an, denn in seiner Handlung und seinen Charakteren spiegelt er Aspekte spiritueller Entwicklung wider, die seit über sechzig Jahren bei vielen Menschen starken persönlichen Anklang fanden.

Die meisten von uns kennen die Handlung des Films, vielleicht sogar den Text des Lieds *As Time Goes By*, gesungen von Sam, dem Barpianisten. Die Haupthandlung des Films beginnt, als Rick, ein zwielichtiger US-Amerikaner, der in Casablanca eine Bar besitzt, von der Ankunft seiner Geliebten Ilsa überrascht wird, die er ein Jahr zuvor, 1940, in Paris kennengelernt hatte. Beide hatten die französische Hauptstadt nach ihrer Einnahme durch die Nazis ursprünglich zusammen verlassen wollen, doch später ließ Ilsa ihn wissen, dass sie nicht mit ihm gehen könne. Rick brach dies damals das Herz. Ilsa taucht mit ihrem Mann Victor, einem Widerstandskämpfer gegen die Nazis, in Casablanca auf. Victor braucht zwei Transitvisa, um Marokko Richtung Lissabon und von dort aus in die USA verlassen zu können. Zu diesem Zeitpunkt, 1941, sind die USA gegenüber den Kriegsparteien immer noch neutral eingestellt, und Rick gibt Ilsa und Victor deutlich zu verstehen, dass er sich nur um seine eigenen Belange kümmert. Durch eine Laune des Schicksals fallen Rick jedoch die Visapapiere in die Hände, die Victor und Ilsa für ihre Ausreise benötigen. Zunächst erwägt er, die Dokumente zu seinem eigenen Vorteil zu nutzen, beschließt dann aber, Victor und Ilsa zur Flucht zu verhelfen. Er fährt mit ihnen gemeinsam zum Flughafen und überlistet dabei sowohl die Nazis, personifiziert durch Major Strasser und den französischen Polizeichef Capitaine Renault, die ihren Abflug in letzter Sekunde noch verhindern wollen. Am Flughafen angekommen besteht er darauf, dass Ilsa mit Victor statt mit ihm geht. Ilsa zögert erst, willigt aber ein, als Rick Victor deutlich macht, wie sehr Ilsa ihn liebt und dass die Pariser Affäre zwischen ihm und ihr endgültig der Vergangenheit angehört. Er lässt sie ziehen, gerade weil er sie liebt und weil er spürt, dass Victor sie mehr braucht als er.

In Bezug auf die Archetypen ist das Muster ziemlich klar. Zu Beginn des Films ist Rick eine Waise, die sich in Casablanca gewissermaßen verkrochen hat und halblegale Geschäfte mit anderen Gaunern und Halunken macht. Über seine Vergangenheit ist nicht allzu viel bekannt, doch jeder macht Geschäfte mit ihm. Manche nennen ihn Rick oder Richard, andere kennen ihn als Ricky, Mr. Rick oder Monsieur Blaine, was darauf hinzudeuten scheint, dass er so ziemlich jedermann für jeden sein kann, solange das Geschäft es verlangt. Doch im weiteren Verlauf des

Films erfahren wir mehr über ihn; so war er in der Vergangenheit als Waffenschmuggler sowohl für die Äthiopier (im Kampf gegen die italienischen Faschisten) als auch für die spanischen Republikaner (im Kampf gegen Francos Faschisten) tätig. Er schien also, wie man sagen könnte, zu jener Zeit ein Herz für die Unterdrückten gehabt zu haben; vielleicht war er damals sogar ein Krieger-Liebhaber gewesen, doch im Film ist er zunächst auf die Stufe des defensiv-zynischen Waisen zurückgefallen.

Dann erscheint Ilsa. Als sie und Rick sich ein Jahr zuvor in Paris getroffen hatten und sich ineinander verliebten, war sie eine Waise im wahrsten Sinne des Wortes gewesen, denn sie glaubte, dass ihr Mann Victor den Tod gefunden hatte, und wusste nicht, wie es weitergehen sollte. Als sie Rick erneut trifft, ist sie allerdings in der Rolle der Monarchin. Sie liebt ihren ursprünglich totgeglaubten Mann und steht zu ihm und seinem Widerstandskampf. Ilsa will sich gegenüber Rick erklären - sie wusste nicht, dass ihr Mann immer noch am Leben war, als sie sich in Rick verliebte -, doch Rick ist zu stark alkoholisiert und in Selbstmitleid versunken (wie es oft für Waisen typisch ist), als dass er noch imstande wäre, ihr zuzuhören.

Wir könnten an dieser Stelle sagen, dass Ilsa und Rick sich Dingen verschrieben hatten, die einen enttäuschenden Ausgang für sie hatten (wenn auch nur vorübergehend in Ilsas Fall). So lernen sie sich in Paris als "besiegte Krieger-Liebhaber" kennen, die beide auf die Stufe der Waise zurückfallen. Kein Wunder, dass sie sich so leicht ineinander verlieben! Sie gleichen sich wie ein Ei dem anderen und sind beide auf der Suche nach einem Menschen, der ihnen das nötige Mitgefühl und eine gewisse Sicherheit geben kann.

Rick ist immer noch in der Rolle der verletzten Waise, als Ilsa ihn - unter Umgehung der Ausgangssperre - in seiner Bar wiedertrifft. Sie beweist gewiss Mut, als sie eine Waffe zieht und auf ihn richtet, um ihn zu zwingen, ihr die Visapapiere auszuhändigen, die sie und Victor benötigen. In diesem Moment erkennt Rick etwas in ihr, das er in sich selbst schon einige Zeit nicht mehr gespürt hat. Eine Zeit lang kann sie ihn beeindrucken, doch dann bricht sie zusammen und sinkt in seine Arme mit den Worten: "Ich weiß nicht mehr, was noch richtig oder falsch ist." Die ganze Situation ist eindeutig zu belastend für sie; sie fällt auf die Stufe der Waise zurück, die den Wunsch verspürt, dass jemand anders über ihr Schicksal bestimmen soll. An diesem Punkt erkennt Rick, dass sie eine Krieger-Liebhaberin sein kann, und beschließt, ebenfalls einen Schritt vorwärts zu tun.

Rick spürt, dass er in der Situation über seinen eigenen Schatten springen und sich für die Sache von Ilsa und Victor einsetzen muss, behält seine genauen Pläne aber zunächst für sich. Erst am Flughafen lässt er Ilsa wissen, dass sie nicht mit ihm, sondern mit ihrem Mann das Land verlassen soll – ein meisterhafter Schachzug von ihm.

Auf dem Rollfeld des Flughafens warnt Rick dann Ilsa noch einmal eindringlich, dass sie es bereuen werde, wenn sie sich für ihn entscheide, statt mit Victor unverzüglich das Land zu verlassen: "Vielleicht nicht heute, vielleicht nicht morgen, aber bald und dann für den Rest deines Lebens." In seinen Worten steckt wirkliche Weisheit. Rick ist sich durchaus bewusst, dass er und Ilsa ihre Liebe wiederaufleben lassen könnten – doch nur auf der Stufe der verletzten Waise, die sie bereits von früher kennen. Er erkennt, dass es für ihrer beider Liebe kein echtes, aufrichtiges Wachstum gäbe, wenn dies auf Kosten eines selbstlosen, hehren Ziels (Victors Kampf gegen den Faschismus) geschähe. Ilsa weiß, wie es sich anfühlt, mit Victor eine Beziehung auf der Ebene des Monarchenpaares zu führen, und auch wenn das vielleicht schwere Zeiten und harte Arbeit bedeutet, wird nichts jemals an diese Erfahrung heranreichen können. Wie wir wissen, neigen Waisen dazu, dort Schutz und Unterschlupf zu suchen, wo es zum jeweiligen Zeitpunkt am günstigsten ist; Krieger-Liebhaber (wie Rick es im Film allermindestens ist) sind einen Schritt weiter und in der Lage, auch die fernere Zukunft in ihre Überlegungen mit einzubeziehen. Rick spricht natürlich nicht in den archetypischen Begriffen, wie wir sie hier verwenden, doch es ist klar, dass er einige Lektionen in Bezug auf Integrität gelernt hat. Er weiß deshalb, dass ihre Liebe nicht auf der höchsten, für jeden von ihnen erreichbaren Stufe angesiedelt war. Er räumt ein, dass es höhere Stufen der Liebe gibt und dass er es noch nicht bis zur höchsten Stufe geschafft hat, auch wenn seine persönlichen Bedürfnisse noch so stark sein sollten.

Victor László scheint die Rolle des Monarchen einzunehmen, der gelegentlich zum Magier wird: Er schafft die Flucht aus einem Konzentrationslager, sein Name ist in aller Munde und gewissermaßen ein Synonym für den Widerstand gegen die Faschisten geworden. Er verfügt über die Begabung, Menschen im Kampf gegen die Unterdrückung zu vereinen, und hat diesbezüglich einen schon fast legendären Ruf. In einer der berühmtesten Szenen des Films singen die Nazis in Ricks Bar *Die Wacht am Rhein*, und Victor weist die Band an, die *Marseillaise*, die französische Nationalhymne, zu spielen. Der Kapellmeister blickt zunächst fragend zu Rick hinüber, doch der stimmt zu. Die Band beginnt zu spielen; alle Franzosen erheben sich und brüllen aus Leibeskräften ihre Nationalhymne, und den Nazis wird die Lektion erteilt, dass sie mit ihrem anmaßenden Gehabe nicht einfach so davonkommen, ohne eine Gegenreaktion zu provozieren. Es ist ein wunderbarer, ausdrucksstarker Moment im Film, doch der Triumph währt nur kurz. Rick muss seine Bar schließen – und er muss es schon vorausgeahnt haben. Doch der eigentliche moralische Punkt ist: Das Handeln eines Magiers zielt darauf ab, Menschen dazu zu bringen, für ihre tiefsten Gefühle und ihre loyale Zugehörigkeit zu bestimmten Gruppen und Bewegungen Verantwortung zu übernehmen. Victor weckt in den Menschen Selbstrespekt und Ehrsamkeit – beides Formen der Liebe.

Victor ist auch auf der persönlichen Ebene ein interessanter Charakter, denn er weiß, dass zwischen Ilsa und Rick etwas vorgefallen sein muss, und er fragt Ilsa sogar, ob sie sich dazu äußern möchte. Er weiß, dass Menschen Fehler machen, dass sie in ihrer Verzweiflung und Hoffnungslosigkeit ins Waisendenken zurückfallen können – und so liebt er Ilsa trotz allem. Er liebt das Beste an ihr, nicht ihre Fehler. In vielerlei Hinsicht ist er ein Magier, der zum Besten des Ganzen arbeitet, dafür alles riskiert und dabei auch das Beste in den Menschen um ihn herum zum Vorschein bringt. Tatsächlich bringen er und Ilsa auch das Beste in Rick hervor. Wir könnten sagen, die beiden befinden sich in der Rolle des Monarchenpaares, das auch in der Lage ist, den Magier ins Dasein zu bringen, falls dies erforderlich ist.

Auf dem Höhepunkt des Films erschießt Rick Major Strasser; Renault wendet sich schließlich von seiner Rolle als Mithelfer des mit den Nazis kollaborierenden Vichy-Regimes ab, Victor und Ilsa gelingt die Flucht mit dem Flugzeug und Rick und Renault verschwinden langsam im Nebel des Rollfeldes und schließen sich später einer französischen Garnison in Kongo-Brazzaville an. Sie sind ein ungleiches Paar, doch Ricks letzte Worte im Film – "Louis, ich glaube, dies ist der Beginn einer wunderbaren Freundschaft" – lässt sie tatsächlich als Krieger-Liebhaber erscheinen. Nun sind sie nicht mehr länger Waisen und setzen sich für ein höheres Ziel ein. Erinnern wir uns auch daran, dass beide Männer ihr oberflächliches Sexualleben aufgeben: Rick beendet seine Beziehung zum französischen Barmädchen, und Renault erteilt nicht länger Transitvisa nur gegen Bezahlung mit Geld oder Sex; sie haben die Waisenphase, in der bedeutungsloser Gelegenheitssex üblich ist, hinter sich gelassen. Vielleicht wurden sie beide in dieser Hinsicht von Ilsa inspiriert, vielleicht wurde aber auch Renault von Rick inspiriert – der aus moralischer Empörung heraus Renault bei mindestens einer seiner Affären in die Quere kommt. Eigentlich spielt es keine Rolle, wie genau es sich zuträgt, denn Teil des Einflusses, den der Magier ausübt, scheint es zu sein, dass Inspiration scheinbar aus sich selbst heraus wächst. Und Victor hat sich lange genug im Umfeld der beiden aufgehalten, um ihr Denken und ihre Einstellung für immer zu verändern.

Auch in diesem "modernen Volksmärchen" können wir also die sechs Archetypen, mit denen wir uns hier befassen, in Aktion sehen. Und wir können erkennen, dass es dabei nicht nur um die sexuelle Liebe geht, sondern um eine Liebe, die mit bestimmten Maßstäben eines moralischen Lebenswandels zu tun hat. Von uralten Legenden bis zu modernen Mythen – die vorherrschenden Ideen sind dieselben, und wir können sie besser verstehen, wenn wir sie als eine schrittweise Entfaltung dieser sechs Entwicklungsstufen auffassen, die uns zeigen, wie jemand "stecken bleiben" kann und wie es möglich ist, sich aus Verstrickungen und Verwirrungen wieder zu lösen.

Mit diesem Buch wollte ich versuchen aufzuzeigen, dass unser Leben eine Reise zur Liebe darstellt, die entlang bestimmter Entwicklungsstufen verläuft. Wenn wir uns nicht auf diese Reise begeben, sind wir nur halb bewusste, halb lebendige Menschen, die vom Göttlichen getrennt leben und in den niederen Gefilden des Egos versunken sind. Die Bilderwelt des Tarots kann uns den Weg vorwärts zeigen, wie auch die Volksliteratur mit ihren Mythen, Legenden und Märchen. Und unsere "modernen Volksmärchen" wie etwa *Casablanca* können uns in ähnlicher Weise Orientierung geben, wenn wir sie aus dieser Perspektive betrachten. Der schon zuvor erwähnte Autor Joseph Campbell nannte dies "die *Bildersprache* der Seele" (Hervorhebung in kursiv von mir), von der er glaubte, dass sie direkt mit unseren Träumen und dem kollektiven

Unbewussten in Verbindung steht. Campbell führte den Niedergang dieser Art des mythischen Denkens auf das Aufkommen des Zeitalters der Aufklärung in Europa zurück, das größtenteils von vernunftbestimmtem Denken geprägt war. Ob dies nun zutrifft oder nicht – einiges spricht dafür –, so stimmt es auf jeden Fall, dass es vorwiegend die Sprache der Bilder ist, die uns den Weg vorwärts zeigen kann. Nach mehr als zweieinhalb Jahrhunderten logisch-rationalen Denkens als Folge der Aufklärung ist es an der Zeit, dass wir dem mythischen "Denken" wieder mehr Aufmerksamkeit schenken.

Damit schließt sich der Kreis, und wir sind wieder bei Gauguins wundervollem Gemälde und den philosophischen Grundfragen, die er stellte. Er reiste um die halbe Welt nach Tahiti, um dem ihn fast erstickenden Druck zu entkommen, den er im bürgerlichen Pariser Gesellschaftsleben empfand. Erst dort, auf Tahiti, fühlte er sich frei genug, Antworten auf seine Fragen zu finden: "Wer sind wir? Woher kommen wir? Wohin gehen wir?" Gauguin fasste seine Antwort nicht in Worte, sondern, wie wir wissen, in einzigartige und unvergessliche Gemälde, die die Schönheit der menschlichen Gattung wundervoll zum Ausdruck bringen. Er malte Menschen jeden Alters, vom Kleinstkind bis zur Greisin, die auf den Tod wartet, und wenn wir wollten, könnten wir in seinen Bildern Darstellungen der sechs Archetypen erkennen. Am Gesichtsausdruck der Tahitianer, die Gauguin gemalt hat, können wir zumindest ablesen, dass sie sich nicht im Mindesten von den philosophischen Grundfragen haben beunruhigen lassen, die zum Titel seines Gemäldes geworden sind. Für Gauguin war Tahiti die Insel der Unschuldigen, unbefleckt von der modernen, von Ego-Belangen angetriebenen Welt. Ein unberührtes Paradies voller Liebe, Harmonie, Frieden und Gelassenheit, und Gauguins Bilder sind eine innige und hingebungsvolle Reflexion der instinktiven Akzeptanz, mit der diese Menschen dem Leben begegnen. Er konnte nicht anders, als Paris zu verlassen, um tiefer gehende Antworten auf seine Fragen zu finden. Er, der herausragende Meister – hinsichtlich seiner künstlerischen Fähigkeiten ein Monarch –, der sich in Paris eingeengt fühlte, spürte das unbändige Verlangen, dieser Enge zu entfliehen und Zuflucht auf der Insel der Unschuldigen zu suchen. Er suchte das Wesen dieser Menschen, genauso wie sich der "unschuldige" Zwillingsbruder in den Grimmschen Märchen auf die Suche nach dem notleidenden Bruder machte, um ihn zu erlösen und zu retten. Und wenn der Unschuldige wieder in die Welt des Monarchen eingeladen wird, wenn unser Blick nicht mehr von Voreingenommenheiten getrübt, sondern von Weisheit erhellt ist, kommt der Magier zum Vorschein – und die Welt wird zu nichts weniger als einem Wunder. Gauguin hat seine Fragen bildhaft beantwortet und uns damit ein lebendiges Zeitzeugnis hinterlassen: Wir sind hier, um die Magie der Schönheit des Alltags schätzen zu lernen, während wir durch die verschiedenen Lebensphasen unseren Entwicklungsweg zur seelischen Vervollkommnung gehen.

Anmerkungen

Kapitel 1

1. Gauguins Gemälde hängt im Museum of Fine Arts in Boston, USA. Er bezeichnete es als "meinen Traum" in seinem Brief vom März 1899 an André Fontainas, zitiert von Robert Goldwater in *Gauguin,* Abrams 1983, S. 114.

2. Gauguin zieht den Vergleich zu den Evangelien in einem Brief an Daniel de Monfreid vom Februar 1898, zitiert von Goldwater im oben zitierten Werk, S. 110.

Kapitel 2

1. Sting, *Sacred Love*, 2003.

2. Winwood, Steve, *Higher Love*, 1986.

3. *Sex and the City* lief ursprünglich in insgesamt sechs Staffeln im US-amerikanischen Fernsehsender HBO von 1998 bis 2004. Die Serie gewann mehrere Emmys und andere Fernsehpreise.

4. *Desperate Housewives* wurde erstmals im Jahre 2004 im US-amerikanischen Fernsehsender ABC ausgestrahlt. Die Serie gewann mehrere Emmys, Golden Globes und Screen-Actors-Guild-Auszeichnungen.

5. Ovid, *Metamorphosen*. Ovid schloss die Arbeit an den *Metamorphosen* im Jahre 8 n. Chr. ab.

6. Die Geschichte von Narziss und Echo findet sich in Buch III der *Metamorphosen*.

7. Briefe des Paulus, 1. Korintherbrief, 13, 13.

8. *Beowulf: A New Verse Translation*, engl. Übersetzung von Seamus Heaney, Norton 2001.

9. *The Letters of Abelard and Heloise*, engl. Übersetzung von Peter Abelard, Penguin Art 1998.

10. Das Drama *Tristan und Isolde* wurde in vielen Versionen aufgeführt. Ich habe die Adaption von J. Butler, übersetzt von Hilaire Belloc, gewählt. Dover Editions 2005.

11. *Tristan und Isolde*. Der von Ridley Scott produzierte Film kam 2006 mit James Franco und Sophia Myles in den Hauptrollen in die Kinos.

12. Der Sündenfall findet sich im 3. Buch Mose.

13. *Troilus and Criseyde*. Die beste Textversion findet sich in *The Complete Works of Geoffrey Chaucer*, Hrsg. F. N. Robinson, Oxford University Press 1970.

14. Robert Henryson lebte von 1424 bis 1506, William Dunbar von 1456 bis 1513.

15. William Shakespeare, *The Complete Works*, Hrsg. Peter Alexander, Collins 1970.

16. Jane Austen, engl. Originaltitel *Pride and Prejudice* (Stolz und Vorurteil, 1813) und *Emma* (1816).

17. Helen Fielding, engl. Originaltitel *Bridget Jones' Diary,* Picador 1998.

Kapitel 3

1. Nick Hornby, *About A Boy* (Penguin 1998). Der sehr erfolgreiche Film mit demselben Titel und Hugh Grant in der Hauptrolle kam 2002 in die Kinos.

2. Der Ausspruch "Wenn sie kein Brot haben, dann sollen sie Kuchen essen" wird gewöhnlich Marie Antoinette (1755-93) zugeschrieben, der französischen Königin und Gemahlin von Ludwig XVI. von Frankreich. Er erschien jedoch erstmals in Jean Jacques Rousseaus *Bekenntnissen*, einem zwölfbändigen Werk, das 1770 veröffentlicht wurde. Da der obige Ausspruch im 1767 verfassten Band 6 zu finden ist, kann die namentlich nicht genannte "große Dame", die nach Rousseau diese Worte von sich gegeben haben soll, nicht Marie Antoinette gewesen sein, da diese erst drei Jahre später nach Frankreich kam.

Kapitel 4

1. *Der Soldat James Ryan*, unter der Regie von Steven Spielberg, mit Tom Hanks und Tom Sizemore in den Hauptrollen, 1998.

2. *Ein Kurs in Wundern*, ohne Autorenangabe, The Foundation for Inner Peace, Penguin 1996; dtsch. Ausgabe Greuthof 1997.

3. Eckhart Tolle, *Jetzt! Die Kraft der Gegenwart*, Kamphausen 2010. Siehe auch sein Buch *Eine neue Erde: Bewusstseinssprung anstelle von Selbstzerstörung*, Arkana 2005.

4. Frederick Buechner, *Now and Then*, Harper 1985, S. 20.

5. Jesus, in Matthäus 18, 3: "Wahrlich, ich sage euch: Wenn ihr nicht umkehrt und werdet wie die Kinder, so werdet ihr nicht ins Reich der Himmel kommen."

6. *Das Mädchen ohne Hände*, Grimm / KHM 31.

7. *Put Your Hand in the Hand*: Dieser Gospelsong wurde von Gene MacLellan geschrieben und 1971 von der kanadischen Rockband *Ocean* neu interpretiert. Die Band verkaufte über eine Million Singles des Songs.

8. Hali Morag, *The Complete Guide to Tarot Reading*, Astrolog 1998, S. 48.

9. Die Figur des weisen Narren erscheint in Shakespeares Bühnenwerken *König Lear, Die Zwölfte Nacht, Wie es euch gefällt* und in einer anderen Version in *Hamlet*, um nur die offensichtlichsten Beispiele zu nennen.

Kapitel 5

1. *Bridezillas* ist eine Produktion von September Films. Die Serie wurde in den USA erstmals 2001 ausgestrahlt.

2. "Leben in stiller Verzweiflung" ist aus Henry David Thoreaus Werk *Walden* (1854).

3. *Desperate Housewives*, zweite Staffel, 2005.

4. *The Lost Boys of Sudan: A Documentary Film* von Megan Mylan und Jon Shenk, im Verleih von *Actual Films and Principe Productions*, 2003. Der Titel des Films ist zu einem allgemein gebräuchlichen Ausdruck für das Phänomen der Flüchtlingskinder in dieser Region der Welt geworden.

5. *The Fishing Boys of Ghana* war der Titel einer im Jahre 2007 ausgestrahlten Serie der *Oprah Winfrey Show*, die sich mit dem Menschenhandel in dieser Region befasste. Der Name wurde mittlerweile auch vom US-Außenministerium übernommen.

6. Zitat von William Faulkner – vielfach wiedergegeben.

7. Milan Kundera, *Das Buch vom Lachen und Vergessen*, dtsch. Übersetzung Susanna Roth, dtv 2000.

8. Das Zitat entstammt dem Interview des britischen Fernsehsenders BBC mit Diana, das am 24. November 1995 ausgestrahlt wurde.

Kapitel 6

1. *Das Märchen vom Aschenputtel* existiert in mehreren verschiedenen Versionen, von denen die Grimm-Version mir hier als die zweckdienlichste erschien (KHM 21, 1857).

2. *Der Eisenhans*, KHM 136, 1857.

3. *Der mit dem Wolf tanzt*, unter der Regie von Kevin Costner, 1990.

Kapitel 7

1. *König Ödipus, Antigone* und eine Sammlung anderer großer griechischer Tragödien finden sich in: *Die großen Tragödien: Aischylos, Sophokles, Euripides* von Wolf Hartmut Friedrich (Hrsg.), Albatros/Patmos 2006.

2. "Big Boss", RTL, Erstausstrahlung 26. Oktober 2004.

3. Botticellis *Venus und Mars* hängt in der National Gallery in London.

4. George Eliot, *Daniel Deronda* (1876), dtsch. Übersetzung: Manesse 1997.

5. George Eliot, *Middlemarch* (1872), dtsch. Übersetzung: Manesse 1962.

6. Der US-amerikanische Maler und Illustrator Edwin Austin Abbey schuf 1895 eine Reihe von Gemälden zum Mythos um Ritter Galahad und die Suche nach dem Heiligen Gral, die die Wände der Boston Public Library zieren. Die Wahl einer Bibliothek als Ausstellungsraum legt nahe, dass Studium und wissenschaftliche Arbeit sich ebenfalls mit der Suche nach Wahrheit befassen, die eine gewisse Reinheit des Herzens erfordert. Dies zeigt uns, dass ein Krieger-Liebhaber auch ein wissenschaftlicher Gelehrter sein kann.

7. John Bradshaw, *Familiengeheimnisse: Warum es sich lohnt, ihnen auf die Spur zu kommen*, Kösel 1997; *Das Kind in uns. Wie finde ich zu mir selbst*, Droemer Knaur 2000.

8. Rudyard Kipling, *Balladen aus dem Biwak / Soldatenlieder*, Paul List Verlag 1950.

9. Keats bezieht sich auf das "Tal der werdenden Seelen" in einem Brief an George und Georgiana Keats vom 21. April 1819.

10. John Gray, *Männer sind anders. Frauen auch*, Goldmann 1998.

11. Tom Brokaw, *The Greatest Generation,* Random House 1998.

12. *Der Kommandeur*, produziert von Darryl Zanuck, 1949.

13. Robert Bly, Interview im US-amerikanischen Sender PBS.

14. Stephen Crane, *Die rote Tapferkeitsmedaille* (1895), dtsch. Übersetzung: Diogenes 1997.

15. Sonia Sanchez, *Just Don't Never Give Up on Love*, Callalloo, Johns Hopkins University Press, Nr. 20, 1984, S. 83-85.

16. Richard Lovelace, *Poems*, mehrere Neuausgaben.

17. Harold Bloom, *The Western Canon*, Harcourt Brace 1994.

18. C. G. Jung, *Gesammelte Werke*, Patmos 2011.

19. Dennis Watlington, *Chasing America: Notes from a Rock'n'Soul Integrationist*, New York: Thomas Dunne Books, 2004. Alle Zitate entstammen einem privaten Gespräch mit dem Autor im August 2007.

20. The Beatles, *All You Need Is Love*, erste Hörfunkausstrahlung 25. Juni 1967.

Kapitel 8

1. William Clinton, *Giving: How Each of Us Can Change the World,* Knopf 2007. Beachten Sie, wie der Titel des Buchs Menschen direkt zur Selbstermächtigung auffordert, um positive gesellschaftliche Veränderungen hervorzubringen.

Kapitel 9

1. Leonard Cohen, *I'm Your Man*, unter der Regie von Lian Lunson, 2005.

2. Das Gleichnis mit den Arbeitern im Weinberg findet sich bei Matthäus 20, 1-16.

3. Ram Dass, *Sei jetzt hier*, Sadhana 1996.

4. *Tao Te King: Das Buch vom Sinn und Leben*, dtv 2005.

5. Russell Baker, *Growing Up*, Signet 1992.

Kapitel 10

1. Der Tierfilmer und Tierschützer Timothy Treadwell war die Hauptfigur in mehreren Dokumentarfilmen des US-amerikanischen Fernsehsenders PBS und Werner Herzogs Film *Grizzly Man*, produziert im Jahre 2005 von Lion's Gate Films, USA. In beiden Produktionen wurden Teile von Treadwells eigenem eindrucksvollen Filmmaterial verwendet.

2. Miguel Ruiz und Janet Mills, *Die innere Wahrheit: So leben Sie im Einklang mit sich selbst*, Ariston 2005.

3. *Ein Kurs in Wundern*, Greuthof 1997.

5. Seine Heiligkeit der Dalai Lama, *Die Regeln des Glücks*, Bastei-Lübbe 2000.

6. Das Gleichnis des verlorenen Sohns findet sich im Neuen Testament bei Lukas 15, 11-32.

Kapitel 11

1. Daniel Schacter, *Aussetzer. Wie wir vergessen und uns erinnern*, Bastei-Lübbe 2006.

2. Wilhelm Grimm, in der Vorrede zum Zweiten Band (1815): *"Wer an leichte Verfälschung der Überlieferung, Nachlässigkeit bei Aufbewahrung, und daher an Unmöglichkeit langer Dauer, als Regel glaubt, der müßte hören, wie genau sie [Dorothea Viehmann] immer bei derselben Erzählung bleibt und auf ihre Richtigkeit eifrig ist; niemals ändert sie bei einer Wiederholung etwas in der Sache ab, und bessert ein Versehen, sobald sie es bemerkt, mitten in der Rede gleich selber."*

3. *Die Goldkinder*, KHM 85, 1857.

4. *Die zwei Brüder*, KHM 60, 1857.

5. Max Lüthi, *Es war einmal. Vom Wesen des Volksmärchens*, Vandenhoeck & Ruprecht 2008.

6. *Der Krautesel*, KHM 122, 1857.

7. *Casablanca*, unter der Regie von Michael Curtiz, 1942.

Bibliographie

The Letters of Abelard and Heloise, engl. Übersetzung von Peter Abelard, Penguin 1998.

Austen, Jane, *Stolz und Vorurteil*, engl. Originaltitel *Pride and Prejudice* (1813), und *Emma* (1816).

Baker, Russell, *Growing Up*, Signet 1992.

Beowulf: A New Verse Translation, engl. Übersetzung von Seamus Heaney, Norton 2001.

Buechner, Frederick, *Now and Then*, Harper 1985.

Bloom, Harold, *The Western Canon*, Harcourt Brace 1994.

Bradshaw, John, *Familiengeheimnisse: Warum es sich lohnt, ihnen auf die Spur zu kommen*, Kösel 1997; *Das Kind in uns. Wie finde ich zu mir selbst*, Droemer Knaur 2000.

Brokaw, Tom, *The Greatest Generation*, Random House 1998.

Chaucer, Geoffrey, *The Complete Works*, Hrsg. F. N. Robinson, Oxford University Press 1970.

Ein Kurs in Wundern, ohne Autorenangabe, The Foundation for Inner Peace, Penguin 1996; dtsch. Ausgabe: Greuthof 1997.

Crane, Stephen, *Die rote Tapferkeitsmedaille* (1895), dtsch. Übersetzung: Diogenes 1997.

Clinton, William, *Giving: How Each of Us Can Change the World*, Knopf 2007.

Seine Heiligkeit der Dalai Lama, *Die Regeln des Glücks*, Bastei-Lübbe 2000.

Dass, Ram, *Sei jetzt hier*, Sadhana 1996.

Eliot, George, *Daniel Deronda* (1876), dtsch. Übersetzung: Manesse 1997; *Middlemarch* (1872), dtsch. Übersetzung: Manesse 1962.

Fielding, Helen, engl. Originaltitel *Bridget Jones' Diary,* Picador 1998.

Friedrich, Wolf Hartmut (Hrsg.), *Die großen Tragödien: Aischylos, Sophokles, Euripides*, Albatros/Patmos 2006.

Goldwater, Robert, *Gauguin,* Abrams 1983.

Gray, John, *Männer sind anders. Frauen auch*, dtsch. Übersetzung: Goldmann 1998.

Grimm, Jakob and Wilhelm, *Kinder- und Hausmärchen, Gesamtausgabe*, Reclam 2001.

Hornby, Nick, *About A Boy*, Penguin 1998.

Jung, Carl Gustav, *Der Mensch und seine Symbole*, Walter/Patmos 1999.

Kipling, Rudyard, *Balladen aus dem Biwak / Soldatenlieder*, Paul List Verlag 1950.

Kundera, Milan, *Das Buch vom Lachen und Vergessen*, dtsch. Übersetzung: dtv 2000.

Lovelace, Richard, *Poems*, mehrere Neuausgaben.

Morag, Hali, *The Complete Guide to Tarot Reading,* Astrolog 1998.

Ovid, *Metamorphosen*, Reclam 1986.

Ruiz, Miguel, und Mills, Janet, *Die innere Wahrheit: So leben Sie im Einklang mit sich selbst*, Ariston 2005.

Schacter, Daniel, *Aussetzer. Wie wir vergessen und uns erinnern*, Bastei-Lübbe 2006.

Sanchez, Sonia, *Just Don't Never Give Up on Love,* Callalloo, Johns Hopkins University Press, Nr. 20, 1984, S. 83-85.

Shakespeare, William, *The Complete Works*, Hrsg. Peter Alexander, Collins 1970.

Tao Te King: *Das Buch vom Sinn und Leben*, dtsch. Übersetzung: dtv 2005.

Tolle, Eckhart, *Jetzt! Die Kraft der Gegenwart,* Kamphausen 2010; *Eine neue Erde: Bewusstseinssprung anstelle von Selbstzerstörung*, Arkana 2005.

Watlington, Dennis, *Chasing America: Notes from a Rock'n'Soul Integrationist,* Thomas Dunne Books 2004.

Dank

――――――――――――――――― ⌒⌒ ―――――――――――――――――

M ein aufrichtiger Dank gilt vielen Menschen, die ich an dieser Stelle namentlich erwähnen möchte. Dies schließt auch Menschen mit ein, die sich wahrscheinlich gar nicht bewusst sind, wie sehr sie mir geholfen haben.

Ich hatte das Glück, dass das Curry College mir für den Abschluss dieses Buchs ein Sabbatjahr gewährte. Mein großer Dank gilt deshalb dem Präsidenten, Ken Quigley, und den Kuratoren. Ebenso danke ich der Dekanin Sue Pennini für ihre Unterstützung bei diesem Projekt.

Erhebliche materielle Unterstützung bei den Forschungsarbeiten erhielt ich von der Seth Sprague Educational and Charitable Foundation, wofür ich Mrs. Arline Greenleaf und Mrs. Rebecca Greenleaf-Clapp, die immer an die herausragende Bedeutung meines Projekts und die Arbeit des Honors Program am Curry College geglaubt haben, sehr dankbar bin. Ohne ihre tatkräftige Unterstützung wäre dieses Buch wahrscheinlich nicht zustande gekommen. Meine Forschungsarbeiten wurden in wesentlichen Aspekten auch von den Bibliotheksmitarbeitern des Curry College unterstützt, vor allem von Dr. Hedi Ben Aicha, der sich immer bereit und begeistert davon zeigte, bisher unerschlossene Bereiche des Wissens zu erforschen.

Meine Unterstützer und Teamkollegen wurden von Dr. Ronald Warners geleitet, dessen Erörterungen und Anmerkungen von unschätzbarem Wert waren und der mich dazu ermunterte, meine Ideen bei den Treffen der BACAPT (Gesellschaft für angewandte Typologie, Ortsverband Boston) weiterzuentwickeln. Ohne seinen Beitrag wäre dieses Buch ebenfalls nicht erschienen. Auch Professor Tom Shippey war ein tatkräftiger Unterstützer meines Projekts, vielleicht sogar mehr, als ihm bisher bewusst war.

Robert Atwan und Suzanne Strempek Shea erwiesen sich bei vielen Themen während der Abfassung des Buchs als einfühlsame Berater, wofür ich ihnen unendlich dankbar bin, und auch Greg Atwans Sachkenntnisse im Bereich des griechischen Dramas, vor allem bei der Tragödie *Antigone* von Sophokles, habe ich sehr geschätzt. Viel Weisheit und Lebenserfahrung steuerten auch die folgenden Personen bei: Linda Blackbourn, Vivian Brock, Jeffrey Di Iuglio, Dr. Martha Grace Duncan, Marlena Erdos, Kelly Ferry, Dorothy Fleming, Joan Elizabeth Goodman und Keith Goldsmith, Jeanette de Jong, Rea Killeen, Rick Klaich, Nora Klaver, Dr. Bessel van der Kolk, Douglas Kornfeld und Susan Lax, Sensei Koei Kuahara, Rebecca McClanahan, Jean Mudge, Jane Deering O'Connor, Iris Simmons MBE, Suzette Martinez Standring, Julie Stiles, Cheryl Suchors und Dennis Watlington. Ein ganz besonderer Dank gilt auch David Whitley und Andrew Peerless, die in all diesen Jahren als gute und enge Freunde und Kollegen zu mir gestanden haben.

Mary Lou Shields verdient mehr als eine kurze Erwähnung, denn sie gab mir immer wieder die entscheidenden Anstöße und Hinweise, die mich voranbrachten.

Thierry Bogliolo verdient besonderen Dank für seinen unerschütterlichen Glauben an dieses Projekt und dafür, dass er mir den Kontakt zu Gail Torr, der wohl brillantesten Publizistin der Welt, vermittelt hat.

Ebenso ein ganz besonderes Dankeschön an meine Lektorin, Jane Engel, für ihre Geduld und ihr Fachkönnen.

Viele andere Menschen haben zu diesem Projekt mehr beigetragen, als ihnen vielleicht bewusst ist, unter anderen Monique und Martin Lowe, Dr. Susan Peterson, Nick Portnoy, Anna Portnoy (die bei der Übertragung meiner handschriftlichen Notizen in eine druckfertige Vorlage herausragende Arbeit leistete), Bev Snow und die lieben Menschen im Watertown Center for the Arts, Paula Ogier und die Mitarbeiter des Cambridge Center for Adult Education, Talbot Lovering und Tina Forbes sowie Sally Young.

Ganz besonders dankbar bin ich meiner Mutter, Elsa Hunter, die mir mit viel Geduld die wichtigsten Lebenslektionen beibrachte, und meinem Bruder Donald, dessen praktisches Lebenswissen und unerschöpflicher Humor mich immer in meinen Bemühungen bestärkten und unterstützten.

Ganz besonders zu Dank verpflichtet bin ich Cathy Bennett, die mich bei diesem Projekt als aufmerksame Kritikerin, Beraterin und allgemein als Quelle der Inspiration mehr unterstützt hat, als ich je zu hoffen gewagt hätte. Das Wort "Dankbarkeit" umschreibt nur ansatzweise, was ich für sie empfinde.

Und zum Schluss noch einmal meinen aufrichtigen Dank an all meine Schüler, die in all den Jahren meine größten Lehrer waren und nach wie vor sind.

Über den Autor

——————— ༼ ༽ ———————

Allan G. Hunter (*1955) studierte an der Universität Oxford, wo er 1983 im Studiengang Englische Literatur promovierte. 1986 zog er in die USA und ist dort als Professor für Literaturwissenschaft und als Therapeut tätig. Bei der Arbeit mit seinen Klienten entdeckte er in ihren schriftlichen Abfassungen eine Reihe von Archetypen. Dies führte zu seiner gegenwärtigen Arbeit an der Ausformulierung der sechs archetypischen Stufen spiritueller Entwicklung.

Weiterführende Informationen zu
Büchern, Autoren und den Aktivitäten
des Silberschnur Verlages erhalten Sie unter:
www.silberschnur.de

Sie können uns alternativ den
Antwort-Coupon aus dem beiliegenden
Lesezeichenflyer zusenden.

Ihr Interesse wird belohnt!

Richard Webster

Magische Liebessymbole

Düfte · Edelsteine · Blumen · Farben · Tarot

Magische Symbole der Liebe und Romantik sind Ausdruck von Gefühlen und Emotionen. Von Perlen bis Granatäpfel oder von Wodka bis Venus – dieses Buch führt Sie durch die Geschichte der Liebesikonografie und verrät, wie Sie mit der kraftvollen archetypischen Energie der Symbole Ihr Leben mit Romantik, Leidenschaft und dauerhafter Liebe bereichern können.

248 Seiten, broschiert
ISBN 978-3-89845-306-6
€ [D] 14.90

Leah Levine & Bertram Wallrath

Das keltische Baum-Tarot

Geschichte – Rituale – Legungen

Auf der Grundlage des keltischen Baum-Horoskops ist es dem Autorenpaar gelungen, auf geistig-intuitivem Wege ein Tarot zu entwickeln, das die verschiedenen Aspekte des klassischen Tarot mit der Gedanken- und Gefühlswelt der Kelten verbindet. Das Set, dessen Begleitbuch eine ausführliche Beschreibung des keltischen Baum-Horoskops, der 78 einfühlsam gestalteten Karten und der Legungen umfasst, ermöglicht dem Anfänger wie dem Tarot-Kenner den Zugang zu einem völlig neuen, »echt europäischen Weisheitsbuch«.

78 Tarot-Karten, 128 Seiten Begleitbuch, brosch., in Box
ISBN 978-3-89845-076-8 · € [D] 24.90

Eileen Caddy & David Earl Platts

Die Tore zur Liebe öffnen

Ein Findhorn-Buch

Wir alle sind mit der Fähigkeit geboren, uns selbst und andere zu lieben. Schmerzvolle Erfahrungen haben jedoch dafür gesorgt, dass viele von uns innere Schutzwälle errichtet haben. Dieses Buch lädt Sie ein, mehr Liebe in Ihr Leben zu bringen, und es hilft Ihnen, diese Entscheidung Schritt für Schritt klar und entschlossen umzusetzen.

232 Seiten, Klappenbr.
ISBN 978-3-89845-288-5
€ [D] 14.90

Yves Réquéna & Marie Borrel

DelikatesSEX

Lust und Energie mit dem Tao der Liebe

Dieses leicht verständliche und illustrierte Buch öffnet
die Schatztruhe zum uralten sexuellen Wissen der chi-
nesischen Tradition und zeigt Methoden, um Lust und
Begehren zu intensivieren. DelikatesSEX ist der einfühlsame Schlüssel, um sexuelle Erfüllung zu finden – im
Einklang mit dem Tao der Liebe. Erkunden Sie die Fines-
sen Ihrer Sexualität neu – einfühlsam und sinnlich!

152 Seiten, broschiert,
durchgehend farbig mit Abb.
ISBN 978-3-89845-267-0
€ [D] 16,90

AEONA®

Herzensliebe leben

Bewusstsein der neuen Zeit

Wer Sehnsucht nach Menschlichkeit, wahrer Liebe, Her-
zenswärme und Geborgenheit hat, wird sich mit diesem
Buch wohlfühlen.
»Herzensliebe leben« führt uns liebevoll zu der höchsten Form der Liebe. Sie ist die stärkste Kraft im Universum und erfüllt unser Herz mit einem Glück, das man im
»Außen« vergebens sucht.

176 Seiten, broschiert,
ISBN 978-3-89845-281-6
€ [D] 6,95

Toni Carmine Salerno

Liebesorakel – Amors Botschaften

Ein Bild sagt mehr als tausend Worte – nach diesem
Motto wurde auch das Kartendeck aus Reproduktionen
der visionären Bilder des Künstlers Toni Carmine Salerno
gestaltet. Mit 44 bewegenden Karten, die inspirieren
und Führung in Herzensangelegenheiten anbieten,
umfasst es all die vielen verschiedenen Aspekte von Lie-
besverbindungen und bietet überdies einen intuitiven
Zugang zur Arbeit mit Beziehungen.

44 Herzkarten in Box · ISBN 978-3-89845-120-8 · € [D] 13,90